Lobende Stimmen zu *Wie du lernst, ein Team zu leiten: Der Crashkurs für neue Führungskräfte*

»In einem Start-up haben es Nachwuchsführungskräfte meist schwer. Julie Zhuo gibt allen, die erstmals Personalverantwortung übernehmen sollen, die Werkzeuge an die Hand, die ihren Teams und ihren Unternehmen zum Erfolg verhelfen.«

Sam Altman, Präsident von YCombinator und CEO von OpenAI

»Wenn Sie das erste Mal Personalverantwortung übernehmen, haben Sie gewöhnlich zwei Probleme: Erstens wollen Sie auf *keinen Fall* zu den miserablen Vorgesetzten gehören, unter denen Sie selbst gelitten haben. Und zweitens wissen Sie nicht genau, wie Sie das vermeiden können. Dieses Buch ist die Antwort. Der clevere, pragmatische Ratgeber hilft Ihnen, Mission, Menschen und Methoden unter einen Hut zu bringen und von Anfang an Führungsqualität zu zeigen.«

Michael Bungay Stanier, Autor von *The Coaching Habit*

»Ich wünschte, ich hätte dieses Buch gelesen, bevor ich bei Instagram erstmals ein Team leitete. Julie Zhuo lässt keinen Aspekt aus, der für frischgebackene Führungskräfte interessant ist – von der ersten Begegnung mit ihrem Team bis zum gemeinsamen Erfolg.«

Mike Krieger, Mitgründer von Instagram

»Julie Zhuo musste schnell in ihre Rolle als Chefin hineinwachsen, da ihr im dynamischen Umfeld eines erfolgreichen Silicon-Valley-Start-ups laufend mehr Verantwortung übertragen wurde. In *Wie du lernst, ein Team zu leiten* verrät sie, was sie gelernt hat – oft auf die harte Tour. Sie kombiniert messerscharfe Analysen zur Funktion von Organisationen mit lebensnahen, nachvollziehbaren Beispielen dafür, wenn Theorie auf Praxis trifft, und mit Geschichten über Erfolg und Misserfolg.«

Gretchen Rubin, Autorin von *Das Happiness-Projekt*

»Julie Zhuos neues Buch schafft willkommene Abhilfe für die oft anachronistischen Lehren Peter Druckers, die heute noch durch Organisationen spuken. Ihre praktischen Tipps lassen nichts aus, von Coaching, Mentalität und Meetings über Beziehungen und Vorträge bis hin zur Persönlichkeitsentwicklung. Ob Neuling oder Veteran: Zhuos Buch hilft jeder Führungskraft, die gern die neuen Unternehmensspielregeln in einem Zeitalter verstehen möchte, in dem die Technologie zwar grenzenlose Kommunikation ermöglicht, es jedoch besonders erschwert, sich bei Teammitgliedern Gehör zu verschaffen.«

John Maeda, VP of Design and Artificial Intelligence, Microsoft

»Julie Zhuo hat sich bei Facebook hochgearbeitet – von der Praktikantin bis zur Position des Vice President of Product Design, und zwar mit Intelligenz, Humor, Selbstbewusstsein und unablässigem Engagement, um ihre Teams und sich selbst zu optimieren. *Wie du lernst, ein Team zu leiten* verrät, wie sie das gemacht hat – und ob erfahrener Manager oder blutiger Anfänger, Sie wären verrückt, es nicht zu lesen.«

Jake Knapp, Autor von *Sprint*

»*Wie du lernst, ein Team zu leiten* ist ein hervorragender, leicht zugänglicher und umfassender Ratgeber für alle Aufsteiger in Funktionen mit Personalverantwortung. Wir würden ihn unserem Führungsnachwuchs bei Slack empfehlen und könnten uns gut vorstellen, dass er neue Standards setzt.«

Stewart Butterfield, CEO und Mitgründer von Slack

»Ich habe so oft erlebt, wie Nachwuchsführungskräfte in rasch wachsenden Unternehmen mit ihren neuen Aufgaben alleingelassen wurden. In Zukunft drücke ich ihnen dieses Buch in die Hand. Die praktischen Tipps sind für jeden Neuling ausgesprochen aufschlussreich – und für uns alte Hasen übrigens ebenso.«

Ev Williams, Mitgründer von Twitter

»Als Unternehmerin und CEO lese ich *alle* Wirtschaftsbücher. Dieses werde ich jedoch immer wieder zurate ziehen, wenn ich Unterstützung brauche, um mein Team voranzubringen. Es ist ein Manifest für Personalverantwortliche – ob im Start-up, im globalen Megakonzern oder in jeder Zwischenform.«

Brit Morin, Gründerin von Brit + Co.

»Sie sind neu in Ihrer Führungsrolle? Und Sie haben Lampenfieber? Keine Angst, Julie Zhuo steht Ihnen zur Seite. Sie übernahm eine Führungsfunktion in einem der größten Start-ups unserer Generation, als sie eigentlich noch nicht bereit dafür war, wuchs aber in ihren Job hinein. Und jetzt verrät sie Ihnen, wie das auch Ihnen gelingen kann. Durch die Konzentration auf drei wichtige Führungsthemen – Mission, Menschen und Methoden – setzt sie die richtigen Schwerpunkte für größtmöglichen Erfolg und Erfüllung. Dieses Buch bringt Sie dauerhaft auf Kurs.«

Daniel H. Pink, Autor von *When* und *Drive*

»Julie Zhuo liest sich, als würde Ihnen eine gute Freundin bei einer Tasse Kaffee kluge Ratschläge geben – ihr Stil bricht mit dem Fachjargon und bringt auf den Punkt, wie Sie Ihr Team selbstbewusst leiten und zu Höchstleistungen anspornen können.«

Nir Eyal, Autor von *Hooked*

»Julie Zhuo gelingt es perfekt, die Rolle einer Führungskraft aufs Wesentliche herunterzubrechen. Fesselnd schildert sie all die peinlichen, komischen und qualvollen Momente ihrer ersten Führungserfahrungen und nimmt Sie mit auf eine faszinierende Reise. In klaren Worten beschreibt sie, wie Sie Wirkung erzielen und das Beste aus Ihrem Team herausholen können. Wenn Sie erstmals Personalverantwortung übernehmen, erfahren Sie, wie Sie sofort richtig einsteigen. Als erfahrene Teamleitung können Sie Ihre Leistungen verbessern!«

Logan Green, Mitgründer von Lyft

Julie Zhuo

Wie du lernst, ein Team zu leiten

Der Crashkurs für neue Führungskräfte

Aus dem Englischen von Petra Pyka

YES

Aktualisierte und erweiterte Lizenzausgabe
1. Auflage 2026

Pascale Breitenstein & Oliver Kuhn GbR
Türkenstraße 89, 80799 München
info@yes-publishing.de

Die amerikanische Originalausgabe erschien 2025 bei Portfolio, an imprint of Penguin Publishing Group, a division of Penguin Random House LLC, unter dem Titel *The Making of a Manager. What to Do When Everyone Looks to You.*

Illustrationen: Pablo Stanley
Übersetzung: Petra Pyka
Redaktion: Rainer Weber
Umschlaggestaltung: Ivan Kurylenko (hortasar covers)
nach der Vorlage von Kimberly Glyder
Umschlagabbildung: matdesign24/iStock.com
Layout: Sabrina Bowers
Satz: Carsten Klein, Daniel Förster

Druck: Scandbook, Litauen
Printed in the EU

ISBN Print 978-3-96905-425-3
ISBN E-Book 978-3-96905-427-7

Für Mike, mit dem ich dieses herrliche Leben wuppe

Inhalt

Einleitung

Führungsqualität ist nicht angeboren

MYTHOS ...

... UND WIRKLICHKEIT

Ich kann mich noch sehr gut an das Gespräch erinnern, mit dem mich meine Chefin zur Vorgesetzten machte.

Für mich kam das so unerwartet, als wäre ich bei meiner täglichen Joggingrunde über einen Piratenschatz gestolpert. *Oh,* dachte ich, *wie aufregend ist das denn!*

Wir saßen in einem für zehn Personen ausgelegten Besprechungszimmer, jeder an einem Ende des Tisches. »Unser Team wächst«, meinte meine Chefin. »Wir müssen eine neue Leitungsfunktion besetzen, und Sie kommen doch mit allen gut aus. Was halten Sie davon?«

Ich war 25 und arbeitete bei einem Start-up. Alles, was ich über Führungspositionen wusste, ließ sich in zwei Worten zusammenfassen: *Meetings* und *BEFÖRDERUNG*. Und das war doch wohl eine Beförderung, oder? Jeder weiß doch: So ein Gespräch, das ist wie bei Harry Potter, wenn an einem düsteren, stürmischen Abend Hagrid an die Tür klopft – der erste Schritt in eine spannende, sinnerfüllte Zukunft. So eine Einladung konnte ich unmöglich ausschlagen.

Also sagte ich zu.

Erst später, als ich das Zimmer bereits verlassen hatte, kam bei mir an, was meine Chefin gesagt hatte. *Ich käme mit allen gut aus.* Aber es gehörte doch sicherlich mehr dazu, ein Team zu leiten. Nur was? Ich sollte es herausfinden.

—

Ich erinnere mich auch noch an mein erstes Zusammentreffen mit einem mir neuerdings direkt unterstellten Kollegen.

Ich kam fünf Minuten zu spät angehetzt und ärgerte mich über meine Unpünktlichkeit. *Das fängt ja gut an*, dachte ich.

Durch die Glastür sah ich ihn im Besprechungsraum sitzen – demselben, in dem ich kurz zuvor mit meiner Chefin gesprochen hatte. Seine Augen klebten am Handy. Am Vortag waren wir noch beide Produktdesigner für Softwareentwicklung im selben Team gewesen (wir nennen uns eigentlich nur »Designer«), hatten in unseren benachbarten Bürozellen gesessen und an unseren Projekten gearbeitet und uns dabei in rascher Folge die Feedback-Bälle zu unseren Entwicklungen zugeworfen. Nun war ich plötzlich seine Vorgesetzte.

Ich bin nicht nervös, redete ich mir ein. *Wir werden uns sicher gut unterhalten.* Worüber, wusste ich nicht genau. Ich wollte nur, dass sich dieses Gespräch normal anfühlte, so wie gestern oder vorgestern. Vielleicht würde er nicht gerade *begeistert* davon sein, dass ich jetzt seine Chefin war, aber zumindest sollte er kein Problem damit haben.

Ich bin nicht nervös.

Ich betrat den Raum. Er löste den Blick von seinem Handy. Den Ausdruck, den sein Gesicht annahm, werde ich nie vergessen. Er schaute so genervt drein wie ein Teenager, der dazu verdonnert wird, zur Pokémon-Geburtstagsparty seines zehnjährigen Cousins zu gehen.

»Hi«, sagte ich in möglichst neutralem Tonfall. »Also, äh, woran arbeitest du gerade?«

Der Widerwillen richtete sich in seiner Miene ein wie ein Bär zum Winterschlaf. Ich spürte die Schweißperlen auf meinem Gesicht. Das Blut hämmerte mir in den Ohren.

Als Designerin war ich nicht besser als er – und ich war weder intelligenter, noch hatte ich mehr Erfahrung. Sein Gesichtsausdruck raubte mir jede Illusion: Natürlich hatte er »ein Problem« damit, dass ich plötzlich seine Chefin war. *Du hast ja keine Ahnung* stand ihm so deutlich ins Gesicht geschrieben wie mit schwarzem Edding.

Und in diesem Moment fand ich: Er hatte vollkommen recht.

—

Dass ich einmal Vice President (Design) bei Facebook (inzwischen Meta) werden und es später zur Start-up-Gründerin bringen würde, war in jeder Hinsicht äußerst unwahrscheinlich. Aufgewachsen in den engen Gassen Shanghais, hatte ich später in den stickigen Vororten Houstons gelebt – als Immigrantin, die weder *Star Wars* kannte noch Michael Jackson oder *E.T.* Als Heranwachsende hatte ich vom Silicon Valley gehört, den Begriff aber ganz wörtlich genommen. Ich stellte mir ordentlich zwischen zwei Bergketten aufgereihte Fabriken vor, in denen Siliziumchips produziert wurden – wie Schokoriegel. Und hätten Sie mich damals gefragt, was ein Designer macht, hätte ich gesagt: »Schöne Kleider entwerfen.«

Zwei Dinge wusste ich aber schon beizeiten – nämlich, dass ich gern zeichnete und baute. Es gibt ein Foto von mir, das mich mit acht Jahren am Weihnachtstag zeigt. Ich strahle darauf übers ganze Gesicht und halte das Geschenk hoch, das ich mir das ganze Jahr über so sehnlichst gewünscht hatte: ein neues Piraten-Lego-Set mitsamt einem Affen und einem Hai!

In der Mittelstufe tauschten meine beste Freundin Marie und ich zwischen den Unterrichtsstunden Hefte mit aufwendigen Zeichnungen aus. Auf der Highschool entdeckten wir die Magie von HTML. Damit konnten wir unser Hobby – Zeichnen und Bauen – zum perfekten Zeitvertreib kombinieren: Wir erstellten Websites, auf denen wir unsere Zeichnungen präsentierten.

Meine Vorstellung von perfekten Schulferien war, wie besessen die neuesten Online-Tutorials über Photoshop zu verschlingen (»Wie man naturgetreue Hauttöne hinbekommt«) oder meine Website umzugestalten, um mit einem neuen JavaScript-Trick anzugeben (wie Links, die aufleuchteten, wenn der Mauszeiger drüberglitt).

Als ich nach Stanford kam, wusste ich, dass ich Informatik studieren wollte. Also belegte ich Kurse über Algorithmen und Datenbanken, um mich auf einen Job bei einem etablierten, glanzvollen Unternehmen wie Microsoft oder einem schrillen, aufstrebenden Start-up wie Google zu bewerben, wo viele frühere Kommilitoninnen und Kommilitonen gelandet waren. Doch in meinem zweiten Studienjahr wurde ganz Stanford von einem neuen Hype erfasst. »Stellt euch bloß mal vor«, hallte es aufgeregt durch Korridore und Mensa. »Eine Website, auf der man sich Fotos von dem coolen Typen aus der organischen Chemie ansehen oder mehr über die Lieblingsbands aller Leute aus dem Studentenwohnheim erfährt – oder kryptische Nachrichten auf den ›Wänden‹ von Freunden hinterlassen kann!«

Ich war angefixt. Facebook war anders als alles, was ich bisher ausprobiert hatte. Es fühlte sich lebendig an, wie eine dynamische Version unseres Studentenlebens, das sich in der Onlinewelt fortsetzte und ganz neue Möglichkeiten eröffnete, uns untereinander kennenzulernen.

Ich hatte gehört, dass Facebook von ein paar Studienabbrechern aus Harvard gegründet worden war, wusste aber nur wenig über Start-ups, bis ich in meinem letzten Studienjahr einen Kurs über Unternehmertum im Silicon Valley belegte. Da begriff ich: Das war das Land der hungrigen, verrückten Träumer, die mit ein bisschen Schützenhilfe von der guten Risikokapital-Fee Gelegenheit bekamen, ihre Version von der Zukunft aufzubauen. Es war das Land der Innovationen, geboren aus einer Mischung aus Gehirnschmalz, unerschütterlicher Entschlossenheit, dem richtigen Zeitpunkt und jeder Menge Klebeband.

Wenn ich mich in meinem Leben je in so einem Start-up ausprobieren wollte, warum nicht jetzt, solange ich noch jung war und nichts zu verlieren hatte? Und warum nicht mit einem Produkt, das ich jeden Tag nutzte und das mir viel bedeutete? Mein guter Freund Wayne Chang hatte sechs Monate zuvor bei Facebook angefangen und sprach von nichts anderem mehr. »Probier's doch mal«, drängte er mich. »Mach wenigstens ein Praktikum, damit du einen Eindruck von dem Unternehmen bekommst.«

Ich hörte auf ihn und bewarb mich. Bald darauf fand ich mich an meinem ersten Tag als Facebooks erste technische Praktikantin in der mit Graffiti überzogenen Eingangshalle wieder. Damals hätte das ganze Unternehmen noch locker in einem Hinterhof Platz gehabt. News Feed war noch nicht einmal ein Konzept, und außer den jungen Leuten an den Highschools und Unis kannte den Dienst kein Mensch. In der Welt der sozialen Netzwerke gingen wir im großen Schatten von MySpace mit seinen 150 Millionen Nutzern unter.

Doch so klein wir waren, so groß waren unsere Träume. Wir programmierten bis spät in die Nacht, während Daft Punk aus den Lautsprechern dröhnte. *Eines Tages,* sagten wir uns vor, *werden wir größer sein als MySpace* – und dann, mit einem verlegenen Lachen, weil es sich so weltfremd anhörte –, *irgendwann vernetzen wir die ganze Welt.*

Nach zwei Monaten Praktikum beschloss ich, zu bleiben. Und weil ich mich aus der Zeit, als ich so viel gezeichnet hatte, mit Photoshop auskannte, schlug meine Freundin Ruchi Sanghvi vor, ich solle mich zu den Designern setzen und mitbestimmen, was auf den Bildschirm kam. *Wie jetzt? Websites gestalten ist ein Beruf?*, dachte ich. *Na dann – ich bin dabei!*

Weil wir ein so junges Unternehmen waren, dachte sich niemand etwas dabei, wenn ich mit eigenen Vorschlägen für neue Funktionen ankam. Damals war jeder für alles zuständig. Stellte sich ein Problem, lösten wir es, ob wir uns dabei mit Code oder Pixeln oder wieder mit Code befassen mussten. So übernahm ich eher zufällig als strategisch geplant eine neue Funktion als *Designerin.*

Drei Jahre später veränderte sich meine Rolle nach dem schicksalhaften Gespräch mit meiner Chefin erneut. Unser Designteam hatte sich beinahe verdoppelt, seit ich angefangen hatte. Nach meinen ersten Jahren in einem rasant wachsenden Start-up hatte ich gedacht, ich wäre an Veränderungen gewöhnt. Mit Neuerungen klarzukommen und die Dinge zu nehmen, wie sie kamen, war mir nicht fremd.

Was mir die neue Rolle als Vorgesetzte abverlangen würde, darauf war ich dennoch absolut nicht vorbereitet. Zunächst einmal leitete ich ein Team von Produktdesignern – ein Fachgebiet, von dem ich gar nicht wusste, dass es existierte, bevor ich in das Unternehmen eingetreten war. Zum anderen fühlten sich die mit der Personalverantwortung und der Teambildung verbundenen Aufgaben so ganz anders an als die Entwicklung von Benutzeroberflächen oder das Programmieren. In den ersten Monaten und Jahren kam mir das alles sehr neu und beängstigend vor.

Ich weiß noch, wie ich zum ersten Mal ein Vorstellungsgespräch führte, weil in meinem Team eine Stelle zu besetzen war. Obwohl ich doch klar die Oberhand hatte – *ich* war es, die die Fragen stellte, *ich* entschied am Ende darüber, ob jemand eingestellt wurde oder nicht –, zitterten mir die ganzen 45 Minuten lang die Hände. Was, wenn die Bewerberin meine Fragen doof fand? Was, wenn sie mich in meiner Rolle so wenig ernst nehmen konnte wie ich mich selbst? Was, wenn es mir nicht gelungen war, unser Team richtig in Szene zu setzen?

Ich erinnere mich auch noch daran, wie ich zum ersten Mal eine schlechte Nachricht überbringen musste. Wir starteten ein aufregendes neues Projekt, über dessen Möglichkeiten wir alle begeistert diskutiert hatten. Zwei Leute aus meinem Team hatten mir bereits Interesse an der Projektleitung signalisiert. Nun musste ich einem von beiden absagen. Ich übte zu Hause vor dem Badezimmerspiegel, was ich sagen würde, und malte mir die schrecklichsten Szenarien aus. Was, wenn ich die falsche Entscheidung traf? Zerstörte ich damit einen Traum? Würde der Betreffende mir frustriert die Kündigung auf den Tisch knallen?

Ich weiß auch noch, wie ich das erste Mal vor größerem Publikum sprechen musste. Auf unserer ersten Unternehmenskonferenz sollte ich in einem Meer von weichen Polstern und Neonlicht die Arbeit unseres Teams präsentieren. Eine öffentliche Veranstaltung dieser Größenordnung hatten wir noch nie durchgeführt. Das war eine ganz große Sache. In den Wochen vor dem Ereignis ging ich meine Präsentation immer wieder bis ins letzte Detail durch. Ich wünschte mir so sehr, dass alles gut ablaufen würde, doch der Gedanke, vor so vielen Menschen zu sprechen, machte mir schreckliche Angst. Ich hatte meinen Vortrag zwar im wohlwollenden Kollegenkreis geübt, war aber trotzdem ein nervliches Wrack.

Nach meiner Erinnerung waren die drei Gefühle, die mich durch das Kabbelwasser meiner neuen Rolle begleiteten, in erster Linie Angst, Zweifel und die Frage: *Spinne ich, weil ich fühle, was ich fühle?* Um mich herum schien niemand solche Probleme zu haben. Bei den anderen sah alles so einfach aus.

Ich habe nie geglaubt, dass es einfach ist, Personalverantwortung zu tragen – bis heute nicht.

Fast zehn Jahre nachdem ich diesen Weg eingeschlagen hatte, war mein kleines Designteam gleich um mehrere Größenordnungen gewachsen. Wir waren dafür zuständig, was über zwei Milliarden Menschen erleben, wenn sie auf das blaue f-Symbol auf ihrem Handy tippen. Wir überlegten uns ganz genau, wie Menschen ihre Gedanken mitteilen, Kontakt zu Freunden halten, über Chats und Gefällt-mir-Kommentare interagieren und Gruppen bilden. Machten wir unseren Job richtig, bedeutete das, dass sich Menschen auf der ganzen Welt – von Belgien bis Kenia, von Indien bis Argentinien – einander ein bisschen näher fühlten.

Nach beinahe 14 Jahren bei Facebook beschloss ich, noch einmal auf die Startlinie des Managements zurückzugehen, um Sundial aufzubauen – mein eigenes Unternehmen mit der Mission, Unternehmen in aller Welt zu helfen, mit Daten bessere, schnellere Entscheidungen zu treffen. Sundial wurde im Feuer einer weltweiten Pandemie geschmiedet, auf die eine flächendeckende Rezession folgte. Die Erfahrung, Sundial von null aufzubauen, führt mir täglich vor Augen, wie dynamisch der Job in Wirklichkeit ist und wie viel ich noch zu lernen habe. Ich bin aus denselben Gründen gern Designerin und Datenspezialistin, aus denen ich gern Führungsverantwortung trage: Für mich ist das die durch und durch menschliche Aufgabe, andere weiterzubringen.

Dabei bin ich keinesfalls Spezialistin für Führungsqualitäten. Ich habe mir diese mehr oder minder in der Praxis angeeignet und trotz bester Absichten unzählige Fehler gemacht. Aber so ist das im Leben: Man probiert etwas aus und stellt fest, was funktioniert und was nicht. Daraus lernt man für die Zukunft. Und wird besser. Bis alles wieder von vorne losgeht.

Ich hatte dabei auch viel Unterstützung in Form verschiedener hervorragender Weiterbildungsmaßnahmen für Führungskräfte (mein Favorit war ein Kurs über schwierige Gespräche), durch Bücher, die ich immer wieder konsultiere (wie *High Output Management* und *Conscious Business*), und vor allem durch meine Kolleginnen und Kollegen. Sie haben mich großzügig an ihren eigenen Erkenntnissen teilhaben lassen und mich dazu inspiriert, ständig an mir zu arbeiten. Ich hatte das Glück, mit Mark Zuckerberg, Sheryl Sandberg und vielen anderen früheren und aktuellen Mistreitern zusammenzuarbeiten, von denen ich viel lernen konnte.

Eine weitere Taktik im Rahmen meiner persönlichen Weiterentwicklung war mein Entschluss, einen Blog zu schreiben. Ich dachte, ich könnte den Wust an Gedanken, die in meinem Kopf Pingpong spielten, leichter ordnen, wenn ich mich einmal die Woche hinsetze und sortiere.

Ich nannte meinen Blog *Das Jahr im Wunderland*, denn wie für Alice galt auch für mich: »... jedenfalls weiß ich, wer ich war, als ich heute Morgen aufstand. Ich glaube aber, seitdem bin ich mehrere Male umgewandelt worden.«[1] Ich stellte mir vor, wie ich irgendwann in ferner Zukunft auf meine Posts zurückschauen und mich an meinen Werdegang erinnern würde. *Das waren die Dinge, die mir Probleme bereiteten. Und so habe ich dazugelernt.*

Andere begannen, sich für meine Artikel zu interessieren, und leiteten sie an Freunde und Kollegen weiter. Plötzlich wurde ich auf Veranstaltungen und Konferenzen von Wildfremden angesprochen, die mit mir über Themen sprechen wollten, über die ich geschrieben hatte. Sie erklärten mir, wie ihnen die Analysen meiner Kämpfe weiterhalfen. Darunter waren viele Nachwuchsführungskräfte. Manche hatten auch schon mehr Erfahrung, aber mit ganz ähnlichen Herausforderungen bei Wachstum und Skalierung zu kämpfen. Andere trugen vorerst noch keine Personalverantwortung, liebäugelten aber damit.

»Sie sollten ein Buch schreiben«, hörte ich von manchen. Ich lachte nur. Das konnte nicht ihr Ernst sein! Ich hatte doch selbst noch so viel zu lernen. Irgendwann vielleicht, gegen Ende meiner Karriere, wenn ich das wahre Geheimnis echter Führungsqualität ergründet hatte, könnte ich mich in einen gemütlichen Sessel ans flackernde Kaminfeuer setzen und die Weisheiten niederschreiben, die ich bis dahin zusammengetragen hatte.

Das sagte ich auch einem Freund, doch der verdrehte nur die Augen. »Schon klar – aber wenn du erst mal so weit bist, wirst du dich nicht mehr daran erinnern, wie das am Anfang war, als sich alles noch neu und schwierig und verrückt anfühlte. Davon wirst du dann viel zu weit weg sein.« Das war nicht von der Hand zu weisen. Da draußen gibt es viele Managementbücher von namhaften CEOs und Führungsexperten. Für Führungskräfte, die gern effektiver werden möchten, indem sie sich über die neuesten Ergebnisse aus der Organisationsforschung oder die aktuellen betriebswirtschaftlichen Trends informieren, gibt es zahllose Ressourcen.

Dabei sind die meisten Führungskräfte gar keine CEOs oder andere Topmanager. Die allermeisten leiten kleinere Teams – manchmal nicht einmal direkt. Auf den Seiten von *Forbes* oder *Fortune* sucht man sie in aller Regel vergeblich. Trotzdem tragen sie Personalverantwortung und haben eine gemeinsame Aufgabe: Sie wollen einer Gruppe von Menschen dabei helfen, ein gemeinsames Ziel zu erreichen. Das können Lehrkräfte oder Schulleiter sein, Mannschaftskapitäne oder Trainer, Verwaltungskräfte oder Planer.

Als mir das im Kopf herumging, dachte ich: *Vielleicht sollte ich dieses Buch doch schreiben, weil es für eine bestimmte Gruppe von Menschen gerade jetzt größere Relevanz hat.* Nämlich für Nachwuchsführungskräfte, die ins kalte Wasser gestoßen wurden, für überforderte Teamleiter, die sich fragen, wie sie den ihnen unterstellten Mitarbeitern am besten unter die Arme greifen können, für Führungskräfte, deren Teams rasch wachsen, oder für Menschen, die Interesse an einem solchen Posten haben. Dazu gehörte auch ich vor Kurzem noch.

Ein Team zu leiten, ist keine einfache Sache, denn am Ende geht es dabei um Menschen, und wir alle sind nun einmal facettenreiche, komplexe Wesen. Ebenso wenig, wie es den einen richtigen Weg gibt, ein Mensch zu sein, gibt es den einen richtigen Weg, eine Gruppe von Menschen zu leiten.

Doch es ist die Zusammenarbeit in Teams, die die Welt voranbringt. So können wir weit größere, ehrgeizigere Ziele erreichen als jeder für sich. So werden Schlachten gewonnen, so wird Innovation vorangetrieben, so gelangen Organisationen zum Erfolg. So entstehen herausragende Leistungen.

Und ich bin felsenfest davon überzeugt: Gute Chefinnen und Chefs werden nicht geboren, sondern dazu gemacht. Dabei kommt es gar nicht darauf an, wer Sie sind. Wenn Sie sich die Mühe machen, dieses Buch zu lesen, dann liegt Ihnen auch daran, ein guter Vorgesetzter oder eine gute Vorgesetzte zu sein.

Liebe Leserinnern und Leser, ich hoffe, Sie finden in diesem Buch nützliche Tipps für Ihren beruflichen Alltag. Vor allem aber soll es Ihnen helfen zu begreifen, worum es bei der Personalführung eigentlich geht – denn nur dann können Sie sie auch zielführend umsetzen. Warum gibt es überhaupt Vorgesetzte? Warum sollten Sie das persönliche Gespräch mit den Ihnen unterstellten Kolleginnen und Kollegen suchen? Warum lieber Bewerberin A als Bewerber B einstellen? Warum machen so viele Vorgesetzte dieselben Fehler?

Manche der Geschichten und Sichtweisen, die ich hier schildere, sind typisch für das Umfeld, in dem ich arbeitete – also wachstumsstarke Tech-Start-ups. Vielleicht müssen Sie ja nur alle heilige Zeiten jemanden Neues einstellen. Vielleicht nehmen Meetings in Ihrem Arbeitsalltag nicht so viel Raum ein. Doch in vielerlei Hinsicht gleicht sich das Tagesgeschäft einer Führungskraft überall: Feedback erteilen, für eine gesunde Unternehmenskultur sorgen, für die Zukunft planen.

Abschließend hoffe ich, dass dieses Buch für Sie zu einem Nachschlagewerk wird, das Sie in jeder beliebigen Reihenfolge lesen können, in dem Sie immer wieder zurückblättern und das Sie jederzeit noch einmal lesen können, wenn Sie bestimmte Aspekte Ihrer Funktion in einem neuen Licht betrachten.

Ich bin zwar im Grunde Produktentwicklerin, doch um die Entwicklung nützlicher Technologien geht es in diesem Buch nicht. Sie werden darin keine tiefgreifenden Ausführungen darüber finden, was gutes Design oder eine gewinnbringende Strategie ausmacht.

In diesem Buch geht es darum, wie jemand ohne förmliche Ausbildung gelernt hat, als Führungskraft seinen Mann beziehungsweise ihre Frau zu stehen. Es ist das Buch, von dem ich mir wünschte, ich hätte es in meinen ersten Jahren gehabt, als mich so viele Ängste, Zweifel und die Befürchtung plagten, ich könnte durchdrehen.

Dieses Buch soll Ihnen sagen, dass Ihre Ängste und Zweifel völlig normal sind – und dass Sie, so wie ich, Ihren Weg finden werden.

Bereit? Dann los.

Erstes Kapitel

Was ist Personalführung?

SO NICHT …

… SONDERN LIEBER SO

Im Mai meines letzten Studienjahrs, als ich zu arbeiten anfing, war mir nicht klar, was ich alles nicht wusste.

Da Facebook damals ein soziales Netzwerk für Studenten und Studentinnen war, hielt ich mich einerseits – zumindest in mancher Hinsicht – für die ideale Bewerberin. Ich meine, wer kannte die Facebook-Klientel besser als eine frischgebackene Uniabsolventin wie ich? Ich wollte der Welt unbedingt meinen Stempel aufdrücken, und nichts konnte mich bremsen. Ich war weder durch institutionalisierte Dogmen vorbelastet noch durch tragische Fehlschläge. Ich hatte vier Jahre lang für Prüfungen gebüffelt, zahllose Arbeiten geschrieben und immer wieder die Nächte durchprogrammiert. Es machte mir daher nichts aus, hart zu arbeiten.

Andererseits hatte ich natürlich ein paar große Defizite – das größte davon war, dass ich so wenig Erfahrung vorweisen konnte. Wie in den meisten Start-ups ging es auch in unserem Team vor allem darum, die Dinge zu erledigen. Die Organisationshierarchie spielte keine Rolle. Eine offizielle Vorgesetzte hatte ich erst, als ich schon ein Jahr dabei war. Diese Funktion übernahm damals Rebekah, eine der dienstälteren Designerinnen aus unserem Team. Bis dahin hatten wir in einem lockeren Kollektiv zusammengearbeitet, in dem jeder aushalf, wo er gerade gebraucht wurde. Zwei Jahre später war *ich* plötzlich Chefin.

Ich hatte viel zu lernen. Doch wenn ich zurückdenke, wundere ich mich am meisten darüber, wie wenig Ahnung ich davon hatte, worum es beim *Chefsein* eigentlich ging.

Wir alle kennen gute und schlechte Chefinnen und Chefs, von James Bonds »M« bis zu Ebenezer Scrooge aus Charles Dickens' *Weihnachtsgeschichte*, von Jean-Luc Picard aus *Star Trek* bis zu Miranda Priestly aus *Der Teufel trägt Prada*. Vorgesetzte sind schließlich keine seltene, exotische Spezies. Die meisten Menschen haben welche. Ich weiß noch, wie meine Eltern – die im IT-Sektor beziehungsweise an der Börse arbeiteten – beim Abendessen erzählten, was ihre Vorgesetzten tagsüber gesagt oder getan hatten. Und ich hatte selbst Vorgesetzte gehabt, an denen ich mich orientieren konnte, als ich während meiner Schul- und Studienzeit nebenher jobbte.

Hätten Sie mich aber gefragt, was meiner Ansicht nach die Aufgabe von Vorgesetzten ist, bevor ich selbst zu diesem Kreis gehörte, hätte ich Folgendes geantwortet:

DIE AUFGABE VON VORGESETZTEN BESTEHT DARIN:

- sich mit ihren Teammitgliedern zusammenzusetzen, um diesen zu helfen, ihre Probleme zu lösen,
- Rückmeldung dazu zu geben, was gut läuft und was nicht,
- sich ein Bild davon zu machen, wer befördert und wer entlassen werden sollte.

Spulen wir drei Jahre vor. Nachdem ich diese Aufgabe jetzt schon eine ganze Weile wahrnehme, weiß ich etwas mehr darüber. Meine Antwort würde ich daher folgendermaßen abändern.

DIE AUFGABE VON VORGESETZTEN BESTEHT DARIN:

- ein Team aufzubauen, das gut zusammenarbeitet,
- die Teammitglieder dabei zu unterstützen, ihre Karriereziele zu erreichen,

- Prozesse zu entwickeln, um Aufgaben reibungslos und effizient zu erledigen.

Wie Sie sehen, haben sich meine Antworten von grundlegenden alltäglichen Dingen (Gespräche zu führen und Feedback zu erteilen) hin zu längerfristigen Zielen entwickelt (Teambildung und Karriereentwicklung). Meine Antworten hören sich heute schon intelligenter und erwachsener an. Tschakka!

Obwohl ... so ganz stimmig sind sie immer noch nicht. Vielleicht denken Sie jetzt: *Was hat sie denn? Die Antworten sind doch plausibel! Schließlich tun gute Vorgesetzte auf jeden Fall alles, was auf diesen beiden Listen steht.*

Schon richtig – bloß, diese Antworten sind immer noch ein Sammelsurium verschiedener Tätigkeiten. Wenn ich Sie fragen würde: »Was ist die Aufgabe eines Fußballers?«, würden Sie dann sagen, am Training teilzunehmen, seinen Mannschaftskollegen den Ball zuzuspielen und zu versuchen, Tore zu schießen?

Natürlich nicht. Sie würden das nennen, worauf es in erster Linie ankommt. Sie würden sagen: »Ein Fußballspieler muss Spiele gewinnen.«

Und ein Vorgesetzter? Wer das nicht beantworten kann, der kann eigentlich auch nicht wissen, wie man eine gute Führungskraft wird.

Darum geht es in diesem ersten Kapitel.

DIE AUFGABE EINES VORGESETZTEN IN WENIGEN WORTEN

Stellen Sie sich vor, Sie wollen einen Limonadenstand eröffnen, weil Sie gern Limonade trinken und das für eine gute Geschäftsidee halten.

Am Anfang erscheint Ihnen recht klar, was Sie tun müssen. Sie gehen in den Laden und kaufen sich einen Sack Zitronen. Diese pressen Sie aus, geben ordentlich Zucker dazu und füllen das Ganze mit Wasser auf. Sie beschaffen sich einen Klapptisch und einen Liegestuhl, einen Krug, einen Kühler und ein paar Becher. Mit Kreide schreiben Sie in Schönschrift auf eine Tafel, was Sie Leckeres im Angebot haben (und zu welch günstigem Preis!) und dann suchen Sie sich eine Kreuzung mit viel Laufpublikum, wo Sie Ihren Stand aufbauen und sich freundlich bei den Passanten erkundigen, ob Sie etwas trinken möchten.

Solange Sie allein sind, ist das ganz einfach. Sie pressen die Zitronen eigenhändig aus, laufen vom Laden in die Küche und zu Ihrem Stand und schleppen den Krug und den Kühler mit. Ist die Kreideschrift auf der Tafel schlampig, sind Sie dafür verantwortlich. Ist Ihre Limonade zu süß oder zu sauer, geht das ebenfalls auf Ihre Kappe. Erledigt wird nur, worum Sie sich persönlich kümmern.

Glückes Geschick: Im selben Sommer werden neue Hitzerekorde geknackt, und schon reißen sich alle um Limonade! Für jeden, der Ihnen einen Becher abkauft, stehen schon zehn andere an Ihrem Stand Schlange und wollen das erfrischende nostalgische Getränk genießen. Sie kommen gar nicht mehr hinterher. Also beschließen Sie, Ihre Nachbarn, Henry und Eliza, um Hilfe zu bitten. Sie zahlen Ihnen einen ordentlichen Lohn, und als Gegenleistung arbeiten die beiden für Sie.

Gratuliere! Sie sind jetzt Führungskraft!

»Was denn sonst«, werden Sie jetzt sagen. »Ich habe die beiden angestellt und bezahle sie. Ich bin der CEO, der Chef, der Boss. Natürlich bin ich Führungskraft.«

In Wirklichkeit wären Sie aber auch eine Führungskraft, wenn Sie Ihre Nachbarn nicht beschäftigen oder bezahlen würden. Mit dem Beschäftigungsstatus hat das nämlich gar nichts zu tun, sondern einzig und allein mit dem Umstand, dass *Sie nicht länger versuchen, alles selbst zu erledigen.*

Mit drei Paar Händen und Füßen können Sie Ihre Limonade sehr viel schneller produzieren und verkaufen. Einer kann die Herstellung übernehmen, der andere das Geld kassieren. Sie können Schichten einführen und den Stand länger öffnen. Vielleicht haben Sie sogar genug Zeit, um sich nach billigeren Einkaufsmöglichkeiten für Ihre Zutaten umzusehen.

Gleichzeitig geben Sie aber Kontrolle aus der Hand. Künftig werden Sie nicht mehr jede Entscheidung selbst treffen. Wenn etwas schiefgeht, liegt das nicht unbedingt daran, was *Sie* tun oder lassen. Vergisst Eliza, Zucker zuzugeben, werden viele Kunden sauer. Verschreckt Henry Menschen mit seinem finsteren Blick, wird Ihr Stand nicht mehr so stark frequentiert.

Ihnen ist es das wert. Warum? Weil Sie noch genau dasselbe Ziel verfolgen wie ganz am Anfang: Sie mögen Limonade und halten einen Limonadenstand für eine tolle Geschäftsidee. Sie möchten, dass mehr Menschen Ihre Begeisterung für Ihr Lieblingsgetränk teilen, und mit Eliza und Henry rechnen Sie sich bessere Erfolgschancen aus.

Das ist die Krux eines Führungspostens: nämlich die Überzeugung, dass Sie im Team mehr erreichen können als allein, beziehungsweise die Erkenntnis, dass Sie nicht alles selbst erledigen müssen, nicht überall die Beste sein müssen, ja noch nicht einmal unbedingt wissen müssen, *wie* alles geht.

Als Führungskraft ist es Ihre Aufgabe, *eine Gruppe von Menschen, die zusammenarbeiten, zu besseren Ergebnissen anzuspornen.*

Aus dieser einfachen Erklärung ergibt sich alles andere.

WAS UNTERSCHEIDET EINE GUTE VON EINER DURCHSCHNITTLICHEN FÜHRUNGSKRAFT?

Früher dachte ich, die Qualität von Vorgesetzten zu beurteilen gleiche der Entscheidung, ob Fünfzehnjährige geeignet sind, ein Kraftfahrzeug zu führen. Dazu müsste man eine Reihe von Prüfungen durchführen und nach jeder erfolgreichen Demonstration erforderlicher Fähigkeiten ein Häkchen setzen. Wie angesehen ist die Chefin bei anderen? Kann sie schwierige strategische Probleme lösen? Überzeugen ihre Präsentationen? Erledigt sie 20 wichtige Aufgaben am Tag? Beantwortet sie E-Mails, während sie am Kaffeeautomaten Schlange steht? Kann sie heikle Situationen entschärfen? Ist sie abschlusssicher? Und so weiter und so fort.

Das sind sicherlich alles positive Eigenschaften bei einer Führungskraft. Viele davon werden wir an anderer Stelle noch eingehender besprechen, doch der Lackmustest für echte Führungsqualität ist viel einfacher.

Wenn es wie oben dargelegt die Aufgabe einer Führungskraft ist, dass Menschen, die zusammenarbeiten, bessere Ergebnisse erzielen, dann wird das Team einer herausragenden Führungskraft beständig herausragende Ergebnisse liefern.

Soll das Ergebnis ein florierender Limonadenstand sein, wird das Team einer herausragenden Führungskraft mehr Gewinn erwirtschaften als das Team einer mittelmäßigen. Taugt die Führungskraft nichts, macht der Stand Verlust.

Will man erreichen, dass Kindern Wissen vermittelt wird, wird das Team einer großartigen Führungskraft die Schülerinnen und Schüler besser für ihre Zukunft rüsten als das Team einer durchschnittlichen. Unter schlechter Leitung wird es ihrem Team nicht gelingen, den Kindern die nötigen Grundlagen und Kenntnisse für ihre Zukunft zu vermitteln.

Peilen Sie dagegen im Ergebnis ein tolles Design an, dann wird das Team einer exzellenten Führungskraft zuverlässig Konzepte mit Wow-Effekt liefern. Das Team einer mittelmäßigen Führungskraft wird Leistungen bringen, die zwar brauchbar sind, aber niemanden vom Hocker reißen. Das Team einer schlechten Führungskraft wird immer wieder Vorschläge machen, bei denen Sie sich denken: *Das müssten wir eigentlich besser können.*

Andy Grove, Gründer und CEO von Intel und eine der Managementlegenden seiner Zeit, schrieb über Bewertungen, dass man »die *Leistung* der Arbeitseinheit« berücksichtigen sollte, »nicht nur die damit verbundene *Aktivität.* Natürlich beurteilt man einen Vertriebsmitarbeiter nach den Aufträgen, die er einholt (Leistung), und nicht nach den Anrufen, die er tätigt (Aktivität).«[2]

Sie mögen die intelligenteste, beliebteste und fleißigste Führungskraft der Welt sein – wenn Ihr Team nachweislich über längere Zeit immer wieder mittelmäßige Ergebnisse abliefert, dann können Sie leider objektiv nicht als herausragende Führungskraft gelten.

Abgesehen davon ist das zu einem beliebigen Zeitpunkt unter Umständen schwer zu beurteilen. So kann einer hervorragenden Führungskraft die Leitung eines neuen Teams übertragen werden, und weil sie Zeit braucht, das Team auf Vordermann zu bringen, hinken die Ergebnisse womöglich eine Zeit lang hinter den Erwartungen her. Eine schlechte Führungskraft könnte dagegen durchaus über mehrere Quartale hervorragende Ergebnisse liefern, weil sie ein fähiges Team übernommen oder so viel Termindruck gemacht hat, dass ihre Leute Überstunden schieben.

Mit der Zeit offenbart sich die Wahrheit immer. Die besten Leute sind selten bereit, jahrelang unter einer Chefin zu arbeiten, die sie schlecht behandelt – oder unter einem Vorgesetzten, den sie nicht respektieren. Fähige Führungskräfte sind allerdings so gut wie immer in der Lage, Teams, die zuvor schlechte

Leistungen brachten, herumzureißen, wenn sie die nötigen Veränderungen vornehmen dürfen.

Einer meiner langjährigen Vorgesetzten war Metas Chief Product Officer Chris Cox. In einem unserer ersten Gespräche, an das ich mich erinnere, fragte ich ihn, woran er die Leistung einer Führungskraft festmache. Lächelnd meinte er: »Ich habe da ein ganz einfaches System.« Zur Hälfte berücksichtigte er dabei die Ergebnisse meines Teams – erreichten wir das Ziel, wertvolle, benutzerfreundliche und handwerklich einwandfreie Designarbeit zu leisten? Die anderen 50 Prozent machten die Stärke und Zufriedenheit meines Teams aus – verstand ich es, die richtigen Leute einzustellen und aufzubauen? War die Stimmung in meinem Team positiv? Arbeiteten alle gut zusammen?

Beim ersten Kriterium geht es um die aktuellen Ergebnisse, die unser Team liefert. Das zweite Kriterium berücksichtigt, ob wir gut aufgestellt sind, um künftig Herausragendes zu leisten.

Ich habe dieses System für die Beurteilung der Führungskräfte in meinem Team übernommen. Im Beruf Herausragendes zu leisten bedeutet, langfristig zu denken und sich einen hervorragenden Ruf aufzubauen. Wie hoch es auch hergeht und wie viel Sie täglich um die Ohren haben, Sie dürfen darüber nie vergessen, was Ihre eigentliche Aufgabe ist: Ihrem Team zu helfen, hervorragende Ergebnisse zu erzielen.

DIE DREI DINGE, AN DIE FÜHRUNGSKRÄFTE DEN GANZEN TAG DENKEN

Wie kann ein Vorgesetzter einer Gruppe helfen, herausragende Ergebnisse zu erzielen?

Zunächst sind mir dazu gleich die täglichen Aufgaben in den Sinn gekommen: das nächste Meeting vorbereiten, ein Hindernis für die Erstellung eines Berichts beseitigen, den Ausführungsplan für den nächsten Monat erstellen.

J. Richard Hackman, der führende Forscher zum Thema, arbeitete 40 Jahre an der Antwort auf die eingangs gestellte Frage. Er untersuchte, wie Fachkräfte in Krankenhäusern, in Sinfonieorchestern und in den Cockpits von Verkehrsflugzeugen zusammenarbeiten. Eine seiner Schlussfolgerungen lautet, dass es schwieriger ist, als es aussieht, ein Team so zu führen, dass es gut funktioniert. »Forschungsergebnisse belegen immer wieder, dass Teams trotz all ihrer zusätzlichen Ressourcen unter ihren Möglichkeiten bleiben«, so Hackman. »Der Grund dafür sind Probleme mit der Koordination und der Motivation, die in aller Regel den Nutzen aus der Zusammenarbeit schmälern.«[3]

Hackmans Analysen ergeben fünf Voraussetzungen, die die Erfolgsaussichten eines Teams erhöhen: Es muss sich dabei um ein echtes Team (mit klar definierten Grenzen und stabilen Mitgliedern) handeln, das überzeugend geführt wird, konstruktiv aufgebaut ist, von der Organisation unterstützt und fachkundig angeleitet wird.[4]

Das entspricht auch meinen Beobachtungen. Ich glaube mittlerweile, dass sich die vielen Aufgaben, mit denen der Tag einer Führungskraft angefüllt ist, sauber in drei Kategorien einteilen lassen: *Purpose, People* und *Process* – Mission, Menschen und Methoden.

Die *Mission*, der Zweck Ihrer Bemühungen, ist das Ergebnis, das Ihr Team erreichen möchte und das man auch als das *Warum* bezeichnen könnte. Warum stehen Sie morgens auf und entscheiden sich, genau *das* zu tun, statt der Tausend anderen Dinge, die Sie stattdessen tun könnten? Warum widmen Sie Ihre Zeit und Kraft gerade diesem Ziel mit dieser bestimmten Gruppe? Inwiefern würde es die Welt verändern, wenn Ihr Team irrsinnig erfolgreich wäre? Jede und jeder im Team sollte ähnliche

Vorstellungen davon haben, warum es auf die jeweilige Arbeit ankommt. Fehlt diese Mission oder ist sie nicht eindeutig, kann es zu Konflikten oder unterschiedlichen Erwartungen kommen.

Nehmen wir an, Ihre Vision ist ein Limonadenstand an jeder Straßenecke – erst in Ihrer Heimatstadt, dann im ganzen Land. Ihr Mitarbeiter Henry geht aber davon aus, dass Ihr Stand ein beliebter Treffpunkt für die Nachbarschaft sein soll. Er trifft Entscheidungen, die Sie für unwichtig oder ineffektiv halten. Er schafft Gartenstühle an und versucht, zur Limonade noch Pizza zu servieren. Um solche »Ausrichtungsfehler« zu vermeiden, müssen Sie dafür sorgen, dass Henry und die übrigen Mitglieder Ihres Teams dieselben Anliegen verfolgen wie Sie.

Allerdings können Sie nicht einfach *einfordern*, dass alle an Ihre Vision glauben. Hält Henry nichts von Ihrem großartigen Plan, an jeder Ecke einen Limonadenstand zu eröffnen, ist er nicht motiviert, Sie dabei zu unterstützen. Vielleicht engagiert er sich ja lieber für ein Projekt, das ihn mehr anspricht, wie die Billard-Pizzeria eine Straße weiter.

Ihre erste große Aufgabe als Führungskraft ist es, dafür zu sorgen, dass *Ihr Team klare Vorstellungen vom Erfolg hat und sich dafür einsetzt.* Wenn Sie alle dazu bringen wollen, die Mission Ihres Teams zu begreifen und daran zu glauben – ob es sich dabei um etwas so Konkretes handelt wie »jedem Kunden, der anruft, zu vermitteln, dass er gut betreut wird« oder etwas so Vages wie »die Welt näher zusammenzubringen« –, dann müssen Sie diese selbst verinnerlicht haben und überzeugt davon sein, und das bei jeder Gelegenheit demonstrieren: mit E-Mails zur Zielsetzung und Einzelgesprächen bis hin zur Veranstaltung großer Versammlungen.

Die nächste Kategorie, mit der sich Führungskräfte befassen, sind *Menschen*, auch ausgedrückt durch die Frage: *Wer?* Sind die Mitglieder Ihres Teams für den Erfolg gerüstet? Verfügen sie über die richtigen Kompetenzen? Sind sie motiviert, Herausragendes zu leisten?

Wenn Sie nicht die richtigen Leute für die Aufgabe haben oder ihnen nicht das richtige Umfeld bieten können, um ihr Potenzial zu entfalten, dann haben Sie ein Problem. Nehmen wir an, Eliza misst nicht die richtigen Mengen an Zitronensaft, Zucker und Wasser für Ihr Geheimrezept ab oder Henry bemüht sich nicht darum, die Kunden freundlich zu begrüßen, oder Ihnen mangelt es an Organisationstalent. Das alles steht dem Erfolg Ihres Limonadenstand entgegen. Wer Menschen richtig führen will, muss vertrauensvolle Beziehungen zu ihnen entwickeln, ihre Stärken und Schwächen kennen (und seine eigenen ebenfalls), jedem die richtigen Aufgaben zuweisen (und bei Bedarf Leute einstellen oder entlassen) und jeden Einzelnen zu Bestleistungen antreiben.

Die letzte Kategorie sind die *Methoden,* womit im Wesentlichen Arbeitsprozesse gemeint sind. Darunter ist zu verstehen, *wie* Ihr Team zusammenarbeitet. Selbst für das fähigste Team mit genauesten Vorstellungen vom Endziel kann die einfachste Aufgabe ungeheuer schwierig werden, wenn nicht klar ist, wie die einzelnen Mitglieder zusammenarbeiten sollen oder worin die Werte des Teams bestehen. Wer sollte was erledigen und bis wann? Nach welchen Prinzipien sind Entscheidungen zu treffen?

Wenn es beispielsweise Henrys Aufgabe ist, die Zutaten für die Limonade abzuholen, und Eliza ist dafür zuständig, die Limonade zuzubereiten, woher weiß Henry dann, wann er wieder in den Laden fahren soll? Und wie kommt Eliza an die Zutaten. Was sollen sie tun, wenn an einem besonders heißen Tag die Zitronen ausgehen? Gibt es dafür keine verlässlichen Vorgaben, werden Henry und Eliza unnötig Zeit für die Koordinierung von Abläufen und für die Behebung der unvermeidlichen Fehler aufwenden, die gemacht werden.

Viele reagieren allergisch auf Begriffe wie *Methode, Arbeitsprozess* und dergleichen. Ich hatte dabei immer das Bild von einem wandernden Gletscher vor Augen. Ich sah mich durch kniehohe Papierstapel waten, den Kalender voller stressiger Termine. In einer Welt ohne solche Prozesse, stellte ich mir vor, hätte ich die Freiheit, alles Nötige zu tun, um Dinge *schnell* zu erledigen – unbürokratisch, barrierefrei und ohne viel Aufwand.

Ein bisschen stimmt das auch. Wir haben ja bereits festgestellt: Arbeitet man allein, trifft man alle Entscheidungen selbst, nur eingeschränkt dadurch, wie schnell man denken und handeln kann.

Im Team lassen sich anstehende Arbeiten aber nicht koordinieren, ohne dafür eine gewisse Zeit aufzuwenden. Und je größer das Team, desto mehr Zeit ist erforderlich. Wir mögen noch so talentiert sein, Gedankenlesen gehört nicht zu den menschlichen Kernkompetenzen. Daher müssen wir in unserem Team gemeinsame Werte festlegen, an denen wir uns bei Entscheidungen und Problemen orientieren können. Wichtige methodische Abläufe, die Führungskräfte beherrschen müssen, sind unter anderem, wie man effektiv Meetings leitet, sich davor schützt, dieselben Fehler wieder zu begehen, in die Zukunft plant und für eine gesunde Unternehmenskultur sorgt.

Mission, Menschen, Methoden: warum, wer und wie. Eine herausragende Führungskraft fragt sich ständig, wie sie diese Hebel stellen kann, um das Ergebnis ihres Teams zu verbessern. Mit zunehmender Größe des Teams kommt es immer weniger darauf an, wie gut die Vorgesetzte die Arbeit selbst erledigen kann. Vielmehr geht es darum, welchen Multiplikatoreffekt sie auf ihr Team hat. Wie das in der Praxis funktioniert?

Angenommen, ich allein kann 20 Becher Limonade in der Stunde verkaufen.

Nehmen wir weiter an, Henry und Eliza können jeweils 15 Becher Limonade pro Stunde verkaufen.

Und gehen wir jetzt davon aus, wir alle arbeiten je vier Stunden täglich. Weil ich von uns allen am meisten Limonade verkaufe, liegt der Gedanke nahe, es wäre am effektivsten, mich ausschließlich am Stand einzusetzen. Dann würde ich pro Tag 80 Becher Limonade verkaufen und Henry und Eliza jeweils 60 Becher. Damit würde ich 40 Prozent zum Gesamtumsatz beitragen.

Könnte ich meine Zeit auch besser verwenden? Nehmen wir an, ich verbringe sie damit, Henry und Eliza zu zeigen, wie sie mehr Limonade verkaufen können. *(Erzählt Limonadenwitze!* Portioniert die Zutaten auf Vorrat! Schenkt immer gleich mehrere Becher ein!)* Brauche ich für diese Schulungen 30 Stunden, entspräche das 600 Bechern Limonade, die ich in derselben Zeit hätte verkaufen können – ein schmerzhafter Verzicht.

Doch wenn Henry und Eliza dadurch lernen, jeweils 16 statt 15 Becher die Stunde zu verkaufen, sind das zusammengerechnet 8 Becher mehr pro Tag. Das ist nur ein kleines Plus, summiert sich aber in nicht einmal drei Monaten auf die 600 Becher, die ich nicht verkaufen konnte. Arbeiten die beiden ein ganzes Jahr über am Stand, würden die 30 Stunden, die ich darauf verwendet habe, Henry und Eliza zu schulen, statt selbst Limonade zu verkaufen, über 2000 zusätzlich verkaufte Becher bringen.

Doch Schulungen sind nicht das Einzige, was ich tun kann. Was, wenn ich die besagten 30 Stunden darauf verwenden würde, meinen Nachbarn Toby anzuwerben? Der könnte sogar einen Leoparden dazu überreden, sich Flecken zu kaufen.** Neh-

* »Warum rollt die Zitrone nicht weiter die Straße hinunter?« »Weil ihr der Saft ausgegangen ist!«

** Außerdem kennt er fantastische Zitronenwitze, die ich an dieser Stelle liebend gern zitieren würde, wenn er mich nicht gebeten hätte, seine »Betriebsgeheimnisse« vertraulich zu behandeln.

men wir an, meine Vision vom »Limostand an jeder Straßenecke« inspiriert ihn dazu, unser Team zu verstärken. Am Ende verkauft er 30 Becher Limonade in der Stunde und läuft uns allen damit den Rang ab. Das bedeutet, dass unser Stand in einem Jahr 21 000 Becher mehr verkauft – mindestens ...

Verbringe ich stattdessen meine gesamte Zeit damit, selbst Limonade zu verkaufen, dann leiste ich zwar einen *zusätzlichen* Beitrag zum Geschäft, aber keinen multiplikatorischen. Meine Leistung als Führungskraft wäre daher als dürftig zu erachten, denn im Grunde steuere ich nur einen Einzelbeitrag bei.

Als ich mich dazu entschloss, Henry und Eliza zu schulen, führte meine Arbeit zu einer leichten Steigerung der Limonadenproduktion. Ich übte also einen kleinen Multiplikatoreffekt aus.

Damit war ich zwar auf dem richtigen Weg, erreichte aber noch nicht wirklich viel. Als ich Toby einstellte, führte das zu einem deutlich größeren Multiplikatoreffekt.

Natürlich ist das ein stark vereinfachtes Beispiel. Im wirklichen Leben lässt sich nicht so leicht quantifizieren, wie viel eine Entscheidung im Vergleich bringt. Über bewährte Verfahren, bei der Verwendung der eigenen Zeit Prioritäten zu setzen, sprechen wir später noch ausführlicher. Doch ganz gleich, wofür Sie sich entscheiden – die Erfolgsprinzipien sind immer die gleichen.

Ihre Aufgabe als Führungskraft ist nicht, die Arbeit selbst zu übernehmen, selbst wenn Sie das am besten können – denn damit kommen Sie nicht sehr weit. Ihre Rolle ist vielmehr, die Mission, die Menschen und die Methoden Ihres Teams zu optimieren, um einen möglichst starken Multiplikatoreffekt auf das gemeinsame Ergebnis auszuüben.

MANAGEN IM SURVIVAL-MODUS

Investitionen in Mission, Menschen und Methoden erfordern Zeit und Energie. An meinem Limonadenstand konnte ich beispielsweise heute nicht mehr Becher verkaufen, weil ich der Ansicht war, dass die Schulung meiner bisherigen beziehungsweise die Einstellung neuer Teammitglieder unser Team so aufstellen würde, dass es künftig mehr Limonade verkaufen könnte. Ob das immer die richtige Entscheidung ist? Sicher nicht. Es kommt stets auf den Kontext an.

Was, wenn ich mir Geld geliehen hätte, um meinen Limonadenstand aufzubauen, und den Kredit in den nächsten zwei Wochen zurückzahlen müsste, damit sich meine Zinszahlungen nicht verzehnfachen? In diesem Fall wäre es weitaus wichtiger für mich, so viel Limonade zu verkaufen wie möglich, um nicht in eine unkontrollierbare Schuldenspirale zu geraten. Für die nächsten Monate oder Jahre vorauszuplanen, wäre nicht sehr sinnvoll, wenn mein Limonadenstand vor dem Ruin steht.

Die meisten Ratschläge für Manager und Führungskräfte im Allgemeinen gehen in aller Regel von einem längeren Zeithorizont aus: Sie investieren heute etwas und ernten später reiche Früchte – jedenfalls, wenn in Ihrer Organisation nicht gerade Feuer unter dem Dach ist. In diesem Fall gelten keine Regeln mehr. Dann müssen Sie tun, was Sie können, um die Flammen zu löschen.

1943 stellte der Psychologe Abraham Maslow eine berühmte Theorie zur Erklärung menschlicher Motivation vor, die heute als die Maslow'sche Bedürfnispyramide bekannt ist.[5] Ihr liegt der Gedanke zugrunde, dass bestimmte Bedürfnisse wichtiger sind als andere. Erst müssen die Bedürfnisse der unteren Stufen erfüllt werden, bevor man sich auf die höher angesiedelten konzentrieren kann.

Wenn Sie keine Luft kriegen, spielt es für Sie keine Rolle mehr, ob Sie hungrig, einsam oder arbeitslos sind. Läuft Ihr Gesicht blau an, fokussieren Sie sich mit jeder Faser Ihres Seins darauf, Ihre Lungen mit Sauerstoff zu füllen. Das heißt nicht, dass die Welt in Ordnung ist, sobald Sie wieder frei atmen können. Sie sind dann aber in der Lage, sich der nächsten entscheidenden Hürde für Ihr Überleben zuzuwenden: Nahrung in den Bauch zu bekommen.

Können Sie atmen, haben einen vollen Bauch und sind in einer sicheren Umgebung, können Sie sich auf die nächsten Stufen der Bedürfnishierarchie fokussieren: Teil einer Gemeinschaft zu sein, die Sie unterstützt, oder mit Ihrem Leben etwas Sinnvolles anzufangen. Bei Maslow heißt das »Selbstverwirklichung«.

Da Sie dieses Buch lesen und sich Gedanken darüber machen, wie Sie eine bessere Führungskraft werden können, darf ich sicherlich davon ausgehen, dass Ihre Organisation nicht vor dem unmittelbaren Zusammenbruch steht. Sollte das der Fall sein, blättern Sie zum elften Kapitel vor, in dem es um Personalführung in der Krise geht. Dann legen Sie das Buch bitte aus der Hand und überlegen Sie sich, was Sie tun können, um Ihrem Team zu helfen, das Ruder herumzureißen. Können Sie alle Kräfte zu einem spektakulären Manöver mobilisieren? Sich wie MacGyver mit einem genialen Einfall aus der Klemme ziehen? Die Ärmel hochkrempeln und selbst Kaltakquise betreiben? Oder ein paar Becher Limonade mehr verkaufen?

Im Überlebensmodus tun Sie, was nötig ist, um nicht unterzugehen.

Befinden Sie sich in der Bedürfnishierarchie Ihres Teams oberhalb der Überlebensstufe, können Sie anfangen, für die Zukunft zu planen und sich zu überlegen, was Sie heute tun können, um in den kommenden Monaten und Jahren mehr zu erreichen.

WOHER WISSEN SIE, OB SIE EIN GUTER CHEF WÄREN?

Bisher haben Sie gelernt, dass unter Führung die Kunst zu verstehen ist, eine Gruppe von Menschen dazu zu bringen, zusammenzuarbeiten, um dadurch bessere Ergebnisse zu erzielen. Woher wissen Sie aber, ob Sie dafür geeignet sind?

Sie wissen ja, gute Führungskräfte werden nicht geboren, sondern gemacht – unter einem Vorbehalt allerdings: Das Tagesgeschäft einer Führungskraft muss Ihnen *Freude* machen und Sie müssen Chef sein *wollen*.

Ich hatte eine ausgesprochen fähige Designerin in meinem Team – kreativ, umsichtig und vermutlich die erfahrenste Fachkraft in einem wichtigen Produktbereich. Es gab keinen im Team, der sie nicht um Rat gefragt hätte, wenn eine folgenschwere Entscheidung anstand. Natürlich dachte ich: *Sie sollte ein Team leiten!* Als mein Team erweitert wurde, fragte ich sie, ob sie Interesse an einer Leitungsfunktion hätte. Sie bejahte, und ich klopfte mir gedanklich auf die Schulter, weil ich dafür gesorgt hatte, dass ihr Einfluss künftig größere Kreise ziehen würde.

Kaum ein Jahr später kündigte sie.

Was sie mir kurz zuvor erzählte, werde ich nie vergessen. Sie gestand mir, dass sie jeden Morgen im Bett lag und sich davor fürchtete, zur Arbeit zu gehen und Chefin zu sein. Ich konnte spüren, dass sie die Wahrheit sagte. Von ihrer Kreativität und Umsicht war nichts mehr übrig. Sie war leer und ausgebrannt. In ihrem Team gab es Probleme, die gelöst werden mussten, doch sie war so erschöpft, dass sie sich nicht dazu aufraffen konnte. Eigentlich war sie eine Macherin. Sie wollte sich ungestört längere Zeit konzentriert mit einem Problem befassen und mit eigenen Händen konkrete Ergebnisse liefern.

Ich hatte daraus gelernt. Sagt mir heute jemand, er interessiere sich für eine Führungsfunktion, versuche ich herauszufinden, was den Betreffenden daran reizt – und ob diese Erwartungen dem realen Tagesgeschäft entsprechen.

Vielleicht hatten Sie ja schon einmal einen wirklich guten Vorgesetzten und möchten gern in dessen Fußstapfen treten. Vielleicht macht es Ihnen Spaß, andere voranzubringen. Vielleicht möchten Sie Karriere machen, mehr verdienen oder selbst Entscheidungen treffen. Manche dieser Gründe decken sich mit der Realität einer Führungsaufgabe, andere nicht.

Wenn Sie wissen wollen, ob Sie zum Chef taugen, stellen Sie sich die drei folgenden Fragen.

1. Motiviert es mich mehr, ein bestimmtes Ergebnis zu erzielen oder eine bestimmte Funktion zu übernehmen?

Als Führungskraft werden Sie nach dem Ergebnis Ihres Teams beurteilt. Ihre Aufgabe ist daher, Ihr Möglichstes zu tun, um Ihrem Team zum Erfolg zu verhelfen. Mangelt es Ihrem Team an wesentlichen Kompetenzen, müssen Sie ihm diese vermitteln oder zusätzliche Leute einstellen. Legt einer den anderen Steine in den Weg, müssen Sie etwas dagegen unternehmen. Wissen Ihre Leute nicht, was Sache ist, müssen Sie einen Plan entwerfen. Viele dieser Aufgaben sind alles andere als prestigeträchtig. Doch weil sie wichtig sind, müssen sie erledigt werden – und wenn das sonst keiner tut, bleibt es an Ihnen hängen.

Deshalb ist Anpassungsfähigkeit eine ganz wichtige Eigenschaft einer guten Führungskraft. Verändert sich Ihr Team – weil andere Ziele gesetzt werden oder Leute hinzukommen oder ausscheiden oder sich Prozesse weiterentwickeln –, verändert sich auch Ihr Tagesgeschäft. Sind Sie Ihrer Mission verpflichtet, dann werden Sie die Abwechslung, die mit dieser Aufgabe einhergeht, vermutlich schätzen (oder zumindest nicht darunter leiden). Wenn Sie aber eine bestimmte Tätigkeit so gern ausführen, dass Sie sie nicht aufgeben können – ob das die Betreuung von Patienten ist, der Präsenzunterricht, das Programmieren oder Produktdesign –, dann stellen Sie womöglich fest, dass Ihre persönlichen Ziele im Widerspruch zu den dringenden Bedürfnissen Ihres Teams stehen.

Diese Frage ist wichtiger als alle anderen, und wenn Sie sie mit einem überzeugten Ja beantworten können, gleicht das fast alles andere aus. Deshalb stehen auch Menschen mit ganz unterschiedlichen Stärken und ganz unterschiedlichem Temperament an der Spitze von Unternehmen. Gemein ist ihnen allen, dass der Erfolg ihres Teams für sie oberste Priorität genießt und dass sie sich bereitwillig anpassen, um die Leitfiguren zu werden, die ihre Organisationen brauchen.

2. Spreche ich gern mit Menschen?

Eine Führungsaufgabe ist untrennbar mit einem Team verbunden. Als Führungskraft werden Sie daher auf jeden Fall viel Zeit mit anderen Menschen verbringen müssen. Ein maßgeblicher Teil Ihrer Pflichten besteht darin, sicherzustellen, dass sich jede Ihnen unterstellte Person entfalten kann. Anderen zuzuhören und mit ihnen zu sprechen, sind daher zentrale Elemente Ihrer Aufgabe.

Wenn ich Ihnen sagen würde, Sie müssten 70 Prozent Ihrer Arbeitszeit in Meetings zubringen, wie würden Sie darauf spontan reagieren? Die Zahl mag sehr hoch gegriffen sein, doch wenn das für Sie von vornherein kein Problem darstellt, gehören Sie vermutlich zu den Menschen, die aus der Interaktion mit anderen Kraft ziehen.

Ist Ihr erster Gedanke dagegen: *Oh Mann, das hört sich ja furchtbar an,* dann könnte es durchaus sein, dass Sie den Alltag als Führungskraft anstrengend finden werden. Sie müssen nicht unbedingt besonders extrovertiert sein – ich zum Beispiel bin das nicht und viele andere Führungspersönlichkeiten, von Steven Spielberg bis zu Eleanor Roosevelt,[6] ebenso wenig –, doch die Aufgabe ist wohl eher nichts für Sie, wenn Ihnen ein Arbeitstag mit langen, ununterbrochenen Zeitfenstern für ungestörte Konzentration vorschwebt.

3. Kann ich in einer emotional aufgeladenen Situation für Stabilität sorgen?

Weil es bei Führungsaufgaben immer um Menschen geht und weil jeder Mensch seine ganz eigenen Erfahrungen, Motivationen, Hoffnungen, Ängste und Eigenheiten mitbringt, bleibt es keiner Führungskraft erspart, immer wieder auch schwierige Gespräche zu führen. Vielleicht müssen Sie einer Kollegin mitteilen, dass sie die an sie gestellten Erwartungen nicht erfüllt. Möglicherweise müssen Sie ihr sogar ins Gesicht sagen, dass sie entlassen wird. Manch einer bricht dann zusammen und erzählt Ihnen von den Problemen, die ihn belasten und sich auf die Arbeit auswirken – familiäre Schwierigkeiten, persönliche Tragödien, gesundheitliche Beeinträchtigungen, psychische Belastungen und anderes mehr.

Solche heiklen Situationen genießt keiner, doch manche Menschen verstehen es besser als andere, durch das Auf und Ab des Lebens stabil zu bleiben, sich anderer anzunehmen und sie zu unterstützen. Sind Sie ein Freund, auf den man in schwierigen Zeiten zählen kann, den man als mitfühlend und besonnen beschreiben könnte – jemand, der Spannungen zuverlässig abbauen kann, statt sie noch anzuheizen? Dann sind Sie besser gerüstet, um mit den emotional aufgeladenen Szenarien zurande zu kommen, die Ihnen als Führungskraft bevorstehen.

Es folgen noch ein paar weitere häufige Antworten auf die Frage »Warum möchten Sie Führungsverantwortung übernehmen?«. Je nach Sachlage ist eine leitende Funktion nicht unbedingt die beste Möglichkeit, diese Ziele zu erreichen.

Ich möchte Karriere machen

Personalverantwortung wird oft mit einer Beförderung gleichgesetzt, die vor dem inneren Auge das funkelnde Bild einer glanzvollen Zukunft entstehen lässt: Chancen, mehr Einfluss ausüben, interessante neue Herausforderungen annehmen und mehr Geld und Anerkennung erhalten.

In vielen Organisationen können Sie früher oder später nur noch vorankommen, wenn Sie Personalverantwortung übernehmen. Wer es bis in die Chefetage schafft, der leitet ein Team. Wollen Sie einmal CEO, VP oder Gründer werden, dann müssen Sie eine Führungslaufbahn einschlagen. Es gibt auch Berufe, in denen Sie ab einem bestimmten Kompetenzniveau nur noch weiterkommen, wenn Sie lernen, Führungsverantwortung zu übernehmen und die Arbeit von immer mehr Menschen zu koordinieren – zum Beispiel in der Kundenbetreuung oder im Einzelhandel.

Abgesehen davon gibt es heute aber viele Organisationen – insbesondere solche, die hoch qualifizierte oder kreative Arbeitskräfte anwerben möchten –, in denen das berufliche Fortkommen nicht untrennbar damit verbunden ist, Personalverantwortung zu übernehmen. Als Herzchirurg können Sie Ihre Fähigkeiten beispielsweise durch jahrelange Praxis so weiterentwickeln, dass Sie ein anerkannter Experte auf Ihrem Fachgebiet werden – jemand, dem die schwierigsten Fälle übertragen werden und der in Pionierarbeit innovative neue Operationsmethoden entwickelt. Dann müssen Sie nicht unbedingt Leiter eines Krankenhauses werden, um mehr Geld zu verdienen oder mehr Einfluss zu erlangen – im medizinischen Bereich werden Chirurgen und Klinikmanager gleichermaßen geschätzt.

Auch in vielen Tech-Unternehmen bieten sich in Funktionen wie Technik oder Design parallele Laufbahnen an, wenn man erst eine bestimmte Stufe erreicht hat – entweder durch Teamleitung oder durch persönliche Beiträge. Beide Möglichkeiten bieten gleiche Chancen auf Einfluss, Wachstum und Vergütung bis hin zu Spitzenpositionen. Das bedeutet, Personalverantwortung zu übernehmen ist nicht mit einer *Beförderung* gleichzusetzen, sondern mit einer *Umstellung*. Tatsächlich ist im Silicon Valley der »10x Engineer« – jemand, dessen Leistung der Leistung zehn gewöhnlicher technischer Fachkräfte entspricht – so gefragt, dass die oder der Betreffende genauso hohe Gehaltsforderungen stellen kann wie Abteilungsleiter oder VPs, die Dutzende oder gar Hunderte Beschäftigte unter sich haben.

Arbeiten Sie in einer Organisation, die die Weiterentwicklung Ihres persönlichen Beitrags unterstützt, sollten Sie sich den Umstand zunutze machen, dass Sie eine Wahlmöglichkeit haben, und sich überlegen, welcher Weg sich für Sie mit Ihren persönlichen Stärken und Interessen besser eignet.

Ich möchte das Sagen haben

Viele Menschen träumen davon, eines Tages aufzuwachen und ihr Schicksal ganz allein in der Hand zu haben. Niemand, der einem vorschreibt, was man zu tun hat, keiner, auf dessen Launen man Rücksicht nehmen muss, kein »Nein« oder »Da haben Sie unrecht« mehr, das man sich anhören muss. Sie schauen sehnsüchtig auf Ihre Vorgesetzten, die durch ihre Entscheidungen den Kurs vorgeben, und stellen sich vor, wie toll es wäre, so viel Freiheit und Einfluss zu haben.

In Wirklichkeit können Vorgesetzte zwar vieles bestimmen, müssen aber stets im Interesse des Teams entscheiden, weil sie sonst dessen Vertrauen verlieren und nicht mehr effektiv arbeiten können. Entscheidungsfreiheit ohne Rechenschaftspflicht gibt es für Führungskräfte nicht. Stellt sich heraus, dass sie schlechte Entscheidungen getroffen haben, müssen sie dafür geradestehen. Gesellschafter erleben dann, wie ihre Unternehmen straucheln, die CEOs von Aktiengesellschaften werden von ihrem jeweils übergeordneten Gremium entlassen.

Ich habe das in meiner ersten Führungsposition in der Frühphase eines Produktvorschlags am eigenen Leib erlebt. Auf der Heimfahrt nach der Arbeit hatte ich plötzlich eine großartige Idee. Ich hatte schon alles genau im Kopf – wie ich sie verkaufen würde, wie das Erlebnis funktionieren würde und warum die Leute davon begeistert sein würden. Aufgeregt fuhr ich nach Hause und brachte meine Gedanken zu Papier. Am nächsten Tag berief ich eine Teamsitzung ein. Ich erklärte den anderen, was ich vorhatte, und bat sie, meine grobe Skizze zu einem vollständigen Vorschlag weiterzuentwickeln.

Dass etwas schieflief, ahnte ich erstmals, als ich ein paar Tage später nachfragte, wie es voranging. Es lief sehr zäh. Meine Leute hatten meine Skizze unterschiedlich interpretiert, und kostbare Zeit war verloren gegangen, weil sich Gespräche über die zentralen Elemente des Vorschlags im Kreis drehten. In dem Glauben, mich nicht klar genug ausgedrückt zu haben, erklärte ich genauer, was ich mir vorstellte. Eine weitere Woche verging – leider ohne ein deutlich besseres Ergebnis.

Da erst erkannte ich das eigentliche Problem: Niemand aus meinem Team war von meiner Idee wirklich überzeugt. Sie glaubten nicht an ihren Erfolg. Und deshalb ging auch nichts voran. Sie waren nicht mit Herzblut bei der Sache. Da lernte ich meine erste Lektion in Personalführung – die besten Ergebnisse erzielt man, wenn man Menschen zum Handeln inspiriert, nicht, wenn man ihnen *vorschreibt*, was sie tun sollen.

Ich wurde gebeten, ein Team zu übernehmen

Vielleicht werden in Ihrem Unternehmen ständig neue Leute eingestellt. Vielleicht sind Ihrer Chefin bereits 15 Beschäftigte unterstellt und sie braucht dringend Unterstützung bei der Personalführung. Vielleicht gelten sie als fähig und gut angesehen, sodass so ein Posten der nächste logische Schritt für Sie wäre. Streben Sie eine solche Karriere an, ist das eine großartige Chance. Hüten Sie sich jedoch vor der Falle des Pflichtgefühls. »Ich sollte« und »ich kann« sind keine guten Gründe. Fragen Sie sich, ob Sie auch wirklich wollen.

Ein solches Szenario war es, das mich zur Vorgesetzten werden ließ – und es hat geklappt, weil mir diese Tätigkeit wirklich Freude macht. Aus demselben Grund habe auch ich meine beste Designerin gebeten, Führungsverantwortung zu übernehmen. Sie sagte zu, weil sie eine Teamplayerin war, die ihre Mannschaft nicht im Stich lassen wollte. Die Rolle lag ihr aber nicht, wie sich herausstellen sollte, und das kam uns alle teuer zu stehen, als sie uns schließlich verließ.

Wenn Sie nicht sicher sind, ob ein solcher Werdegang für Sie der richtige ist, können Sie Verschiedenes tun, um ein Gespür dafür zu bekommen – etwa eine Mentorenrolle für andere im Team übernehmen, eine Praktikantin betreuen oder mit anderen Führungskräften sprechen, die den Sprung vor Kurzem gewagt haben, und sich über deren Erfahrungen informieren. Haben Sie Personalverantwortung übernommen und stellen fest, dass das nichts für Sie ist, ist das kein Beinbruch. Sprechen Sie offen mit Ihren Vorgesetzten über Ihre Ziele und bitten Sie sie, Ihnen Alternativen aufzuzeigen.

DER UNTERSCHIED ZWISCHEN FÜHRUNGSKRAFT UND FÜHRUNGSPERSÖNLICHKEIT

Als ich die Leitung meines Teams übernahm, dachte ich noch, das sei dasselbe. Eine *Führungskraft* führt doch schließlich, und eine *Führungspersönlichkeit* ist ja wohl als Führungskraft unterwegs, oder?

Nicht ganz. Jemand mit Personalverantwortung, eine *Führungskraft,* übt eine bestimmte Rolle aus, eine bestimmte Position, so wie eine Grundschullehrerin oder ein Herzchirurg. Wie bereits angesprochen, gibt es klare Grundsätze, die festlegen, was Führungskräfte zu tun haben und woran ihr Erfolg gemessen wird.

Unter einer *Führungspersönlichkeit* (aka Leadership, Führungsstärke, Führungsqualitäten) ist dagegen die konkrete Kompetenz zu verstehen, andere leiten und beeinflussen zu können.

»Den guten Anführer charakterisiert seine Scheu vor dem Rampenlicht; er zieht es vor, seine Zeit und Energie zum Schutz seiner Leute einzusetzen«[7], schreibt Simon Sinek in *Gute Chefs essen zuletzt.* Im Gegenzug »opfern wir Blut, Schweiß und Tränen, alle unsere Kräfte, damit die Vision des Anführers Realität wird«.

Ein Vorgesetzter, der es nicht versteht, Einfluss auf andere Menschen auszuüben, wird das Ergebnis seines Teams nicht sehr effektiv steigern können. Ein guter Vorgesetzter muss daher sicherlich auch Führungsqualitäten besitzen, also eine Führungspersönlichkeit sein.

Eine Führungspersönlichkeit muss dagegen nicht unbedingt Personalverantwortung tragen. Führungsstärke kann jeder demonstrieren, ungeachtet seiner Funktion. Denken Sie nur an die Verkäuferin, die die Kunden mit kühlem Kopf in Sicherheit bringt, wenn im Einkaufszentrum der Tornado-Warnton erklingt. Oder an den engagierten Mitbürger, der von Tür zu Tür geht, um alle Nachbarn zu überreden, sich seinem Protest gegen eine unlängst getroffene Entscheidung anzuschließen. Oder an Generationen von Müttern und Vätern, die ihren Kindern vorleben, wie man sich als verantwortungsbewusster Erwachsener verhält.

Beim Gedanken an Ihr Unternehmen fallen Ihnen bestimmt zahlreiche Beispiele für Führungsqualität beziehungsweise Führungsstärke ein: der Einzelne, der einen wichtigen Beitrag leistet, indem er die Beschwerden bedeutender Kunden aufs Tapet bringt und dann teamübergreifend Lösungen koordiniert; das Teammitglied, das eine Gruppe dazu animiert, an einer neuen Idee zu arbeiten; die ältere Mitarbeiterin, die gern um Rat gefragt wird. Wer ein Problem aufzeigen und andere dazu motivieren kann, an der Lösung mitzuarbeiten, der beweist Führungsqualitäten.

Führungsstärke ist mehr Eigenschaft als Aufgabe. Wir alle führen und folgen in unterschiedlichen Lebensphasen. Viele Aspekte dieses Buches dürften auch für all jene nützlich sein, die nicht nur als Vorgesetzte brillieren, sondern auch ihre Führungsqualitäten weiterentwickeln möchten. Gute Vorgesetzte sollten immer auch Führungsqualitäten kultivieren – nicht nur bei sich selbst, sondern im Team.

Das ist eine wichtige Unterscheidung, denn während Ihnen die Rolle des oder der Vorgesetzten übertragen (oder entzogen) werden kann, kann Ihnen niemand Führungsstärke verleihen. Eine Führungspersönlichkeit zu sein, das müssen Sie sich erarbeiten. Andere müssen sich Ihnen anschließen *wollen*.

Eine Person kann Ihnen unterstellt werden, doch wenn sie Ihnen nicht vertraut oder Sie nicht respektiert, werden Sie sie nur begrenzt beeinflussen können. Ich bin nicht plötzlich zur

Führungspersönlichkeit geworden, als sich mein Titel offiziell änderte. Ganz im Gegenteil, manche der mir unterstellten Teammitglieder waren anfangs skeptisch, und es dauerte eine ganze Weile, bis wir eine tragfähige Beziehung entwickelt hatten.

Wenn man Personalverantwortung übernimmt, kommt es am Anfang vor allem darauf an, reibungslos in die Rolle hineinzuwachsen und die wichtigsten Aspekte der Leitung eines kleinen Teams zu erkennen. Nur wenn es Ihnen gelingt, eine Vertrauensbeziehung zu Ihrem Team aufzubauen, verfügen Sie über die nötige Glaubwürdigkeit, diesem auch die nötige Unterstützung zu geben, um gemeinsam mehr zu erreichen.

Zweites Kapitel

Ihre Bewährungsfrist

SO NICHT …

… SONDERN LIEBER SO

Kommt eine neue Führungskraft in mein Team, stelle ich nach den ersten Monaten gern folgende Fragen: »Was war schwieriger, als du es dir vorgestellt hast? Was war einfacher?« Auf die erste Frage lachte ein frischgebackener Teamleiter und zitierte ein geflügeltes Wort aus unserem Büroalltag: »Jeder Tag fühlt sich an wie eine Woche.« Seine Antwort stand stellvertretend für die Dinge, die ich am häufigsten zu hören bekomme: *Man muss viel lernen und fühlt sich ständig überfordert.*

Auf die Frage, was als einfacher empfunden wurde, sind die Antworten etwas abwechslungsreicher. Ein »Einzeltäter«, der zum Teamleiter befördert wurde, erklärte mir, wie froh er sei, dass er bereits alle Teammitglieder kannte und wusste, woran das Team arbeitete. Eine Führungskraft, die neu im Unternehmen war, sagte mir, wie hilfreich ihre Kolleginnen und Kollegen gewesen seien, weil sie ihre vielen dummen Fragen beantwortet hätten.

Ganz gleich, wie Sie zu der neuen Aufgabe gelangt sind, es sind auf jeden Fall Glückwünsche angebracht, denn so viel steht fest: Jemand – vermutlich sogar mehr als nur eine Person – glaubt an Sie und traut Ihnen zu, ein Team zu leiten. Deshalb lesen Sie jetzt dieses Buch.

Vermutlich sind Sie auf einem der vier folgenden Wege in diese Position gekommen:

- **als Eigengewächs:** Das Team Ihrer Vorgesetzten wird immer größer. Deshalb wurde Ihnen die Leitung einer Teilgruppe übertragen.

- **als Pionier:** Sie sind Gründungsmitglied einer neuen Gruppe und nun für deren Entwicklung verantwortlich.
- **als neue Chefin:** Sie kommen von außen, um ein bereits bestehendes Team zu übernehmen – im eigenen oder in einem neuen Unternehmen.
- **als Nachfolger:** Ihr Chef will gehen und Sie übernehmen seinen Posten.

Je nachdem, was auf Sie zutrifft, fallen Ihnen in den ersten drei Monaten unterschiedliche Dinge leicht oder schwer. Wählen Sie die für Sie passende Geschichte aus, um mehr darüber zu erfahren, was Sie erwartet.

DAS EIGENGEWÄCHS

Mit dem Team wachsen auch die Chancen für Führungsnachwuchs. Ich ging diesen Weg, als unsere Teamleiterin Rebekah merkte, dass wir mehr Kräfte brauchten, nachdem sich unser Team aufs Doppelte vergrößert hatte.

Was Sie sich zunutze machen sollten

Dieser Weg stellt gewöhnlich den leichtesten Übergang in eine Position mit Personalverantwortung dar. Weil Ihr bisheriger Vorgesetzter das Team und alle Mitglieder kennt, erhalten Sie normalerweise mehr Orientierungshilfe als in anderen Übergangsszenarien.

Als ich mein erstes Team übernahm, drückte mir Rebekah eine Liste mit Namen in die Hand und sagte: »Das sind die Leute, die meiner Ansicht nach in dein Team kommen sollten.« Im Rückblick weiß ich, wie gezielt sie meinen Übergang geplant hatte. Anfangs unterstellte sie mir nur ein paar Leute, mit denen ich ihrer Ansicht nach gut zurechtkommen würde, und erleichterte mir den Start. (Unter anderem verhalf sie mir zu einer guten Beziehung zu dem skeptischen Kollegen aus dem erwähnten Erstgespräch.)

Während der ersten Monate stand mir Rebekah jederzeit als Resonanzboden zur Verfügung. War ich nicht sicher, wie ich auf eine Anfrage reagieren sollte, oder wurde ich mit einer Situation konfrontiert, in der ich mich überfordert fühlte, war sie da, um mich zu coachen. Wer auf diese Weise Personalverantwortung übernimmt, erarbeitet gemeinsam mit seinem Vorgesetzten einen Einstiegsplan. Zu den Fragen an den Vorgesetzten zählen:

- Was sind eingangs meine Zuständigkeiten, und wie sollten sich diese deiner Erwartung nach verändern?
- Wie wird meine veränderte Funktion kommuniziert?
- Was muss ich über die Menschen wissen, die mir unterstellt werden?
- Welche wichtigen Teamziele oder -prozesse sollte ich kennen und vorantreiben?
- Was ist in den ersten drei und den ersten sechs Monaten unter Erfolg zu verstehen?
- Wie arrangieren wir uns in Bezug auf unsere jeweiligen Zuständigkeiten?

Sie haben bereits ein Gespür dafür, was funktioniert und was nicht. Weil Sie aus erster Hand wissen, wie Ihr Team arbeitet – wie Meetings durchgeführt werden, wie Entscheidungsprozesse aussehen und wie Ihre Leute ticken –, wissen Sie schon einiges, wenn Sie Ihre neue Funktion übernehmen.

Es kann durchaus hilfreich sein, zu Beginn Ihrer neuen Tätigkeit in Ruhe eine Liste all der Dinge aufzustellen, die derzeit super laufen. Kommen alle gut miteinander aus? Sind Ihre Prozesse effizient? Ist Ihr Team für Fleiß und gute Leistungen bekannt?

Im Anschluss listen Sie dann auf, was besser laufen könnte. Lässt sich Ihr Team nicht gern auf einen Termin festlegen? Scheinen sich die Prioritäten fortwährend zu verändern? Gibt es jede Woche ein langwieriges Meeting, zu dem keiner gern kommt?

Diese beiden Listen liefern Ihnen die Grundlage für Ihre Pläne, was Sie ändern sollten und was nicht. Wenn etwas gut läuft, müssen Sie nichts daran ändern. Fühlen Sie sich aber auch nicht verpflichtet, in einer Zeitschleife zu verharren, nur weil etwas *schon immer so gemacht wurde*. Genau deshalb hat man Ihnen Ihre neue Aufgabe ja übertragen! Wenn Sie sich die Zeit nehmen, über die besten Optimierungsmöglichkeiten nachzudenken, verstehen Sie besser, wie Sie zum Multiplikator für Ihr Team werden können.

Sie können Initiativen schnell hochfahren, weil Ihnen der Kontext vertraut ist. Anders als eine Führungskraft, die von außen kommt, kennen Sie das Team bereits genau und wissen nicht nur, wie es arbeitet, sondern auch, welche Ziele und Projekte gerade anstehen. Aus diesem Grund brauchen Sie keine so lange Vorlaufzeit, um zuzuhören und zu lernen. Sie können deutlich schneller produktiv werden.

Worauf Sie achten müssen

Vielleicht fällt es Ihnen anfangs nicht so leicht, mit ehemaligen Gleichgestellten zu einer neuen Dynamik zu finden. Bisher haben Sie im Team einen Einzelbeitrag geleistet. Jetzt sind Sie der Boss. Das bedeutet, dass sich Ihre Beziehung zu den anderen Teammitgliedern anders anfühlen kann. Ich fand anfangs Folgendes schwierig – vor allem bei den Kolleginnen und Kollegen, mit denen ich befreundet war:

Die Coaching-Funktion übernehmen: Zu Ihren neuen Aufgaben zählt, die Karriereziele Ihrer ehemals gleichgestellten Teammitglieder zu kennen sowie zu beurteilen, welche Projekte ihren Stärken und Interessen entsprechen, wobei sie Unterstützung brauchen und inwieweit sie die an sie gestellten Erwartungen erfüllen. Anfangs fand ich es komisch und mitunter sogar unangenehm, eine befreundete Kollegin oder einen ehemals gleichgestellten Kollegen zu fragen: »Welche Ziele möchtest du dir für den Zeitraum eines Jahres setzen?« oder »Worin siehst du deine Stärken?« – vor allem, wenn wir noch nie über solche Dinge gesprochen hatten.

Gehen Sie solchen Gesprächen aber nicht aus dem Weg, selbst wenn Sie Ihnen schwerfallen. Versuchen Sie, herauszufinden, was den Ihnen neuerdings untergeordneten Kolleginnen und Kollegen wichtig ist. Geben Sie ihnen Feedback zu bereits guten Leistungen und Bereichen, in denen noch Entwicklungspotenzial besteht (worauf dieses Kapitel an anderer Stelle noch näher eingeht). Sehen Sie sich als Coach, der Ihre Leute dabei unterstützen und ihnen helfen soll, ihre Ziele zu erreichen.

Heikle Gespräche führen: Solange ich mich noch als gleichgestelltes Teammitglied zur Arbeit anderer äußerte, formulierte ich Kritik grundsätzlich als Anregung: »Du, nur so als Idee, hast du schon mal daran gedacht …?« Mir war klar, dass sie ihre Entscheidungen letztlich selbst trafen. Als ich zur Vorgesetzten wurde, fand ich es schwierig, diese Haltung zu ändern, obwohl das manchmal nötig war.

Die Beziehung zwischen Vorgesetzten und ihnen unterstellten Beschäftigten unterscheidet sich von der Beziehung zwischen Gleichgestellten. Als Vorgesetzte(r) sind

Sie für das Ergebnis Ihres Teams verantwortlich – auch für alle Entscheidungen, die im Team getroffen werden. Gibt es Hindernisse, die die Leistung beeinträchtigen, müssen Sie diese rasch und ohne Umschweife beseitigen. Das kann heißen, dass Sie anderen Dinge sagen müssen, die diese nicht gerne hören, oder klare Forderungen stellen müssen. Je schneller sie verinnerlichen, dass Sie die Verantwortung für die Ergebnisse Ihres Teams tragen, desto leichter werden Ihnen diese Gespräche fallen.

Von bisher Gleichgestellten anders behandelt oder schlechter informiert werden: Ich musste überrascht feststellen, dass meine bisherigen Kolleginnen und Kollegen, die früher so offen über alles mit mir gesprochen hatten, plötzlich zurückhaltender wurden, als ich die Teamleitung übernahm. Sie erzählten mir oft nicht mehr, wenn sie etwas belastete oder ärgerte oder wenn es Unstimmigkeiten mit einem anderen Teammitglied gab. Kam ich dazu, wenn sich zwei Teammitglieder offensichtlich Luft machten, unterbrachen sie ihr Gespräch und warfen mir verlegene Blicke zu. Es fiel mir schwerer, mir ein klares Bild davon zu machen, was an der Basis vorging.

Mit der Zeit kapierte ich aber, dass das ganz normal war. Meine Leute wollten mich nicht mit ihren Problemen behelligen oder in schlechtes Licht geraten. Offenbar musste ich mich intensiver um eine vertrauensvolle Beziehung bemühen (was Thema des nächsten Kapitels ist).

Es ist nicht ganz einfach, das Engagement für den eigenen Beitrag mit Personalführung unter einen Hut zu bringen. Als »Eigengewächs«, also Nachwuchsführungskraft aus den eigenen Reihen, wird Ihnen gewöhnlich nicht gleich ein großes

Team unterstellt. Vermutlich sind Sie anfangs erst einmal für eine Handvoll Leute zuständig und erst nach und nach für eine größere Gruppe. Das bedeutet, dass Sie meist auch noch Ihren eigenen Beitrag bringen müssen. Im Klartext heißt das: Sie unterstützen zwar die anderen, müssen aber selbst auch noch Limonade verkaufen.

Ich fand das gut. Ich befürchtete, wenn ich nicht mehr als Designerin arbeiten würden, könnte ich meine Fachkompetenz verlieren, was es mir schwerer machen würde, andere effektiv zu führen. Dabei beging ich leider den Fehler, der meiner Erfahrung nach fast allen Nachwuchsführungskräften unterläuft: Ich versuchte, weiter selbst mehr beizutragen, als es mir auf Dauer möglich war.

Ich leitete schon ein etwa sechsköpfiges Team, als ich immer noch Chefdesignerin für ein komplexes Projekt war, das viele Wochenstunden in Anspruch nahm. Aber auch meine Führungsaufgaben mehrten sich. Jedes Mal, wenn etwas Unerwartetes passierte – wenn etwa ein Teammitglied besondere Aufmerksamkeit brauchte oder unser Team in einer bestimmten Woche mehrere Berichte abliefern musste –, fehlte mir die Zeit für mein eigenes Projekt. Darunter litt die Qualität meiner Arbeit, meine Leute ärgerten sich, und die Bälle, die ich verzweifelt in der Luft zu halten versuchte, fielen zu Boden.

Schließlich begriff ich, dass ich mich von dem Gedanken verabschieden musste, gleichzeitig Leiterin des Designteams *und* Designerin zu sein, weil ich sonst keiner der beiden Aufgaben wirklich gerecht werden konnte. Versuchen Sie, das möglichst nicht auf die harte Tour zu lernen. Sobald Ihr Team vier oder fünf Leute umfasst, sollten Sie Ihren Einzelbeitrag zurückfahren, um Ihr Team möglichst optimal zu leiten.

DER PIONIER

Sie haben als Vorreiter eine Herausforderung angenommen, die sich nun zu einer umfassenderen Teamleistung entwickelt. Wachstum ist ein Zeichen dafür, dass es gut läuft – seien Sie also stolz auf alles, was Sie erreicht haben! Vielleicht sind Sie ein Unternehmensgründer, der mit drei Leuten in einer Garage angefangen hat und jetzt für zehn Vollzeitbeschäftigte verantwortlich ist, oder der erste Bilanzbuchhalter, den ein Unternehmen eingestellt hat, das jetzt eine komplette Finanzabteilung auf die Beine stellen will. Wenn Sie Ihr Team vergrößern, sollten Sie die nachfolgend aufgeführten Aspekte berücksichtigen.

Was Sie sich zunutze machen sollten

Sie kennen die Aufgaben. Sie wissen, worauf es ankommt. Sie waren der oder die Erste, das Original, das Alphatier. Keiner weiß besser als Sie, wie der Auftrag lautet, denn Sie haben ihn mitformuliert. Und nun müssen Sie einen Schritt weitergehen.

Um erfolgreich zu sein, müssen Sie alle Werte und alles Wissen aus Ihrem Kopf an andere vermitteln. Versäumen Sie es am Anfang auf keinen Fall, Ihr neues Team auf die angestrebten Ziele, Werte und Prozesse Ihrer Gruppe einzunorden. Hier ein paar Fragen, die Sie sich vorab stellen sollten:

- Wie treffe ich Entscheidungen?
- Wann betrachte ich eine Aufgabe als erfolgreich erledigt?
- Wofür war ich zuständig, als ich noch alles allein gemacht habe?
- Was an der Arbeit in dieser Funktion ist einfach, was nicht?
- Welche neuen Prozesse werden künftig in einem größeren Team benötigt?

Sie können Ihr Wunschteam aufbauen. Eines Ihrer Privilegien als Pionier ist, dass Sie sich die Leute aussuchen können, mit denen Sie arbeiten möchten, und bestimmen können, wie die Zusammenarbeit aussehen soll. Sie übernehmen kein gewachsenes Team, sondern stellen es ganz neu zusammen. Überlegen Sie sich gut, wen Sie ins Boot holen und was Sie für eine Teamkultur einführen. Fragen Sie sich:

- Welche Eigenschaften müssen meine Teammitglieder mitbringen?
- Welche Kompetenzen braucht unser Team, um meine eigenen zu ergänzen?
- Wie soll das Team in einem Jahr aussehen und arbeiten?
- Wie werden sich meine eigene Funktion und meine Aufgaben entwickeln?

Worauf Sie achten müssen

Womöglich bekommen Sie kaum Unterstützung. So ein Pionierleben ist ein einsames Abenteuer. Stellen Sie sich vor, Sie sind der erste Designer in einem Unternehmen und sollen die Disziplin der Anwendererfahrung ausbauen. An wen wenden Sie sich, wenn Sie Fragen dazu haben, wie man andere Designerinnen und Designer einstellt und einarbeitet? Bisher gibt es ja nur Sie! Als Pionier finden Sie sich immer wieder allein auf neuem, unbekanntem Terrain wieder. Das bedeutet aber nicht, dass Sie sich nicht helfen lassen können.

Vielleicht gibt es in Ihrem Unternehmen nur eine Teamleitung für Ihr spezifisches Aufgabengebiet, doch Sie können sich bei zwei anderen Gruppen Unterstützung holen: bei anderen Führungskräften in Ihrer Organisation, die verwandte Funktionen leiten, und bei externen Führungskräften aus Ihrer Sparte.

Bei Meta war das technische Team stets um ein Mehrfaches größer als das Designerteam. Wenn ich vor einer neuen Herausforderung stand – weil unsere wöchentlichen Teamsitzungen nicht mehr effizient waren oder weil mich Teammitglieder um klarere Vorgaben für die Karriereentwicklung baten –, wendete ich mich an befreundete Führungskräfte aus der Technik und fragte, ob sie schon vor ähnlichen Problemen gestanden hätten. In acht von zehn Fällen hieß es dann: »Natürlich. Vor drei Jahren, als unser Team noch so groß war wie deines heute, hatten wir dasselbe Problem. Unserer Erfahrung nach lässt es sich folgendermaßen lösen.«

Suchen Sie sich außerhalb Ihres Unternehmens ein Netzwerk von Führungskräften mit ähnlichen Aufgaben. Sie können Ihnen unschätzbare Unterstützung bieten. Als ich mein erstes Unternehmen gründete, vertieften meine Kontakte zu anderen Unternehmern in unterschiedlichen Phasen ihrer Entwicklung mein Verständnis von Themen wie Einwerbung von Kapital, Überprüfung neuer Ideen und Personalbeschaffung. Als ich noch ein Designteam leitete, traf ich mich häufig auf einen Kaffee mit den Leitern von Designerteams anderer Unternehmen wie Google, Airbnb und Amazon. Dann sprachen wir über Herausforderungen für unsere Branche oder über übergreifende Trends, die wir erkannten. Natürlich tauschten wir keine vertraulichen Informationen über unsere Arbeit aus, doch ich nahm aus solchen Fachgesprächen immer unschätzbare Erkenntnisse mit.

Es ist nicht ganz einfach, das richtige Verhältnis zwischen Eigenleistung und den Aufgaben als Teamleitung zu finden. Lesen Sie dazu die Beschreibung zum »Eigengewächs« auf Seite 60–61.

DIE NEUE CHEFIN

Sie werden als neue Chefin im Team begrüßt, vielleicht auch als Chef – an sich schon eine Leistung! In dieser Situation verfügen Sie vermutlich bereits über eine gewisse Führungserfahrung. Unternehmen stellen selten Führungskräfte ein, die sich noch nicht bewährt haben, um ein bestehendes Team zu übernehmen. Es ist daher davon auszugehen, dass Ihnen die Aufgabenstellung nicht vollkommen neu ist. Dennoch sind bestimmte Nuancen zu beachten.

Was Sie sich zunutze machen sollten

Anfangs genießen Sie gewöhnlich eine Schonfrist. Ihr größter Vorteil als Neuzugang ist ein Zeitfenster von gewöhnlich rund drei Monaten, in dem Sie als neu gelten. Jeder weiß, dass Sie anfangs noch nicht viel wissen können – weder darüber, woran jeder Einzelne arbeitet, noch über die aktuelle Strategie. Fehler werden Ihnen nachgesehen und Sie werden merken, dass Ihnen Ihre Kolleginnen und Kollegen gewöhnlich gern helfen, sich einzuarbeiten. Nutzen Sie diese Freiheit nach Kräften und stellen Sie so vielen Menschen so viele Fragen wie irgend möglich. Möglicherweise spüren Sie den Drang, sich lieber zurückzuhalten und keine Aufmerksamkeit auf sich zu ziehen, bis Sie »genug erfahren haben«, doch wenn Sie schnell voll einsatzfähig werden wollen, müssen Sie in der Einarbeitungszeit proaktiv werden.

Ist abzusehen, dass Sie mit jemandem eng zusammenarbeiten müssen, sollten Sie versuchen, sich möglichst bald unter vier Augen mit dieser Person zusammenzusetzen, damit Sie sich besser kennenlernen und herausfinden können, was ihr besonders am Herzen liegt. Wissen Sie nicht genau, mit wem Sie zusammenarbeiten sollten, bitten Sie Ihren Vorgesetzten um eine Liste der Personen, an die Sie sich wenden sollten.

Scheuen Sie sich nicht davor, Fragen zu stellen – auch wenn Sie glauben, Sie sind der oder die Einzige, die die Antwort nicht kennt. *(Typische Anfängerfrage, aber wofür steht die Abkürzung IC?*)* Von solchen Fragen profitieren manchmal auch andere. Bei einer besonders regen Diskussion um einen Markteinführungsplan meldete sich einmal ein Neuzugang aus meinem Team zu Wort: »Entschuldigung – ich bin neu, bitte seht mir die Frage also nach –, aber kann mir bitte jemand erklären, was wir mit dieser Einführung eigentlich erreichen wollen?«

Da hielt das ganze Team kurz inne und änderte seine Perspektive. Wir hatten uns in den Details verzettelt und gar nicht gemerkt, dass wir uns eigentlich erst einmal auf das übergeordnete Ziel einigen mussten. Am Ende der Sitzung sagte ein langjähriges Teammitglied anerkennend zu dem Neuen: »Ehrlich gesagt war mir selbst nicht klar, worum es eigentlich ging. Deine Frage war ein Volltreffer.«

Sie fangen bei null an. Standen Sie in Ihrem bisherigen Job in dem Ruf, Sie seien unentschlossen oder stur? Als Neuzugang haben Sie die Chance, neue Beziehungen aufzubauen und sich selbst neu zu erfinden.

Das gilt auch umgekehrt. Manche Mitglieder Ihres Teams freuen sich auf die Gelegenheit, jetzt eine Beziehung zum Chef auszubilden, wie sie sich das immer vorgestellt hatten. Zeigen Sie sich aufgeschlossen und neugierig, wenn Sie Ihre Leute kennenlernen.

Eine Freundin von mir, die als neue Chefin anfing, hörte aus dem Kollegenkreis, ein Mitglied ihres Teams sei »unterdurchschnittlich«. Sie bedankte sich für die Information, beschloss aber, sich selbst ein Bild zu machen. In den anschließenden sechs Monaten entwickelte

---

* IC = Individual Contributor / Einzelbeitrag

sie eine großartige Arbeitsbeziehung zu der betreffenden Person, die unter ihrer Führung richtig aufblühte und kein Jahr später die Leitung eines eigenen Teams übertragen bekam.

Um das Beste aus jedem unbeschriebenen Blatt zu machen, sollten Sie im Zweifel jedem eine Chance geben – ganz gleich, was Ihnen erzählt wird. Hoffentlich gilt das umgekehrt auch für Sie. Und sagen Sie – vor allem den Ihnen unterstellten Leuten – ganz offen, wie Sie sich die Beziehungen vorstellen, die Sie zu ihnen aufbauen möchten, und was für eine Chefin Sie gern sein wollen. Solche Themen werden am besten sofort angesprochen, noch bevor sich Muster und Routinen einschleifen. Bei den ersten persönlichen Gesprächen sollten Sie Ihren Leuten folgende Fragen stellen, um zu erfahren, wie die Chefin ihrer Träume aussieht.

- Was war für Sie das Nützlichste, das Sie aus den Gesprächen mit Ihren bisherigen Vorgesetzten herausgenommen haben?
- Wie möchten Sie unterstützt werden?
- Welche Art von Feedback finden Sie besonders hilfreich?
- Stellen Sie sich vor, wir beide hätten eine großartige Arbeitsbeziehung? Wie müsste diese aussehen?

Worauf Sie achten müssen

Es dauert eine Weile, bis man sich an die Normen eines neuen Umfelds angepasst hat. Ganz gleich, wie fähig Sie sind, es braucht seine Zeit, bis man weiß, wie ein neues Team arbeitet – ob Sie in ein anderes Unternehmen wechseln oder in Ihrem Unternehmen bleiben und dort eine andere Funktion übernehmen. Einer der größten Fehler, den man als neuer Boss machen kann, ist, zu glauben, man müsse sofort in die Vollen gehen und seine Meinung durchsetzen, um allen zu zeigen, was man draufhat.

Dieser Schuss geht in aller Regel nach hinten los. Wenig ist so ärgerlich wie ein Neuzugang, der alle Beteiligten Zeit kostet, weil er unbedingt beweisen will, dass er es besser weiß, obwohl er in Wirklichkeit keine Ahnung hat.

In den ersten Monaten besteht Ihre Aufgabe in der Hauptsache darin, zuzuhören, Fragen zu stellen und zu lernen. Von Nachwuchsführungskräften aus meinem Team höre ich immer wieder, dass sie am dringendsten wissen möchten, was sie »normalerweise« erwarten dürfen oder sollten. Eine effektive Lösung für dieses Problem ist es, mit der oder dem eigenen Vorgesetzten konkrete Szenarien durchzuspielen. Unter anderem sollten Sie folgende Fragen stellen:

- Worin unterscheidet sich eine herausragende Leistung von einer durchschnittlichen oder schlechten? Können Sie mir Beispiele dafür geben?
- Wie ist Projekt X oder Meeting Y Ihrer Ansicht nach gelaufen? Warum sind Sie dieser Ansicht?
- Neulich ist mir Z aufgefallen. Ist das normal oder sollte mir das zu denken geben?
- Was lässt Sie nachts nicht schlafen? Warum?
- Wonach legen Sie Ihre Prioritäten fest?

Sie müssen in den Aufbau neuer Beziehungen investieren. Als neuer Boss eines neuen Teams fangen Sie bei der Vertrauensbildung bei null an. Sie müssen sich nicht nur viele Namen und Gesichter einprägen, sondern fühlen sich als Außenseiter womöglich isoliert. Ihre Teammitglieder kennen sich untereinander. Sie sind mit der Gruppe aber noch nicht vertraut. Besonders schwierig kann das werden, wenn Sie den Eindruck haben, dass nicht mit offenen Karten gespielt wird. Um dem von vornherein entgegenzutreten, bedient sich eine Freundin von mir der Taktik, den »Elefanten im Raum« einfach anzusprechen: »Weil ich neu bin, habt ihr vielleicht das Gefühl, dass ihr mir nicht gleich alles sagen könnt. Ich hoffe aber, mir euer Vertrauen mit der Zeit zu verdienen. Damit ihr seht, dass ich das ernst meine, will ich euch etwas mehr über mich verraten, zum Beispiel meinen allergrößten Fehlschlag ...« Ich mag diese Geschichte so, weil sie perfekt verkörpert, dass es immer besser ist, mit gutem Beispiel voranzugehen, als viel zu erklären. Wie kann man besser signalisieren, dass kein Thema tabu ist, als dadurch, selbst direkt eine persönliche Schwäche anzusprechen?

Gute Beziehungen lassen sich aber nicht über Nacht aufbauen. Im Folgekapitel gehen wir näher auf die Zutaten ein, die das Rezept für Vertrauen ausmachen.

Sie wissen nicht, worum es geht und was dafür benötigt wird. Als Sie den Posten übernahmen, hatten Sie noch keine genauen Vorstellungen von dem Team, der Arbeit und dem Umfeld. Nun haben Sie ihn angetreten und stellen möglicherweise fest, dass die Aufgabe und ihre Herausforderungen anders sind, als Sie gedacht haben.

Die beste Strategie in dieser Situation ist es, ehrlich mit Ihrer oder Ihrem Vorgesetzten darüber zu sprechen, was für Sie funktioniert und was nicht – und herauszufinden, was von Ihnen erwartet wird. Ein frischgebackener Teamleiter aus meinem Team gestand mir, er habe unerwartet große Schwierigkeiten, sich mit seinen Kollegen kurzzuschließen, und könne daher keinen Einfluss auf Entscheidungen nehmen.

Weil der Betreffende das proaktiv ansprach, gelang es uns, einen Plan für ihn zu entwickeln, um sich ehrlich mit seinen Partnern auszutauschen. Sie gaben sich sofort besondere Mühe, ihn in Gespräche einzubeziehen, als sie von seinen Problemen hörten, und er erhielt wertvolles Feedback dazu, wie er effektiver kommunizieren könne. Schon nach einer Woche hatte sich die Situation entspannt. Danach verlief sein Einstieg deutlich reibungsloser.

DER NACHFOLGER

Als Nachfolger steigen Sie so ähnlich ein wie das Eigengewächs, allerdings mit einem Haken: Weil Ihr alter Chef geht, müssen Sie jetzt das gesamte Team selbst unterstützen, nicht nur einen Teil. Zwar verfügen die meisten Nachfolger bereits über Führungserfahrung, übernehmen aber dennoch deutlich mehr Verantwortung und haben vielleicht den Eindruck, sie müssten in sehr große Fußstapfen treten.

Die Vorteile dieses Werdegangs sind ähnliche wie beim Eigengewächs (Sie haben bereits ein Gespür dafür, was funktioniert und was nicht, und Sie sind in der Lage, rasch zu Hochform aufzulaufen, weil Sie – wie zuvor beschrieben – mit dem Kontext vertraut sind.) Es gibt jedoch auch ein paar markante Unterschiede.

Worauf Sie achten müssen

Es kann sich komisch anfühlen, mit ehemals Gleichgestellten zu einer neuen Dynamik zu finden. Siehe Beschreibung aus »Das Eigengewächs«, Seite 60–61.

Mehr Verantwortung kann Sie überfordern. Es ist ganz normal, manchmal Angst vor der eigenen Courage zu bekommen. Immerhin sollen Sie jetzt die Aufgaben Ihres ehemaligen Chefs übernehmen. Und obwohl sie schon eine ziemlich klare Vorstellung davon haben, was alles dazu gehört, sind die meisten Nachfolger von der Größe des Erbes, das sie da antreten, doch überrascht. »Mir war absolut nicht klar gewesen, was mein Ex-Chef alles angestellt hatte, um uns von vielen Anfragen anderer

Teams abzuschirmen«, erzählte mir eine Kollegin erstaunt, nachdem sie auf seinen Posten nachgerückt war. »Ich werde den ganzen Tag von allen Seiten mit Anfragen bombardiert und merke erst jetzt, was er nebenbei so alles erledigt hat.«

Stellen Sie nicht zu hohe Ansprüche an sich und bitten Sie Ihre neuen Vorgesetzten ruhig um Unterstützung – und andere aus Ihrem Umfeld ebenso (mehr darüber im Kapitel 5: Selbstmanagement). Es kann auch nicht schaden, im Kollegenkreis offen darüber zu sprechen, dass mit einer Übergangsphase zu rechnen ist, bevor Sie alles im Griff haben.

Ein Freund verriet mir, welchen Satz er in diesen ersten Wochen am häufigsten von sich gab: »Unser Ex-Chef hat eine große Lücke gelassen. Ich werde mich nach Kräften bemühen, sie zu füllen, gehe aber davon aus, dass es Anlaufschwierigkeiten geben wird. Ich möchte Sie bitten, mir durch diese Zeit durchzuhelfen und mich zu unterstützen.« So machen Sie anderen begreiflich, wie Sie den Übergang erleben, und sie können Ihnen Hilfe anbieten, während Sie sich auf Ihren neuen Aufgabenbereich einstellen.

Sie stehen unter dem Druck, alles genauso zu handhaben wie Ihr Ex-Chef. Weil das ganze Team noch genau weiß, wie es bisher gelaufen ist, tappt man leicht in die Falle, zu glauben, der Status quo müsse um jeden Preis erhalten bleiben. Sie haben vielleicht den Eindruck, dass alle erwarten, Sie müssten alles genauso gut können wie Ihr bisheriger Chef. Sie sind aber ein anderer Mensch.

Veränderung ist die Voraussetzung für Verbesserung. Erlauben Sie sich daher, von bisherigen Gepflogenheiten abzuweichen. Wie heißt es so schön? »Sei du selbst. Alle anderen gibt es bereits.« Sie werden weit erfolgreicher sein, wenn Sie versuchen, der Chef zu werden, der Sie schon immer sein wollten, und auf Ihre Stärken setzen, statt irgendeinem anderen Ideal nachzulaufen.

Als mit Robyn Morris ein sehr beliebter leitender Mitarbeiter aus meinem Team nach vielen Jahren ausschied, um sich einer anderen Leidenschaft zu widmen, sprach ich mit einer seiner Nachfolgerinnen darüber, wie schmerzlich er uns allen fehlte.

Da sagte sie zu mir: »Keiner kann Robyn ganz ersetzen. Aber das macht nichts. Es müssen sich einfach mehr von uns Mühe geben und die Lücken, die er hinterlassen hat, ausfüllen.« Und wirklich – ein Jahr später arbeitete das Team höchst erfolgreich, und es war faszinierend zu beobachten, wie diese und andere Führungskräfte in ihren Leitungsfunktionen brillierten.

In den ersten drei Monaten in einer neuen Führungsposition findet ein unglaublicher Umbruch statt. Danach fühlt sich der Berufsalltag allmählich vertrauter an – man gewöhnt sich an neue Abläufe, investiert in neue Beziehungen und bekommt allmählich ein Gespür dafür, wie man sein Team am besten unterstützen kann.

Zeit allein kann aber nicht bewirken, dass Sie sich wohlfühlen. Vielleicht hält dieses Gefühl, der Neue in der Klasse zu sein, auch noch Monate oder Jahre lang an. Frisch beförderte Führungskräfte fragen mich oft: »Wie lange dauert es, bis ich das Gefühl habe, dass ich weiß, was ich tue?« Darauf antworte ich ziemlich ehrlich: »Ich habe dazu drei Jahre gebraucht.«

In den nächsten Kapiteln werden wir auf all die wesentlichen Aspekte einer Führungsposition eingehen – vom Coaching der Ihnen unterstellten Mitarbeiterinnen und Mitarbeiter bis zur Einstellung neuer Beschäftigter, von der Veranstaltung von Meetings bis zum Umgang mit den Ängsten in Ihrem Kopf. Neben der Erfahrung aus der Praxis sollen Sie diese Geschichten, Grundsätze und Übungen Ihnen nach Ablauf der ersten drei Monate helfen, zu der oder dem Vorgesetzten Ihrer Träume zu werden.

Drittes Kapitel

Wie man ein kleines Team leitet

SO NICHT …

… SONDERN LIEBER SO

Am Anfang meiner Karriere als Leiterin eines Designteams, als etwa acht Leute zu meinem Team gehörten, hielten wir jede Woche ein gemeinsames Meeting ab, das wir »Manöverkritik« nannten.

Obwohl dafür 90 Minuten veranschlagt waren, freute ich mich jede Woche ganz besonders darauf. Das Team versammelte sich dann in einem Besprechungszimmer mit einem riesigen Fernseher. Wir legten eine Reihenfolge fest – entweder im oder gegen den Uhrzeigersinn –, und eine Kollegin erklärte sich bereit, den Anfang zu machen. Nachdem sie mit Kabeln herumgefummelt und ihren Laptop angeschlossen hatte, präsentierte sie uns auf dem Bildschirm, woran sie aktuell arbeitete.

Während die Designerin das Problem beschrieb, das sie lösen wollte, und erklärte, wie sie sich diese Lösung vorstellte, hatten wir alle Details dieser möglichen Blaupause für die Zukunft vor Augen. Wir versetzten uns in den typischen Nutzer, der morgens aufwachte und mit dieser neuen Erfahrung konfrontiert wurde. Was stach uns dabei sofort ins Auge? Was fanden wir eingängig, was verwirrend? Wie ließ sich der Vorschlag noch verbessern?

Die Designerin führte uns kurz in die Thematik ein. Dann kamen die ersten kritischen Anmerkungen. Alle Anwesenden konnten Fragen stellen, Bedenken äußern oder Vorschläge machen. Diese konnten strategischer Natur sein – bis hin zu der Frage »Ist das Problem, das damit gelöst wird, überhaupt relevant?« –, aber auch taktisch geprägt: »Sollten die aufgeführten Punkte eher in Raster- oder in Listenform dargestellt werden?«

Dann sprach und diskutierte das Team darüber. Wir brachten neue Ideen ins Spiel in der Absicht, die Erfahrung zu optimieren. Wir führten ähnliche Beispiele an, um daraus zu lernen. Wir stellten Verbindungen zwischen Projekten her, an denen verschiedene Designerinnen und Designer arbeiteten. Im besten Fall war die Kritik ehrlich, kreativ und stark von Gemeinsinn geprägt. Am Ende lag der Präsentatorin eine ganze Reihe klarer Folgeschritte vor. Dann war der nächste Designer dran – so lange, bis jeder die Chance gehabt hatte, sein Projekt vorzustellen und sich Feedback einzuholen.

Diese Meetings verkörperten für mich stets, was mir an der Leitung eines kleinen Teams so gefiel. Rom ist auch nicht an einem Tag erbaut worden, und noch keine Nachwuchsführungskraft legt gleich vor voll besetzten Sälen eine Zehn-Jahre-Vision vor. Meist ist man am Anfang nur für ein paar wenige Beschäftigte zuständig. Man schafft eine Atmosphäre des Vertrauens und taucht dabei tief in die Details der jeweiligen Arbeit ein. Man kennt sich untereinander, und zwei große Pizzas reichen für die ganze Gruppe.

Bei der Leitung eines kleinen Teams kommt es darauf an, ein paar grundlegende Dinge zu beherrschen: nämlich, wie man eine gesunde Beziehung zwischen Vorgesetzten und Beschäftigten entwickelt und ein förderliches Umfeld schafft. Auf diese Kompetenzen gehen wir im vorliegenden Kapitel konkret und näher ein.

AM ENDE GEHT ES IMMER UM MENSCHEN

Erinnern Sie sich noch an unsere Stellenbeschreibung? Die Aufgabe einer Vorgesetzten ist es, *die von einer Gruppe zusammenarbeitender Menschen erzielten Ergebnisse zu verbessern*, und zwar durch Einflussnahme auf Mission, Menschen und Methoden.

Bei einem kleinen Team ist es einfach, eine gemeinsame Mission zu verfolgen. Solange ein Team noch an einen Tisch passt, kreuzen sich nicht so viele Leitungen. Bleiben die Menschen und die Methoden. Von diesen beiden Aspekten sind die Menschen ungleich wichtiger.

Wie treibt man Menschen zu Bestleistungen an? Das ist nicht so schwierig, wie es sich anhört – so jedenfalls Andy Grove in seinem Klassiker *High Output Management*. Er dreht die Frage um und will wissen: Was steht guten Leistungen im Wege? Da gibt es nur zwei Möglichkeiten: Entweder *wissen die Leute nicht, wie man richtig arbeitet,* oder sie wissen es zwar, *sind aber nicht motiviert.*[8]

Gehen wir einen Schritt weiter. Warum sollte jemand nicht wissen, wie man gute Leistungen bringt? Die offensichtliche Antwort darauf ist, dass die betreffende Person nicht über die richtigen Qualifikationen für ihre Aufgabe verfügt. Wollen Sie Ihr Haus neu streichen lassen und beauftragen einen Buchhalter damit, sollten Sie sich nicht wundern, wenn der Anstrich fleckig wird. Wer Bücher führen kann, verfügt nicht unbedingt über die Erfahrungen, die einen erstklassigen Maler ausmachen. Als Vorgesetzte(r) haben Sie in diesem Fall zwei Optionen: Sie helfen der betreffenden Person, sich die benötigten Kompetenzen anzueignen, oder Sie stellen jemanden ein, der über diese Kompetenzen verfügt.

Warum aber sollte jemand nicht motiviert sein, gute Leistungen zu bringen? Eine mögliche Antwort darauf: Der Betreffende hat keine klaren Vorstellungen davon, wie gute Arbeit aussieht. Eine andere Möglichkeit ist, dass seine Aufgabe nicht seinen Ambitionen entspricht. Er *könnte* schon, würde aber lieber andere Dinge tun. Vielleicht glaubt er aber auch, dass sich sowieso nichts ändert, selbst wenn er sich anstrengt – dass es sich nicht auszahlt, es besser zu machen, und auch keine Sanktionen drohen, wenn er das nicht tut. Wozu also die Mühe?

Tauchen Zweifel an der erbrachten Leistung auf, so besteht der erste Schritt zur Lösung darin, die menschlichen Probleme zu diagnostizieren, die dahinterstecken. Liegt es an der Motivation oder an der Kompetenz? Das ist manchmal leicht festzustellen. Sie erfahren es aus wiederholten Gesprächen mit den Mitgliedern Ihres Teams. Sprechen Sie zunächst darüber, ob sich Ihre Erwartungen decken. Bedeutet »gute Leistung« für Sie alle dasselbe? Prüfen Sie dann, ob es eine Frage der Motivation ist. Sind Ihre Bedenken danach nicht ausgeräumt, sollten Sie tiefer graben und nachforschen, ob es Kompetenzprobleme gibt.

Das funktioniert natürlich nur, wenn Sie offen und konstruktiv miteinander sprechen können. Ganz gleich, welche Aufgabe Sie erfüllen oder wie groß Ihr Team ist – zu wissen, wie Sie Probleme mit Ihren Leuten erkennen und lösen können, ist eine Grundvoraussetzung für Ihren gemeinsamen Erfolg. Und das beginnt vor allem anderen beim Aufbau solider Grundlagen für Ihre Beziehung.

OHNE VERTRAUEN GEHT GAR NICHTS

»Man muss Vertrauen haben zu den Menschen, sonst kann man nicht leben«,[9] hat der Schriftsteller Anton Tschechow gesagt. Das gilt für alle Beziehungen, für Freundschaften, Ehen, Partnerschaften – und ebenso für die Beziehung zwischen Vorgesetzten und ihren Teams.

Ja klar, werden Sie sagen. Doch so einfach ist das gar nicht – vor allem dann nicht, wenn Sie ein paar mehr Chips auf dem Tisch liegen haben. Wie Sie es auch drehen und wenden: Sie sind der Boss. Sie haben mehr Einfluss auf das Tagesgeschäft Ihrer Leute als umgekehrt. Das bedeutet, Sie tragen auch mehr Verantwortung für den Aufbau einer Vertrauensbeziehung.

Denken Sie an Ihr Verhältnis zu Ihrer Chefin. Was sagen Sie, wenn es gerade nicht so gut läuft und Sie entmutigt oder entnervt in ihr Büro kommen?

Wenn das bei Ihnen so ähnlich ist wie bei mir in meinen ersten paar Jahren, lautet die Antwort: gar nichts. Ich habe mich meiner Chefin nicht anvertraut, wenn ich Probleme hatte. Sie sollte nicht denken, ihr Vertrauen in mich sei ungerechtfertigt. Lief eines meiner Projekte aus dem Ruder, weil ich mir zu viel aufgehalst hatte, redete ich das systematisch schön: »Es ist grade viel los, aber keine Sorge, ich schaffe das schon.« Dabei hatte mein Stressniveau die Skala von 1 bis 10 längst gesprengt und ich arbeitete rund um die Uhr wie eine Verrückte.

Es ist menschlich, dass wir auf unsere Vorgesetzten einen guten Eindruck machen wollen. Wer vorwärtskommen will, so die allgemeine Auffassung, der sollte tunlichst vermeiden, sich zu beschweren, zu versagen oder Probleme zu machen.

Der Knackpunkt dabei ist natürlich: Wenn Ihnen Ihre Leute nicht sagen, wie sie sich wirklich fühlen, dann können Sie ihnen nicht helfen. Sie übersehen womöglich frühe Warnzeichen, was größere Probleme nach sich ziehen könnte. Die Unzufriedenheit gärt unter der Oberfläche, bis sie sich eines Tages Bahn bricht – mit einer Kündigung, mit der Sie nicht gerechnet haben. Und wenn es so weit kommt, verlassen die Betreffenden nicht nur das Unternehmen, sondern auch Sie.

So etwas trifft Sie nicht so unvorbereitet, wenn Sie eine vertrauensvolle Beziehung aufgebaut haben und Ihre Leute wissen, dass sie ganz ehrlich sein können, weil sie sicher sind, dass sie Ihnen wichtig sind. Das haben Sie erreicht, wenn die folgenden drei Aussagen zutreffen.

Meine Leute sprechen regelmäßig mit mir über ihre größten Herausforderungen. Ein untrügliches Merkmal einer Vertrauensbeziehung ist, wenn Menschen sich trauen, Ihnen ihre

Fehler, Probleme und Ängste mitzuteilen. Finden sie eine Aufgabe schwierig, sagen sie das gleich, sodass Sie gemeinsam an der Lösung arbeiten können. Haben sie Probleme, mit jemandem zusammenzuarbeiten, hören Sie das direkt von den Betroffenen – nicht von Dritten. Raubt ihnen nachts etwas den Schlaf, dann erfahren Sie das.

Eine meiner Teamkolleginnen verriet mir ihren einfachen Lackmustest für die Gesundheit ihrer Beziehungen zu ihren Teammitgliedern: Fragt sie diese, wie es läuft, und bekommt über Wochen regelmäßig »alles gut« zur Antwort, ist das für sie ein Signal, genauer hinzuschauen. Es ist nämlich weitaus wahrscheinlicher, dass die oder der Betreffende peinliche Details für sich behält, als dass immer alles in Butter ist.

Meine Leute und ich geben uns regelmäßig gegenseitig kritisches Feedback, und keiner nimmt es persönlich. Sind Sie mit der Leistung eines Teammitglieds nicht zufrieden, trauen Sie sich dann, das offen anzusprechen? Und umgekehrt: Würde ein Teammitglied Ihnen sagen, wenn es denkt, dass Sie einen Fehler gemacht haben?

Mein Freund Mark Rabkin gab mir einen Tipp, den ich absolut großartig finde: Arbeiten Sie darauf hin, dass jedes Einzelgespräch mit einem Teammitglied ein bisschen peinlich wird.[10] Warum? Weil alle wirklich wichtigen Gespräche, die Sie weiterbringen, peinlich sind. Es ist nicht leicht, Fehler zuzugeben, Spannungen anzusprechen oder tief sitzende Ängste oder heimliche Hoffnungen einzugestehen. Doch auf oberflächlichen Schmeicheleien lässt sich keine tragfähige Beziehung aufbauen.

Einem Eindruck wie »Ich habe nicht das Gefühl, dass Sie meine Leistung anerkennen« oder »Als Sie letzte Woche das und das gesagt haben, hatte ich das Gefühl, dass Sie gar keine Ahnung von meinem Projekt haben« nimmt keine noch so geschliffene Formulierung die Schärfe. Doch solche Dinge müssen ausgesprochen werden, um sie aus der Welt zu schaffen – und wenn ein Grundvertrauen vorhanden ist, werden solche Gespräche einfacher.

Stellen Sie sich vor, Sie gehen mit Ihrer besten Freundin shoppen. Sie kommt in einem grüngelben Pullover aus der Kabine, der ihr überhaupt nicht steht. »Wie sehe ich aus?«, fragt sie.

»Wie eine Raupe«, sagen Sie. Sie haben keine Angst, sie könnte beleidigt sein, denn es ist ja Ihre beste Freundin – und sie weiß, dass Sie das nicht aus Bosheit sagen, sondern, weil Sie sie mögen.

Sie würden es sich aber sicherlich zweimal überlegen, so etwas zu einer Fremden zu sagen, denn da fehlt Ihnen die gemeinsame Grundlage. Sie könnte eingeschnappt reagieren. Man muss schon wiederholt positive Erfahrungen mit einem Menschen gemacht haben, damit so viel Vertrauen entsteht, dass man Schwäche zeigen und einander empathisch kritisieren kann. Im nächsten Kapitel besprechen wir noch genauer, wie man richtig Feedback gibt.

Meine Leute würden jederzeit wieder für mich arbeiten. Einer der aussagekräftigsten Indikatoren für die Stärke Ihrer Beziehungen ist, ob Ihre Leute, wenn sie die Wahl hätten, auch weiterhin gern für Sie arbeiten würden. Übernimmt eine Führungskraft eine neue Funktion und mit ihr wechseln auch Mitglieder ihres bisherigen Teams, sagt das viel über ihre Führungsqualität aus.

In anonymen Umfragen zur Verfassung von Teams fragen manche Unternehmen ausdrücklich: »Würden Sie wieder für Ihre(n) Vorgesetzte(n) arbeiten?« Ist das in Ihrer Organisation nicht der Fall, könnte es durchaus sinnvoll sein, sich darüber Gedanken zu machen.

Können Sie für jedes einzelne Mitglied Ihres Teams mit Überzeugung sagen, dass der oder die Betreffende wieder für Sie arbeiten wollen würde? Wenn Sie sich nicht sicher sind, heißt das vermutlich nein. (Das Gleiche gilt, wenn Sie sich fragen müssen, ob Sie verliebt sind. Eher nicht, würde ich sagen.)

Einen Näherungswert können Sie auch ermitteln, wenn Sie Ihre Leute fragen: »Welche Eigenschaften hat für Sie der/die perfekte Vorgesetzte?«, und auswerten, inwieweit Sie der Beschreibung entsprechen, die Sie erhalten. (Die direkte Frage »Würden Sie wieder für mich arbeiten?« reißt zwar definitiv die Grenze zur Peinlichkeit, liefert Ihnen womöglich aber keine wirklich ehrlichen Antworten.)

SEIEN SIE IN ERSTER LINIE MENSCH, NICHT BOSS

Einmal habe ich einem mir unterstellten Mitarbeiter, der selbst ein Team leitete, kritisches Feedback gegeben. Er war zwar durchaus fähig, doch erfuhr ich aus seinem Team, dass er zu Mikromanagement neigte. Seine Leute wünschten sich, dass er sie ihre Arbeit machen lassen und ihnen nicht jeden Handgriff im Tagesgeschäft diktieren sollte.

Als ich ihm das sagte, fiel er zusehends in sich zusammen. Ich wusste, dass er sich über sich selbst ärgern, fieberhaft alle Interaktionen der letzten Wochen Revue passieren und sich fragen würde, welche konkreten Äußerungen bei seinen Leuten diesen Eindruck erzeugt hatten.

Ich wusste genau, wie er sich fühlte, denn ich hatte schon einmal ein ähnliches Feedback bekommen. Als er ansetzte, mir zu erklären, was seiner Ansicht nach passiert war und was er womöglich übersehen hatte, sagte ich nur: »Ich weiß.« Er unterbrach sich, als hätte ich etwas besonders Tiefsinniges von mir gegeben. »Wirklich?«, fragte er. »Aber ja. Ich habe mit demselben Problem zu kämpfen«, gestand ich.

Dann gab ich ihm ein Beispiel, das sich am Vortag zugetragen hatte, als mir die Gratwanderung zwischen konstruktivem Feedback und Mikromanagement nicht optimal gelungen war. Als ich meine Geschichte erzählt hatte, wirkte der Mann erleichtert und bedankte sich herzlich. »Das war sehr aufschlussreich«, sagte er.

Seine Reaktion überraschte mich, denn mir war nicht klar gewesen, dass ich etwas Nützliches beigetragen hatte. Wir hatten ja gar nicht über bestimmte Taktiken gesprochen, mit denen sich das Problem beheben ließ. Ich hatte nur zugegeben, dass ich im Grunde dieselben Schwierigkeiten hatte.

Ich lernte aber daraus, denn ich hatte ihn nicht erreicht, indem ich jede Menge guter Ratschläge heruntergerattert, sondern, weil er für einen Moment eine Verbindung gespürt hatte. Ich war keine Autoritätsperson, sondern einfach ein anderer Mensch, der wie er durch das Kabbelwasser der Personalführung watete. Wir fanden als Menschen zueinander, und von diesem Moment an fiel es uns leichter, über so ziemlich alles zu sprechen.

Das Vertrauen Ihres Teams verdienen Sie sich genauso wie in allen anderen Lebenslagen. Dafür sind ein paar wenige Voraussetzungen zu erfüllen:

Respektieren Sie Ihre Leute und kümmern Sie sich um sie

Vor ein paar Jahren nahm ich an einem Workshop teil, den ein altgedienter Spitzenmanager hielt, der als Teamleiter eindrucksvolle Erfolge erzielt hatte: Während seiner langen Amtszeit hatte nicht einer seiner Leute gekündigt, um sich zu verändern. Was war sein Geheimnis? »Wenn sonst nichts, so möchte ich Ihnen heute unbedingt Folgendes mit auf den Weg geben: *Managen heißt, sich zu kümmern.* Das sollten Sie nie vergessen«, erklärte er uns.

Sich zu kümmern, wenn es um Menschen geht, kann man nicht vorspielen. Glauben Sie mir, die anderen merken das. Keiner von uns ist ein so guter Schauspieler, dass er die vielen Tausend winzigen Signale steuern kann, die wir durch unsere Körpersprache unbewusst aussenden. Wenn Sie nicht wirklich glauben, dass ein Mitarbeiter Erfolg haben kann, wird es Ihnen nicht gelingen, demjenigen das glaubwürdig zu vermitteln.

Achten Sie aber auf die Feinheiten. Als ich zum ersten Mal Personalverantwortung übernahm, dachte ich, Fürsorge für meine Leute bedeute, bei Unstimmigkeiten stets Partei für sie zu ergreifen. Bekamen sie von anderen kritisches Feedback, hielt ich es für meine Aufgabe, sie zu verteidigen und ihnen zu beweisen, dass ich hinter ihnen stand.

Wie sich herausstellen sollte, bedeutet Unterstützung und Fürsorge aber nicht, dass man immer einer Meinung sein oder Ausreden für die Fehler anderer suchen muss. Die Menschen in meinem Leben, die am meisten getan haben, um mir zum Erfolg zu verhelfen – Menschen wie meine Eltern, meine besten Freunde und meine Vorgesetzten –, sind oft dieselben Menschen, die mir ganz offen sagen, warum ich ihrer Ansicht nach unrecht habe. (So erinnert mich meine Mutter immer wieder gern daran, dass ich als Kind wiederholt Trotzanfälle hatte, weil ich unbedingt jeden Tag Eiscreme zum Frühstück essen wollte. Nur weil sie sich so strikt geweigert hat, mir nachzugeben, habe ich heute gesunde Essgewohnheiten.)

Sich zu kümmern bedeutet aber sehr wohl, alles zu tun, um Ihren Leuten zum Erfolg zu verhelfen – und zur Zufriedenheit am Arbeitsplatz. Es bedeutet, sich die Zeit zu nehmen, herauszufinden, was ihnen wichtig ist. Es bedeutet, zu verstehen, dass wir am Arbeitsplatz keine anderen Menschen sind als im Privatleben – und dass die Persönlichkeit eben manchmal in den Beruf einfließt.

Eine weitere Feinheit, auf die Sie mit Blick auf den Respekt vor anderen achten sollten: Er muss bedingungslos sein, denn es dreht sich dabei um *den ganzen Menschen*, nicht darum, was dieser für Sie getan hat. Mir ist noch nie eine Führungskraft begegnet, die kein Bollwerk der Unterstützung für solche Leute gewesen wäre, die in ihren Augen Leistungsträger waren. Es ist leicht, jemanden sympathisch zu finden, der alles gibt, und eine gute Beziehung zu der oder dem Betreffenden aufzubauen. Doch was passiert, wenn die- oder derjenige einmal Schwierigkeiten hat?

Haben Ihre Leute den Eindruck, dass Ihre Unterstützung und Ihr Respekt von ihrer Leistung abhängen, wird es ihnen schwerfallen, ehrlich zu sein, wenn es Probleme gibt. Haben sie dagegen das Gefühl, dass sie sich *in allen Lebenslagen* hundertprozentig auf Sie verlassen können – auch wenn mal etwas schiefgeht –, dann revanchieren sie sich mit Ehrlichkeit.

Eine der Eigenschaften, die ich an meinem Mitgründer Chandra Narayanan besonders bewundere, ist, wie sehr er seine Beziehungen pflegt. Er nimmt sich die Zeit, viele ehemalige Teammitglieder zu treffen, die heute VPs aus der gesamten Tech-Branche sind und ihn regelmäßig um Rat fragen. Selbst Leute, die er entlassen hat, treffen sich noch mit ihm zum Essen. Wir sind mehr als das Ergebnis unserer Arbeit in einem bestimmten Team zu einem bestimmten Zeitpunkt. Und echter Respekt trägt dem Rechnung.

Investieren Sie Zeit, um Ihre Leute zu unterstützen

Ihre wertvollsten Ressourcen sind Ihre Zeit und Ihre Kraft. Wenden Sie diese für Ihr Team auf, ist das beim Aufbau gesunder Beziehungen die halbe Miete. Aus diesem Grund sind Einzelgespräche (kurz 1 : 1) auch so ein wesentlicher Teil der Personalführung. Ich empfehle jedem, mindestens einmal wöchentlich ein 30-minütiges 1:1 mit jedem Teammitglied zu führen, das bei Bedarf auch länger dauern darf.

Selbst wenn Sie neben einem Kollegen sitzen und ihn jeden Tag sehen, geben Ihnen die 1:1-Gespräche Gelegenheiten, Themen anzusprechen, die sonst untergehen – zum Beispiel, was den Betreffenden motiviert, was er beruflich langfristig erreichen möchte, wie er seine Arbeit generell wahrnimmt und dergleichen mehr. Solche Einzelgespräche sollten sich ganz auf Ihr Gegenüber fokussieren – und darauf, wie Sie der oder dem Betreffenden zu mehr Erfolg verhelfen können. Nicht auf Sie und Ihre Bedürfnisse. Brauchen Sie aktuelle Statusinformationen, sollten Sie dafür einen anderen Kanal wählen. Die knappe Zeit unter vier Augen verwenden Sie am besten für Themen, die in der Gruppe oder per E-Mail schwerer zu klären sind.

Das ideale 1:1 hinterlässt bei Ihren Gesprächspartnern das Gefühl, dass sie etwas daraus mitnehmen. Finden sie, es war ein nettes, aber weitgehend belangloses Gespräch, müssen Sie noch an sich arbeiten. Sie wissen ja – Ihre Aufgabe ist es, zum Multiplikator für Ihr Team zu werden. Wenn Sie eine Hürde abbauen, einen interessanten neuen Blickwinkel eröffnen oder das Selbstvertrauen eines Teammitglieds aufbauen können, eröffnen Sie ihm damit Erfolgschancen.

Wie sorgen Sie dafür, dass Ihre Vier-Augen-Gespräche durchschlagende Wirkung zeigen? Ganz einfach: indem Sie sich gut vorbereiten. Wirklich fruchtbare Gespräche ergeben sich nur selten, wenn sich kein Beteiligter vorher überlegt hat, worum sie sich drehen sollen. Ich erkläre meinen Leuten, dass die Zeit, die wir uns füreinander nehmen, einen Wert haben muss. Deshalb sollten wir uns darauf konzentrieren, was ihnen am wichtigsten ist. Hier ein paar Anregungen für den Einstieg:

- **Sprechen Sie über die Dinge, die Priorität haben:** Welche ein, zwei oder drei Ergebnisse sind für Ihr Gegenüber von größter Bedeutung – und wie können Sie helfen, diese Herausforderungen zu meistern?
- **Stimmen Sie sich ab: Wie sieht ein herausragendes Ergebnis aus?** Haben Sie die gleiche Vorstellung von Ihren Ambitionen? Decken sich Ihre Ziele oder Erwartungen?
- **Geben Sie Feedback:** Welche Rückmeldungen, die Sie Ihrem Teammitglied geben, können diesem wirklich weiterhelfen? Und was können Ihnen Ihre Leute sagen, damit Sie als Vorgesetzte oder Vorgesetzter effektiver arbeiten?
- **Reflektieren Sie gemeinsam, wie es läuft:** Hin und wieder tut es gut, auf Distanz zu gehen und über die allgemeine Verfassung Ihrer Leute zu sprechen – wie fühlt sich der Betreffende insgesamt? Was macht ihn zufrieden oder unzufrieden? Haben sich seine Ziele geändert? Was hat er in letzter Zeit dazugelernt? Was möchte er sich künftig noch aneignen?

Es bringt viel, wenn beide Seiten – Vorgesetzte und betroffene Personalmitglieder – sich vorher Gedanken über die Themen machen, die im 1 : 1 angesprochen werden sollten. Ich habe mir angewöhnt, einen Blick in den Kalender zu werfen und mir eine Liste mit Fragen für jedes Teammitglied zusammenzuschreiben, mit dem ich mich treffe.

Wozu die Fragen gut sind? Weil *Fragen* das beste Instrument sind, das einem Coach zur Verfügung steht, um herauszufinden, was Sache ist. Gehen Sie nicht von vornherein davon aus, dass Sie wissen, wo das Problem oder die Lösung liegt. Allzu oft ist »Hilfe« gar nicht so hilfreich – selbst wenn sie in bester Absicht geleistet wird. Wir erinnern uns doch sicher alle an Vorträge, die uns zum einen Ohr hinein und zum anderen wieder hinaus gingen, weil der Gesprächspartner ganz offensichtlich nicht verstanden hatte, worum es uns wirklich ging. Und bestimmt hat jeder schon erlebt, wie schnell sich unaufgeforderte »Hilfe« nach Mikromanagement oder Einmischung anfühlt.

Ihr Job als Führungskraft ist es nicht, gute Ratschläge zu geben oder »den Tag zu retten« – Sie sollen Ihre Leute in die Lage versetzen, selbst Antworten zu finden. Ihr Team hat mehr Kontext zu den anstehenden Problemen als Sie – deshalb sind Ihre Leute auch am besten aufgestellt, um Lösungen zu finden. Überlassen Sie ihnen daher im Einzelgespräch die Initiative. Hören Sie zu und fassen Sie nach.

Hier ein paar meiner bevorzugten Fragen, um so ein Gespräch in Gang zu bringen:

- **Nachfragen:** Diese Fragen fokussieren sich darauf, welche Aspekte für jemanden in Ihrem Team wirklich wichtig sind und welchen Themen mehr Zeit gewidmet werden sollte.
  Was geht für dich im Moment absolut vor?
  Was hat diese Woche für dich Priorität?
  Wie kannst du unsere Gesprächszeit heute am effektivsten nutzen?

- **Verstehen:** Haben Sie ein Gesprächsthema gefunden, gehen die folgenden Fragen dem Problem und der möglichen Lösung auf den Grund.
  Wie sähe für dich das optimale Ergebnis aus?
  Was hält dich davon ab?
  Was ist dir wirklich wichtig?
  Wie sollten wir deiner Ansicht nach am besten vorgehen?
  Welches Worst-Case-Szenario bereitet dir die größten Kopfschmerzen?

- **Unterstützen:** Die folgenden Fragen zielen darauf ab, wie Sie Ihren Leuten am besten weiterhelfen können.
  Was kann ich für dich tun?
  Wie kann ich zu deinem Erfolg beitragen?
  Was war für dich in unserem heutigen Gespräch am nützlichsten?

Seien Sie ehrlich und transparent, was die Leistung Ihrer Leute betrifft

Als Teamleiter hat Ihre Ansicht über die Leistung eines Teammitglieds ungleich mehr Gewicht als dessen Ansicht über Ihre Leistung. Schließlich bestimmen Sie, woran es arbeitet und ob es befördert oder entlassen werden sollte.

Dieses Machtgefälle bedeutet, dass Sie in der Verantwortung stehen, bei der Beurteilung der Leistung Ihrer Leute ehrlich und transparent vorzugehen.

Jedes Teammitglied sollte stets genaue Vorstellungen von Ihren Erwartungen und seinem Leistungsstand haben. Fragt es sich häufig, *was denkt meine Chefin wohl von mir*, dann müssen Sie dringend mehr Feedback geben. Gehen Sie nicht davon aus, dass Ihre Leute zwischen den Zeilen lesen können oder sich schon gelobt fühlen, wenn Sie keine Kritik äußern. Finden Sie, dass eine Mitarbeiterin Spitzenleistungen bringt, dann sagen Sie ihr das. Arbeitet ein Mitarbeiter nicht auf dem Niveau, das Ihnen vorschwebt, sollte er das ebenfalls wissen – und auch, warum Sie das so sehen. Mehr über die Kunst, Feedback zu erteilen, erfahren Sie im nächsten Kapitel.

Sprechen Sie offen über eigene Fehler und Defizite

Nobody is perfect. Das gilt auch für Vorgesetzte. Sie machen Fehler. Sie enttäuschen ihr Team. Sie sagen manchmal das Falsche und machen alles noch schlimmer statt besser. Tappen Sie dann bloß nicht in die Falle, zu glauben, Sie dürften Ihre Unzulänglichkeiten oder Schwächen nicht zugeben, nur weil Sie die Chefin sind. Entschuldigen Sie sich dafür. Räumen Sie ein, dass Sie einen Fehler gemacht haben, und sorgen Sie dafür, dass das nicht wieder vorkommt.

Vor einer Weile verschickte einer meiner Kollegen eine Nachricht an eine große Verteilergruppe, aus der hervorging, dass ein bestimmtes Team nicht schnell genug arbeiten würde. Sein Tonfall war eindeutig verärgert, und weil er einen so hohen Posten bekleidete, hatte die Nachricht eine demoralisierende Wirkung. Daraufhin erzählte ihm jemand im Vertrauen, dass ihm ein paar wichtige Informationen dazu, wie das Team arbeitet, entgangen seien und dass der Tenor seiner Nachricht wenig konstruktiv gewesen sei. Seine aufrichtige Entschuldigung ließ nicht lange auf sich warten.

Wie heißt es noch? *Die Leute vergessen, was du sagst, sie vergessen auch, was du tust, aber sie vergessen nie, wie sie sich dabei gefühlt haben.* An den genauen Wortlaut der E-Mail kann ich mich nicht erinnern. Ich weiß aber noch genau, was die Entschuldigung bewirkte.

Wenn es hart auf hart kommt, helfen gute Ratschläge oder Antworten oft nicht so viel weiter wie Empathie. Das war mir anfangs nicht bewusst. Ich hatte gedacht, dass Vorgesetzte immer selbstbewusst und kompetent auftreten müssten. Ich ging davon aus, dass ich vor meinem Team immer so handeln müsste, als wüsste ich, was zu tun ist – auch wenn das nicht der Fall war.

Brené Brown, wissenschaftliche Fachfrau in Sachen Mut, Scham und Empathie, ist da anderer Ansicht. Ihr zufolge kann es enorme Wirkung haben, Verletzlichkeit zum Ausdruck zu bringen: »Verletzlichkeit klingt nach Wahrheit und scheint eindeutig mit Mut zu tun zu haben. Wahrheit und Mut sind nicht immer bequem, aber es handelt sich dabei keineswegs um Schwäche.«[11]

Inzwischen versuche ich, offen zuzugeben, wenn ich keine Antwort weiß oder selbst Probleme habe. Dann sage ich Dinge wie:

- »Das weiß ich nicht. Was meinen Sie denn?«
- »Ich habe da neulich etwas getan/gesagt, wofür ich mich gern entschuldigen möchte …«
- »Ein Bereich, in dem ich mich in diesem Halbjahr weiterentwickeln möchte, ist …«
- »Ich fürchte, ich weiß nicht genug, um Ihnen bei diesem Problem weiterzuhelfen. Sprechen Sie doch am besten mit …«

Ich habe festgestellt: Wenn ich authentisch bleibe und meine Ängste, Fehler und Unsicherheiten offen anspreche, statt sie unter den Teppich zu kehren, kann ich bessere Beziehungen zu den Mitgliedern meines Teams aufbauen.

ANDEREN HELFEN, IHRE STÄRKEN AUSZUSPIELEN

Einmal führte ich ein schwieriges Gespräch mit meinem Chef Chris über das Design eines neuen Produkts, an dem wir arbeiteten. Er hatte mir durch sein Feedback schon mehrfach zu verstehen gegeben, dass es ihm zu kompliziert vorkam, was er bei den letzten Durchläufen gesehen hatte.

Er hatte vollkommen recht. Meine Diagnose lautete, dass wir versuchten, zu schnell zu viel auf einmal zu erreichen, und uns dabei verzettelten. Deshalb wirkte das gesamte Erlebnis verwirrend. Ich wusste aber nicht, wie ich alle darauf ausrichten konnte, das Projekt abzuspecken und die Abgabefrist hinauszuschieben.

Ich weiß noch, wie ich bedrückt die weiße Wand anschaute. Chris musterte mich stumm. Dann sagte er: »Du weißt, worauf es ankommt. Vergiss das nicht.«

Bis heute kann ich schwer beschreiben, was dieser einfache Satz bei mir auslöste. Mein Chef hätte Tausend andere Dinge sagen können, um mich aufzumuntern: »Das schaffst du schon.« »Es ist nicht so schlimm, wie du denkst.« Oder: »Versuch's doch mal damit.« Doch seine Aussage war ganz auf *mich persönlich* zugeschnitten – und ich spürte, dass er sie ernst meinte. Das hieß nicht, dass ich immer recht hatte, doch sein Votum des Vertrauens in meine Prinzipien gab mir einen Teil des Selbstvertrauens zurück, das ich verloren hatte. Indem er mir Anerkennung für eine meiner Stärken zollte, gelang es Chris, mich wieder zu motivieren.

In den Jahren, die seither vergangen sind, habe ich mir den Satz »Du weißt, worauf es ankommt«, viele, viele Male ins Gedächtnis gerufen – wenn ich mich fragte, ob ich eine gegensätzliche Meinung äußern sollte, wenn ich viel Gegendruck spürte oder wenn ich darüber nachdachte, ob ich eine neue Herausforderung annehmen sollte.

Wir Menschen sehen das Schlechte von Natur aus klarer als das Gute. Das ist schließlich ein Evolutionsvorteil. Stellen Sie sich vor, Sie sind ein urzeitlicher Höhlenmensch, der seinen Blick schweifen lässt: Wäre Ihnen lieber, Ihnen fiele eher alles Schöne und Normale auf – die grasenden Rehe, die Zweige, die sich im Wind wiegen, die Sonnenstrahlen? Oder würden Sie doch lieber den hungrigen Löwen bemerken wollen, der da im Schatten lauert?

Wenn ich früher Feedback von Vorgesetzten las, warf ich nur einen flüchtigen Blick auf den Abschnitt über meine Stärken und alles, was »gut lief«, und konzentrierte mich vor allem auf Bereiche mit Verbesserungsbedarf. Wenn ich an einem ausgesprochen produktiven Tag ein Meeting vergeigt hatte – raten

Sie mal, was mir dann auf der Heimfahrt durch den Kopf ging?

Auch als Vorgesetzte richtet sich meine Aufmerksamkeit auf die Problemzonen. Gewöhnlich fokussiere ich mich auf Defizite, auf Projekte, die hinter dem Zeitplan liegen, oder auf Teams, denen der Zusammenhalt fehlt. Auch im Gespräch mit meinen Leuten ist die Versuchung groß, die gesamte Zeit den verbesserungswürdigen Aspekten zu widmen.

Doch wir alle erinnern uns vermutlich an Momente, in denen uns ein freundliches Wort über unsere besonderen Stärken mit Stolz erfüllte und uns neue Energie gab, unsere Ziele zu erreichen.

Anerkennung für harte Arbeit, wertvolle Kompetenzen, nützliche Ratschläge oder die richtigen Werte kann enorm motivieren, wenn sie ehrlich und konkret ist. Hinzu kommt, dass Menschen eher Erfolg haben, wenn sie ihre Stärken einsetzen – eine Botschaft, der Marcus Buckingham und Donald Clifton in *Entdecken Sie Ihre Stärken jetzt!* und Tom Rath in *Entwickle deine Stärken (StrengthsFinder 2.0)* nachgegangen sind.

Kümmert sich eine Teamkollegin gern um Neulinge und versteht es, diese gut einzuarbeiten, übertragen Sie ihr häufiger solche Aufgaben. Setzen Sie sie als Mentorin für Praktikanten ein oder um andere inoffiziell zu coachen. Haben Sie in Ihrem Team ein Genie für soziale Belange, das bereits von sich aus ganz selbstverständlich Team-Lunches organisiert, fragen Sie den Betreffenden doch einfach, ob er gern die Leitung bestimmter Sitzungen übernehmen würde.

Auf diese Weise geben Sie anderen Gelegenheit, sich so weiterzuentwickeln, wie es ihren Interessen und Stärken entspricht. »Eine ganz bestimmte Eigenschaft macht einen wirklich guten Chef aus: Er kennt die besonderen Stärken jedes Einzelnen und schlägt daraus Kapital«, meint Buckingham. Der bekannte Managementberater hat schon Hunderte von Organisationen und Führungskräften analysiert. »Aufgabe einer Führungskraft ... ist es, die besonderen Fähigkeiten jedes Einzelnen in Leistung zu verwandeln.«[12]

Heben Sie diesen Grundsatz, in der Personalführung auf Stärken zu setzen, auf die nächste Stufe, so werden Sie feststellen, dass er für Teams genauso gilt.

Haben Sie in Ihrem Team fünf Leute, von denen vier gute Leistungen bringen und einer nicht, sehen Sie die Lösung womöglich darin, Ihre Zeit und Kraft vor allem dem »Problemkind« zu widmen. Doch genauso wie Sie bei Einzelnen auf deren Stärken setzen, sollten Sie auch bei Ihrem Team die besten Leute im Blick haben – diejenigen nämlich, die bereits gute Arbeit leisten und noch besser werden könnten. Lassen Sie nicht zu, dass Ihnen die Low Performer Ihre ganze Zeit rauben – versuchen Sie, deren Probleme so schnell wie möglich zu diagnostizieren, anzupacken und zu lösen.

Das widerspricht unserer Intuition, denn es sind selten die stärksten Teammitglieder, die um Hilfe bitten. Denken wir noch einmal an unser Beispiel vom Limonadenstand aus dem ersten Kapitel: Wenn Toby 30 Becher Limonade in der Stunde verkauft, Henry aber nur 10 Becher, denken Sie vielleicht, Sie müssten Ihre Zeit vor allem Henry widmen, um dessen Absatzzahlen zu verbessern. Doch wenn Sie Toby so coachen, dass sich seine Leistung um nur 10 Prozent verbessert, wird er 3 Becher mehr verkaufen. Henry dagegen müsste sich um 33 Prozent steigern, um dasselbe Ergebnis zu erzielen – und das wäre vermutlich viel schwerer zu erreichen.

Gute CEOs wissen, dass sie sich besonders intensiv um die Projekte kümmern sollten, die rund laufen, und diesen mehr Leute, Ressourcen und Aufmerksamkeit widmen, statt dafür zu sorgen, dass nur ja kein Projekt in den Sand gesetzt wird. Ebenso wissen versierte Investoren: Das eine Start-up zu finden und zu betreuen, das sich zum nächsten Milliardenunternehmen entwickelt, wiegt mehr als ein Dutzend anderer Investments auf, die Verluste bringen. Die aufgehenden Sterne in Ihrem Team buhlen womöglich nicht um Ihre Aufmerksamkeit, doch wenn Sie ihnen dabei helfen, ihre Ziele höher zu stecken und fähigere Leader zu werden, werden Sie sich wundern, wie viel mehr Ihr Team dadurch leisten kann.

DIE EINE SACHE, DIE SIE IN IHREM TEAM AUF KEINEN FALL TOLERIEREN DÜRFEN

Es gibt da diesen bestimmten Archetyp des einsamen Genies, das andere zwar regelmäßig vor den Kopf stößt, doch am Ende als Held dasteht, weil es einfach um so viel fähiger ist alle anderen. In den populären Medien bedient dieser Archetyp romantische Vorstellungen – wie Sherlock Holmes, Miranda Priestley oder Tony Stark. Doch im wirklichen Leben wollen Sie solche Leute nicht in Ihrem Team haben, ganz gleich, wie gut sie sind. Denn anstelle eines Multiplikatoreffekts erhalten Sie einen Spaltungseffekt: Die Präsenz einer solchen Person bewirkt, dass das übrige Team weniger effektiv arbeitet.

Stanford-Professor Robert I. Sutton beschrieb dieses Phänomen in seinem mittlerweile berühmten Buch *Der Arschloch-Faktor.* Als Arschlöcher definiert er alle, die andere bewusst in Verlegenheit bringen oder sich gezielt Schwächere als Opfer suchen.[13]

Ich habe einmal mit einem Kollegen zusammengearbeitet, der kreativ und produktiv war, aber nur seine eigene Meinung gelten ließ. Widersprach ihm jemand, der keine höhere Position bekleidete als er, erklärte er denjenigen prompt für inkompetent. Er hätte andere inspirieren können, doch wer mit ihm arbeiten musste, ging ihm nach Möglichkeit aus dem Weg. Den Grund dafür formulierte ein Betroffener unverblümt so: »Wenn man vor ihm steht, kommt man sich vor wie ein Idiot.« Die Beziehungen zu kitten, die er zerrüttet hatte, kostete viel Zeit und Mühe.

Im Rückblick ist leicht zu erkennen, was dieser eine Mann für eine toxische Atmosphäre schaffte. Doch als unerfahrene Nachwuchsführungskraft sah ich das nicht so klar. *Seine Leistungen sind wirklich beeindruckend*, dachte ich.

Erst später merkte ich: Scheidet ein geniales Arschloch aus, ist das für ein Team tatsächlich ein Gewinn. Den persönlichen Beitrag des genialen Unsympathen verliert man dadurch zwar, doch dafür blühen alle anderen förmlich auf. Sie müssen nicht mehr ständig auf der Hut sein. Die Zusammenarbeit wird ehrlicher und produktiver, sodass sich die Leistung des gesamten Teams verbessert.

Außerdem lernte ich, dass es möglich ist, Menschen zu finden, die genauso viel leisten und dabei bescheiden und sympathisch sind. Man muss sich nicht zwischen dem einen und dem anderen entscheiden, wie es uns in einschlägigen Movies suggeriert wird. Sie können und sollten bei der Zusammenarbeit hohe Standards setzen. Es gibt die richtigen Leute da draußen. Machen Sie keine Kompromisse bei Ihren Werten für Menschen, die meinen, sie könnten andere tyrannisieren. Sie und Ihr Team haben etwas Besseres verdient.

Die dritte Lehre ist, dass sich solche Arschlöcher verändern können, wenn Sie ihnen über die von Ihnen vorgegebene Kultur klarmachen, dass ihr Verhalten nicht toleriert wird. Mehr darüber, wie man eine gesunde Teamkultur schafft, erfahren Sie im zehnten Kapitel.

ES MUSS NICHT IMMER KLAPPEN

Als ich zum ersten Mal Personalverantwortung übernahm, erlag ich dem Irrglauben, dass es meine Aufgabe sei, dafür zu sorgen, dass immer alles rund lief. Ich dachte, wenn sich zwei intelligente, wohlmeinende Menschen nicht einigen konnten, müsse sicherlich irgendein Missverständnis vorliegen. Ich sah meine Aufgabe daher darin, Klarheit in die Sache zu bringen und dafür zu sorgen, dass sich alle Beteiligten die Hand gaben und wieder vertrugen.

Kam ein mir unterstellter Mitarbeiter zu mir und beschwerte sich, eine Kollegin habe nie ein Ohr für seine Vorschläge, versuchte ich, ihm die andere Seite begreiflich zu machen: *Vielleicht weiß sie gar nicht, wie das bei dir ankommt. Vielleicht fehlt dir der Kontext. Hast du schon versucht, mit ihr darüber zu reden?*

Dann versuchte ich das Gleiche bei der Kollegin: Ich erklärte das Problem, erkundigte mich, wie sie das sah, und initiierte ein Treffen, um alle Differenzen beizulegen. Die ganze Zeit über dachte ich: *Es muss doch eine produktive Lösung geben.*

Damit hatte ich nicht immer Erfolg. Einmal kam ein Kollege aus dem Management zu mir und sagte rundheraus, er könne mit einem Mitglied meines Teams nicht produktiv arbeiten. Ich hielt dagegen, dass sich eventuelle Unstimmigkeiten doch sicher ausräumen lassen müssten. Eine ganze Woche lang versuchte ich, zwischen den beiden zu vermitteln. Nach meinem vierten Gespräch mit meinem Kollegen erklärte er mir entnervt: »Du versuchst da, eine Situation zu retten, verschwendest dabei aber nur Zeit – deine, meine und die deines Teammitglieds.« Er hatte recht. Sie hatten so unterschiedliche Werte und Arbeitsweisen, dass sie glücklicher sein würden, wenn sie nicht am selben Projekt arbeiten müssten.

Im Laufe der Jahre ist es mir auch passiert, dass großartige Teammitglieder ihren Hut nahmen, weil sie etwas anderes suchten. Am Anfang fiel es mir schwer, so einen Weggang nicht als persönliches Versagen zu sehen. Mir wollte nicht in den Kopf, wie jemand, den ich so schätzte, nicht mit einem Team zurechtkam, das mir so am Herzen lag. Es war, als würden zwei LEGO-Steine nicht richtig zusammenpassen – es fehlte die Harmonie. Bestimmt hatte ich etwas falsch gemacht.

Nach und nach änderte ich meine Ansicht. Heute weiß ich, dass die persönlichen Werte eines Menschen und die Werte der Organisation großen Einfluss darauf haben, ob sich jemand in einem bestimmten Team wohlfühlt.

Wie Sie es auch nennen wollen – Stimmigkeit, Motivation oder Chemie: Die Prioritäten jedes Einzelnen müssen sich mit denen des Teams (und des Unternehmens) decken.

Ist das nicht der Fall, wird die betreffende Person immer wieder feststellen, dass ihre Karriere nicht ihren Vorstellungen entspricht.

Passt jemand nicht in ein bestimmtes Team, hilft es manchmal, denjenigen innerhalb der Organisation zu versetzen. Ein neues Umfeld mit anderen Problemen, über die er sich den Kopf zerbrechen kann, ist manchmal genau die richtige Lösung. Funktioniert das nicht, passt er vielleicht wirklich nicht ins Unternehmen. In diesem Fall ist es manchmal für alle das Beste, wenn man sich trennt.

Das lässt sich ganz gut mit der Partnersuche vergleichen. Stellen Sie sich einen Menschen vor, der in jeder Hinsicht ansprechend ist – nett, verantwortungsbewusst, interessant, mit einem gewinnenden Lächeln. Trotzdem ist es möglich, dass Sie gar nicht gut zusammenleben würden. Vielleicht ist er Meister im Fallschirmspringen und Sie haben Höhenangst. Vielleicht wünscht sie sich einen Stall voller Kinder und in Ihrer eigenen Zukunftsplanung ist das nicht vorgesehen. Vielleicht möchte er Wurzeln schlagen, aber Sie zieht es nach fernen Ufern. Das ist in Ordnung.

Dann war es eben einfach nicht die oder der Richtige für Sie – zumindest nicht für den Moment.

Inzwischen nehme ich mir viel Zeit, um herauszufinden, was Bewerberinnen und Bewerbern wichtig ist – und ihnen klarzumachen, worauf es meinem Unternehmen und mir ankommt. Nicken sie zu meinen Schilderungen eifrig, als wären sie Musik in ihren Ohren, werden sie ihren Job lieben. Wenn nicht, ist das auch okay. Selbst wenn sie genau die richtigen Kompetenzen mitbringen – die Quadratur des Kreises sollte man besser gar nicht erst versuchen. Jeder sollte in einem Umfeld arbeiten, das ihm zusagt – mit Menschen, die die gleichen Leidenschaften teilen. Merken wir irgendwann, dass wir eigentlich für etwas anderes gemacht sind, sollten wir uns darüber freuen, statt es als Fehlschlag zu betrachten.

WENN ES MIT JEMANDEM EINFACH NICHT FUNKTIONIERT, TRENNEN SIE SICH SCHNELL

In meiner ersten Zeit als Chefin sah ich meine Aufgabe in erster Linie darin, für mein Team einzutreten. Es war mein Job, die anderen zu unterstützen, zu verteidigen und ein offenes Ohr für sie zu haben. Brachte jemand unzulängliche Leistungen, war nicht produktiv oder zersetzte die Moral des Teams, dann dachte ich: *Wenn ich jetzt nicht aktiv werde und Empathie zeige, wer dann?*

Keiner. Als Vorgesetzte war das meine Aufgabe. Und schließlich verdiente jeder eine zweite Chance.

Bedauerlicherweise war meine Mühe – in Form von zusätzlichen Einzelsitzungen, Unterstützung bei Projekten, Gesprächen mit Kollegen, aufmunternden Worten – in 80 Prozent der Fälle letztlich vergeblich.

Wir haben bereits angesprochen, woran es in den allermeisten Fällen liegt, wenn jemand nicht gut arbeitet: Die Betreffenden wissen nicht, was »gut« ist, ihre Ambitionen passen nicht zu ihrer Funktion, ihnen fehlt Anerkennung oder Kompetenz oder sie haben einen negativen Einfluss auf andere.

Probleme mit Leistungsbewusstsein oder mangelnder Anerkennung lassen sich gewöhnlich durch mehrere offene Gespräche aus der Welt schaffen. Doch wenn die Motivation eines bestimmten Teammitglieds einfach nicht zu den Werten des Teams passt, können freundliche Worte zwar kurzfristig ein paar Symptome lindern, aber nicht die Krankheit heilen.

Ein mir früher unterstellter Mitarbeiter – wir wollen ihn Fred nennen – hatte beispielsweise den Ehrgeiz, seine Designarbeit auf modernste Technologien abzustellen. Er entwickelte oft innovative neue Interaktionen, die auf den neuesten Geräten richtig Spaß machten.

Doch unser Team arbeitete damals an Produkten, die weltweit von Milliarden von Menschen eingesetzt wurden, von denen die allermeisten eben nicht über die neueste Technik verfügten. Sie hatten vielleicht Handys mit schlechter Netzanbindung oder wenig Speicherplatz. Aus diesem Grund hatte es für unser Team Priorität, dass unsere Arbeit für die größtmögliche Anzahl von Menschen Wertpotenzial aufwies. Das bedeutete, dass unsere Designtätigkeit vielen Sachzwängen unterlag. Weil Fred auf andere Dinge Wert legte, frustrierte es ihn zunehmend, wenn seine kühnen, revolutionären Konzepte zugunsten praxisnaher Ideen verworfen wurden.

Ebenso gilt: Hat eine Mitarbeiterin grundlegende Kompetenzdefizite, die ihre Fähigkeit beeinträchtigen, ihre Aufgaben zu erfüllen, ist auch mit dem besten Coaching eher unwahrscheinlich, dass sich das in wenigen Monaten ändern lässt. Eine weitere frühere Mitarbeiterin aus meinem Team, die wir Sarah nennen wollen, hatte zwar ein Händchen für durchdachtes Design, konnte sich aber schlecht organisieren. Am besten funktionierte sie in einem stark strukturierten Umfeld mit viel Unterstützung beim Projektmanagement. Unsere Organisation arbeitete aber mit einem Bottom-up-Ansatz und setzte voraus, dass alle Beschäftigten ihre Zeit effektiv nutzen. In diesem Kontext versäumte Sarah häufig Fristen oder vergaß, Dinge zu erledigen, die sie zugesagt hatte.

In meiner Anfangszeit verwendete ich viel Zeit und Energie – manchmal bis zu 50 Prozent meiner Arbeitswoche – auf die Freds und die Sarahs in meinem Team. Ich führte lange Gespräche mit ihnen, arbeitete mit ihnen auf Änderungen hin, hoffte, dass es besser werden würde, und musste zusehen, wie dieselben Muster wieder zutage traten. Das kostete mich unglaublich viel Kraft. Doch ich dachte, das müsste so sein, weil ich nur so meiner Fürsorgepflicht gerecht würde.

Der Wendepunkt kam, als ich merkte, dass dieser Zyklus nicht nur für mich nervenaufreibend war, sondern für meine Leute noch viel mehr. Derjenige, dem ich helfen wollte, fühlte sich gestresst, weil er wusste, dass es nicht gut lief. Meine »Hilfe« fühlte sich für ihn so an wie das Auge Saurons, das jede seiner Bewegungen beobachtete. Die ganze Zeit über wartete das übrige Team ungeduldig auf Verbesserungen, weil es zu spüren bekam, dass es bei dem Kollegen nicht rund lief.

Gelangen Sie letztlich zu der Überzeugung, dass einer in seiner jetzigen Rolle schlechte Erfolgsaussichten hat, ist das Beste, was Sie für den Betreffenden tun können, ihm das ehrlich zu sagen und ihn bei einem Wechsel zu unterstützen. Der ehemalige General-Electric-CEO Jack Welch war der Überzeugung, Minderleister zu schützen vergrößere nur den Schaden, wenn Vorgesetzte unweigerlich gezwungen sind, sie früher oder später zu entlassen. »Ich halte es für grausam, Leute im Unternehmen zu behalten, die dort nicht gedeihen werden. Nichts ist so grausam, wie jahrelang abzuwarten, um jemandem dann zu einem fortgeschrittenen Zeitpunkt in seiner Karriere [...] mitzuteilen, dass er nicht zum Unternehmen passt.«[14]

In so einer Situation haben Sie zwei Möglichkeiten: Helfen Sie den Betroffenen, innerhalb Ihrer Organisation eine neue Rolle zu finden, oder lassen Sie sie gehen.

Die erste Option sollte stets geprüft werden, denn wenn es eine Funktion gibt, die besser auf die Interessen und Fähigkeiten der Person zugeschnitten ist, ist das für beide Seiten vorteilhaft – für die Betreffenden ebenso wie für Ihr Unternehmen. Erinnern Sie sich noch an Fred, der so gern an innovativen neuen Designkonzepten arbeitete? Er wechselte am Ende in ein anderes Team, das auf neue Technologien spezialisiert ist, und blühte dort regelrecht auf.

Doch Vorsicht: Weil sie die Vorstellung, jemanden zu entlassen, so abschreckt, zögern Vorgesetzte manchmal, einen Mitarbeiter gehen zu lassen, obwohl das für den Betreffenden und für die Organisation das Beste wäre. Vermeiden Sie es, Leute im eigenen Betrieb durchzureichen, denen die erforderlichen Kompetenzen fehlen oder die toxisches Verhalten an den Tag legen.

Stellen Sie sich unbedingt folgende Frage: *Wenn die Person noch nicht zu meinem Team gehören würde, würde ich dann – in Anbetracht dessen, was ich heute über sie weiß – einem anderen Team empfehlen, sie einzustellen?* Für Sarah – die Mitarbeiterin, die Probleme hatte, selbstständig zu arbeiten – konnte ich auch in einer anderen Position in unserem Unternehmen keine Erfolgschancen erkennen.

Entscheiden Sie sich, sich von jemandem zu trennen, sollten Sie dies ebenso respektvoll wie direkt tun. Lassen Sie sich nicht auf Diskussionen ein (da gibt es nichts zu diskutieren) und betrachten Sie das nicht als Misserfolg des oder der Betreffenden.

Nur weil Ihr Mitarbeiter mit Ihrem Team nicht konnte, muss das nicht an ihm liegen – tatsächlich denke ich in diesem Zusammenhang oft an die klugen Worte meines Freundes Robyn Morris: »Vielleicht bis *du* ja auch einfach die falsche Vorgesetzte für ihn, nicht umgekehrt.« Vielleicht haben Sie die Entscheidung zur Einstellung ja getroffen, obwohl er für Ihr Team nicht die richtigen Kompetenzen mitbrachte. Vielleicht haben Sie ihn auf Projekte gesetzt, die nicht zu ihm passen. Fürsorge für andere bedeutet, sich einzugestehen, dass eine Beziehung keine Einbahnstraße ist.

Jemandem zu kündigen, kann emotional und belastend sein – nicht nur für die oder den Betroffenen, sondern auch für Sie und Ihr Team. Zeigen Sie Mitgefühl, wenn es um die Vergangenheit geht. Fokussieren Sie sich aber auf die Zukunft und zögern Sie den Bruch nicht hinaus. Versuchen Sie, dem Gekündigten optimale Entwicklungsmöglichkeiten aufzuzeigen – und wachsen Sie an der Erfahrung.

Die gute Nachricht: Entlassungen sind Extremfälle. Meist kann das richtige Coaching dazu beitragen, dass Ihre Leute begreifen, worum es geht, wie sich Verhaltensweisen ändern lassen, die ihnen im Weg stehen, und wie sie ihre Wirkung verbessern können.

Gute Vorgesetzte sind hervorragende Coaches. Und was gutes Coaching ausmacht, ist Gegenstand des folgenden Kapitels: effektiv Feedback geben.

Viertes Kapitel

Die Kunst des Feedbacks

SO NICHT …

… SONDERN LIEBER SO

Das schlechteste Feedback, das ich je erhalten habe, stand in einer E-Mail des ehemaligen Praktikanten Drew Hamlin. Er schrieb über das Studienjahr hinweg regelmäßig an unser Designteam und teilte uns mit, wie er unsere Arbeit wahrnahm. In einer Nachricht wies er auf eine bestimmte Fehlausrichtung von Elementen auf dem Bildschirm hin: »Habt ihr das mit Absicht so furchtbar gestaltet?«

Wir wussten, er meinte das nicht böse, sondern ganz sachlich. Dennoch war das ein Musterbeispiel dafür, wie man Feedback *nicht* geben sollte. Zum Glück legten wir seine Worte nicht auf die Goldwaage. Beeindruckt von seinem leidenschaftlichen Interesse und seiner proaktiven Art, stellten wir ihn ein, als er seinen Abschluss in der Tasche hatte. Ein paar Jahre später hatte er sich zu einem hochgeschätzten Teamleiter gemausert. Ironie der Geschichte: Drew gehört zu den Hauptarchitekten unserer aktuellen Praxis der Manöverkritik. Bis heute ziehen wir ihn dafür durch den Kakao, dass er einst »die schlechteste Kritik der Welt« ablieferte.

Das beste Feedback, das ich bekam, stammte von meinem ehemaligen Mitarbeiter Robyn. Als ich ihn fragte, was ich besser machen könnte, holte er tief Luft und sagte: »Julie, manchmal, wenn bei mir gerade alles gut läuft, habe ich das Gefühl, du bist auf meiner Seite und wir sind ein tolles Team. Läuft es nicht so gut, leidet unsere Beziehung darunter und ich habe den Eindruck, du vertraust mir nicht mehr so.« Er gab mir ein paar konkrete Beispiele dafür, wie meine Äußerungen bei ihm diesen Eindruck hinterlassen hatten – in aller Freundschaft und Ehrlichkeit.

Dieses Feedback allein bewirkte, dass ich meine Rolle als Vorgesetzte plötzlich anders sah.

Leider fällt es den meisten Menschen schwer, Feedback zu geben. Manchmal meinen wir, nichts Sinnvolles beitragen zu können. Oder wir verschweigen kritische Gedanken, weil wir die Gefühle anderer nicht verletzen wollen. Wenn etwas nicht absolut aus dem Ruder läuft, akzeptieren wir das als gut genug. Wozu noch mehr sagen? Und wenn wir Feedback geben, riskieren wir, dass es als zu vage, um nützlich zu sein, oder emotional zu aufgeladen, um effektiv zu sein, wahrgenommen werden könnte. Angesichts all dessen ist es kein Wunder, wenn Menschen, die zum ersten Mal Personalverantwortung übernehmen, diesen Teil ihrer Aufgabe besonders schwierig finden.

Es gehört aber zu den grundlegenden Aspekten der Aufgabe einer Führungskraft, Feedback zu erteilen – sowohl, wenn alles rund läuft, als auch, wenn es hakt. Wer diese Kunst beherrscht, reißt gleich zwei der größten Hürden nieder, die ihm unterstellte Mitarbeiter davon abhalten, Bestleistungen zu bringen – nämlich unklare Erwartungen und mangelnde Kompetenz. Sie wissen dann genau, wohin die Reise gehen soll und wie sie ihre Ziele erreichen können.

WIE SIEHT OPTIMALES FEEDBACK AUS?

Denken Sie an das beste Feedback, das Sie je bekommen haben. Warum bedeutet es Ihnen so viel?

Jede Wette: Sie erinnern sich noch so gut daran, weil *Sie dadurch animiert wurden, Ihr Verhalten zu ändern, sodass Ihr Leben leichter wurde.*

Im besten Fall verändert Feedback Menschen so, dass sie stolz auf sich sein können. Keine Frage: Ich bin heute eine bessere Vorgesetzte, weil mir Robyn in unserem Gespräch damals die Augen öffnete.

Worin besteht Feedback? Zu Anfang meiner Karriere verstand ich darunter »Verbesserungsvorschläge«. Das Paradebeispiel, das ich dafür im Kopf hatte, war Kritik am Design. Für mich war Feedback, dass man ein Problem erkannte und Lösungsvorschläge lieferte.

Es stellte sich heraus, dass das eine recht eng gefasste Definition war. Es gibt noch eine Fülle von Dingen, die über »Verbesserungsvorschläge« hinausgehen und jemanden dazu inspirieren können, etwas zum Positiven zu verändern. Zum einen muss Feedback gar nicht immer kritisch sein. Lob motiviert oft viel besser als Kritik. Zum anderen muss man damit nicht bei einem Problem ansetzen. Im Folgenden verrate ich Ihnen die vier gängigsten Methoden, um andere zu einer Verhaltensänderung anzuregen.

Von Anfang an klare Erwartungen stellen

Stellen Sie sich vor, Sie wollen eine Personal Trainerin engagieren, um Ihr Fitnessprogramm zu optimieren. Verlangt sie von Ihnen erst einmal ein paar Push-ups, bevor Sie Ihnen erste Hinweise gibt?

Nein. Als Erstes wird sie sich mit Ihnen zusammensetzen und über Ihre Ziele sprechen. Dann sagt sie Ihnen, was Sie von dem Training erwarten dürfen und wie Sie das Beste für sich herausholen können. Ihre Ratschläge sind noch gar nicht persönlich auf Sie zugeschnitten, doch aufgrund ihrer bisherigen Erfahrungen geht sie davon aus, dass sie Ihnen nutzen.

Es mag Ihrer Intuition widersprechen, doch der Feedback-Prozess sollte schon vor der Arbeit beginnen. Dann sollten Sie gemeinsam festlegen, was unter Erfolg zu verstehen ist – ob für ein bestimmtes Projekt oder für einen bestimmten Zeitraum –, erwartbare Probleme schon im Vorfeld entschärfen und die Grundlage für künftige produktive Feedback-Gespräche schaffen. Das ist, als würden Sie sich mit einer guten Karte auf den Weg machen, die alle wichtigen Markierungen enthält, statt blind loszulaufen und nach ein paar Kilometern nach dem Weg zu fragen.

Sprechen Sie in dieser Phase unbedingt die folgenden Punkte an:

- was gute Leistungen ausmacht – im Vergleich zu mittelmäßigen oder schlechten,
- welchen Rat Sie Ihren Leuten geben können, damit sie einen guten Start haben,
- häufige Fallen, die die Betreffenden meiden sollten.

Ich gehe davon aus, dass Sie in den ersten drei Monaten in Ihrer neuen Funktion gute Beziehungen zu Ihrem Team entwickeln, in der Lage sind, auf einem kleineren »Erstlingsprojekt« aufzubauen, und im Anschluss allen Beteiligten ihren ersten Design-Meilenstein zur Prüfung vorlegen können. Ich erwarte nicht, dass Sie sofort grünes Licht dafür bekommen – wenn aber doch, wäre das ein Volltreffer.

Ein Erfolg wäre die nächste Sitzung, die Sie leiten, wenn die verschiedenen Optionen klar auf dem Tisch liegen, jeder das Gefühl hat, dass seine Ansicht berücksichtigt wurde, und eine Entscheidung gefällt wird.

Aufgabenspezifisches Feedback sollten Sie so oft wie möglich geben

Wie der Begriff »aufgabenspezifisch« impliziert, erteilen Sie dieses Feedback, wenn eine Aufgabe erledigt ist. Legt beispielsweise eine Ihrer Mitarbeiterinnen eine Analyse vor, erklären Sie ihr, was Ihnen daran gefallen hat und was sie künftig noch verbessern könnte – und zwar so genau und ausführlich wie möglich.

Solches Feedback ist am einfachsten zu erteilen, weil es sich eher auf das *Was* fokussiert, nicht auf das *Wer* – dann wird es weniger persönlich genommen. Haben Sie Probleme damit, regelmäßig Feedback zu geben, sollten Sie bei dieser Kategorie ansetzen.

Aufgabenspezifisches Feedback ist dann am effektivsten, wenn der oder die Betreffende die ausgeführte Aufgabe noch im Kopf hat – also möglichst zeitnah. Handelt es sich nicht um eine besonders wichtige Aufgabe wie eine hochkarätige Präsentation, erfüllen ein paar per E-Mail oder Chatfunktion gesendete Zeilen diesen Zweck ebenso gut wie ein persönliches Gespräch.

Im besten Fall wird aufgabenspezifisches Feedback zu einer beiläufigen Selbstverständlichkeit Ihres Arbeitsalltags – und Ihre Leute profitieren dabei von Coaching in kleinen Dosen zu allen ihren Leistungen, die Sie wahrnehmen.

Die Analyse, die du gestern vorgelegt hast, war ganz hervorragend. Wie du die wichtigsten Erkenntnisse gleich am Anfang prägnant zusammengefasst hast, hat das Verständnis erleichtert. Besonders aufschlussreich waren die Informationen über X.

Eine kurze Anmerkung zu der Präsentation, die du heute Morgen gehalten hast: Mir ist aufgefallen, dass du gleich deinen Vorschlag vorgebracht hast, ohne zu erklären, wie du darauf gekommen bist. Das erschwert es, zu beurteilen, ob dieser Weg der beste ist. Vielleicht kannst du uns beim nächsten Mal vorab kurz erläutern, wie du vorgegangen bist und welche Alternativen du in Betracht gezogen hast.

Geben Sie mit Bedacht und regelmäßig Feedback zum Verhalten

Welche Themen kristallisieren sich heraus, wenn Sie viele Beispiele für aufgabenspezifisches Feedback an einen bestimmten Mitarbeiter im Überblick betrachten? Ist er entscheidungsfreudig? Beherrscht er alle Abläufe oder denkt er unkonventionell? Neigt er zu pragmatischen oder idealistischen Lösungen?

Anhand solcher Fragen zu Themen können Sie besser beurteilen, welche besonderen Stärken oder entwicklungsbedürftigen Bereiche des Betreffenden aus seinen Verhaltensmustern hervorgehen.

Feedback zum Verhalten ist nützlich, weil es eine persönliche und tiefgründige Komponente hat, die aufgabenspezifischem Feedback fehlt. Indem Sie mehrere passende Beispiele heranziehen, um sich das Gesamtbild vor Augen zu führen, können Sie anderen die einzigartigen Interessen, Persönlichkeitsmerkmale und Gewohnheiten bewusst machen, die ihrer Wirkung im Wege stehen.

Mit verhaltensorientiertem Feedback äußern Sie, wie Sie die betreffende Person wahrnehmen. Deshalb sollten Sie Ihre Formulierungen sorgfältig abwägen und mit konkreten Beispielen unterlegen, um zu erklären, warum Sie einen bestimmten Eindruck hatten. Das klären Sie am besten im persönlichen Gespräch, damit Ihr Gegenüber Fragen stellen und sich mit Ihnen austauschen kann.

Verhaltensbezogenes Feedback hilft Ihren Leuten, zu verstehen, wie sie von anderen wahrgenommen werden. Sie selbst können sich ganz anders sehen. Solche Gespräche sind heikel, weil sie schnell persönlich werden – eine Freundin vergleicht sie mit »Therapiesitzungen«. Im besten Fall gewinnen Ihre Leute daraus aber ein klareres Selbstbild und erkennen, wie sie noch effektiver arbeiten könnten.

Werden dir Fragen zu deiner Arbeit gestellt, gehst du gleich in die Defensive. Als Sally beispielsweise einen Kommentar zu deinem Code hinterließ, hast du mit »Vertrau mir einfach« reagiert. Du bist gar nicht auf ihr Feedback eingegangen und kommst dadurch weniger vertrauenswürdig rüber.

Als Personalerin beweist du höchste Kompetenz. Die Bewerberinnen und Bewerber bezeichnen die Gespräche mit dir oft als inspirierend. Du hast auch ein ausgezeichnetes Gespür dafür, welche Leute sich für welche Funktionen eignen. So hast du vor einem Jahr John für das Projekt X empfohlen, und er macht sich großartig.

Sammeln Sie 360-Grad-Feedback, um maximale Objektivität zu gewährleisten

Unter 360-Grad-Feedback sind Rückmeldungen zu verstehen, die aus ganz unterschiedlichen Perspektiven stammen. Es vermittelt in aller Regel eine umfassendere, objektivere Sichtweise auf die Leistung eines Mitarbeiters. Hat einer Ihrer Leute eine Brainstorming-Sitzung geleitet, können Sie beispielsweise neben Ihrem aufgabenspezifischen Feedback auch erfassen und weitergeben, was alle anderen Anwesenden dazu zu sagen hatten. Steht die alljährliche Leistungsbeurteilung einer Mitarbeiterin an, gibt verhaltensbezogenes Feedback von den paar Kolleginnen und Kollegen, die am engsten mit ihr zusammenarbeiten, mehr Aufschluss als nur Ihre eigenen Beobachtungen.

Viele Unternehmen führen ein- oder zweimal pro Jahr einen 360-Grad-Feedback-Prozess durch. Gibt es keinen offiziellen derartigen Prozess, können Sie sich das nötige Feedback selbst einholen. Ich sende für jedes Teammitglied einmal pro Quartal eine E-Mail an wenige Leute, mit denen die oder der Betreffende am engsten zusammenarbeitet, und frage darin: Was macht X besonders gut und sollte er/sie häufiger tun? Und: Was sollte X anders machen oder sein lassen?

Der Tiefgang des 360-Grad-Feedbacks bedeutet, dass es etwas zeitraubender ist. Aus praktischen Gründen lässt es sich daher höchstens ein paar Mal im Jahr durchführen. Es ist aber überaus nützlich, wenn Ihnen der Arbeitsalltag eines Teammitglieds nicht so vertraut ist. Weil es so umfassend ist, sollten Sie dafür einen Termin mit der oder dem Betreffenden ansetzen, um persönlich darüber zu sprechen, aber auch schriftlich dokumentieren, was daraus hervorgeht, sodass Sie beide künftig darauf zurückgreifen können.

> *Aus dem Kollegenkreis kam viel Zuspruch dafür, wie du die Budgetkrise bewältigt hast. Das war eine wichtige, schwierige Aufgabe, und deine ruhige Art, deine hervorragenden Fähigkeiten als Zuhörerin und deine rationalen Argumente haben dazu beigetragen, dass das Team einen Erfolg verbuchen konnte.*

> *Aus deinem 360-Grad-Feedback geht ein Punkt immer wieder hervor: Du musst methodischer arbeiten. Ein Beispiel dafür war, als du in deinem Preisvorschlag den Sonderfall der Seniorenrabatte nicht berücksichtigt hast, was zu falschen Prognosen führte. Dieses Muster, dass sich in deine Arbeit immer wieder kleine Fehler einschleichen, nagt an deiner Glaubwürdigkeit.*

JEDER GRÖSSEREN ENTTÄUSCHUNG LIEGT ZUGRUNDE, DASS NICHT KLAR KOMMUNIZIERT WURDE, WAS ERWARTET WIRD

Einmal fragte mich meine Ex-Chefin Kate Aronowitz beiläufig, wie mein Team arbeite. »Alle gut«, entgegnete ich, »mit einer Ausnahme.« (Wir wollen den Betreffenden Albert nennen.) »Oh?«, fragte sie und legte den Kopf schief. »Was ist denn mit Albert los?«

Ich seufzte und listete meine Bedenken auf: Im ersten Anlauf ging seine letzte Arbeit weit am Ziel vorbei und selbst nach drei Feedback-Runden war er noch nicht auf der Zielgeraden. Die Techniker scharrten schon mit den Hufen, und die anderen Designer fragten sich, wieso er ihre Vorschläge stur ignorierte.

»Erfüllt er die an ihn gestellten Erwartungen?«, wollte Kate wissen. Ich überlegte kurz und verneinte dann. Sie zog eine Augenbraue hoch: »Und du hast ihm das auch *ausdrücklich* gesagt?«

»Äh ... «, stammelte ich. Ich hatte Albert zwar jede Menge aufgabenspezifisches Feedback gegeben, aber nie offen gesagt, wohin seine Leistung tendierte. In sechs Wochen stand ein unternehmensweiter 360-Grad-Feedback-Zyklus an, und ich hatte mir überlegt, das Thema dann anzusprechen. An Kates Gesicht konnte ich ablesen, dass mir eine Lektion bevorstand.

»Hört er beim Mitarbeitergespräch zum ersten Mal, dass er die Erwartungen nicht erfüllt, wird das für ihn ein Horrorerlebnis«, erklärte sie. Anschließend setzte sie mir auseinander, dass unsere Beurteilungen eigentlich die Leistungen der letzten sechs Monate berücksichtigen sollten. Hatte Albert die Erwartungen in diesem Zeitraum tatsächlich überwiegend nicht erfüllt, hätte ich ihm das viel früher sagen müssen.

Sie hatte natürlich recht. Würde Albert im Folgemonat einen heftigen Schock erleben, hätte er drei mögliche Erklärungen dafür, und keine davon war konstruktiv.

1. *Die Beurteilung ist unfair. Wenn es wirklich so schlecht aussieht, warum ist das dann bisher nie zur Sprache gekommen? Da muss ein Fehler vorliegen.*

2. *Die Beurteilung ist fair, aber meine Chefin war nachlässig und hat erst nach Ablauf des Halbjahres gemerkt, dass meine Leistung nicht stimmt.*

3. *Die Beurteilung ist fair, aber meine Chefin hat mir die ganze Zeit über nie ehrlich Feedback gegeben, sodass ich keine Chance hatte, mich zu verbessern.*

Ich lief Gefahr, in die dritte Kategorie zu fallen. Zum Glück hatte ich noch Zeit, um aus meinem Fehler zu lernen. Je eher Albert begriff, dass er die Erwartungen nicht erfüllte, desto schneller konnte er das Ruder herumreißen und desto reibungsloser würden unsere künftigen Gespräche über seine Leistungen laufen.

Niemand wird gern von schlechten Nachrichten überrascht. Es folgen ein paar Beispiele dazu, wie sich Enttäuschungen verhindern lassen, indem man die richtigen Erwartungen setzt.

Eine Ihnen unterstellte Mitarbeiterin hat klargemacht, dass sie befördert werden möchte

Sie gehen nicht davon aus, dass das in den nächsten sechs Monaten passieren wird. Teilen Sie ihr das erst beim nächsten Mitarbeitergespräch mit, fragt sie sich monatelang, ob sie wohl befördert wird, und wird am Ende enttäuscht.

Sagen Sie ihr stattdessen gleich: »Ich weiß, dass Sie auf eine Beförderung hinarbeiten, sehe da aber noch folgende Defizite ...«, zeigen Sie damit, dass Sie ihr helfen wollen, ihr Ziel zu erreichen. Geben Sie ihr klare Kriterien für eine Beförderung vor. Coachen Sie sie über die nächsten Monate und geben Sie ihr regelmäßig Feedback dazu, ob ihre Leistungen die in sie gesetzten Erwartungen erfüllen. Dann lebt sie nicht in Unsicherheit.

Sie haben einem Ihrer Mitarbeiter gerade ein heikles neues Projekt übertragen

Weil dabei viel auf dem Spiel steht, wollen Sie den Projektfortschritt genau im Auge behalten. Schauen Sie häufig vorbei und lassen sich auf den neuesten Stand bringen oder erteilen Sie ungebeten Feedback, könnte Ihr Mitarbeiter den Eindruck gewinnen, sie untergrüben seine Autorität. Dann schaut er sich ständig über die Schulter, sieht Sie hinter jeder Ecke stehen und wird paranoid.

Sie wollen aber auch nicht einen Monat abwarten, bevor Sie sich einen Überblick über seine Arbeit verschaffen. Wenn etwas schiefläuft, würden Sie das gern so früh wie möglich erfahren.

Beide Probleme lassen sich besser lösen, wenn Sie konkrete Erwartungen vorgeben. Lassen Sie Ihren Mitarbeiter bei Projektbeginn wissen, wie Sie gern einbezogen werden wollen. Sagen Sie deutlich, dass Sie den Fortgang zweimal wöchentlich prüfen und gemeinsam über die wichtigsten Probleme sprechen möchten. Erklären Sie ihm, welche Entscheidungen Sie treffen sollten und welche er.

Vorgesetzte, die plötzlich hereinschneien und neue Anforderungen stellen, können im Team Unmut erregen (googeln Sie dazu den englischen Begriff »swoop and soop«). Vorgesetzte, die proaktiv vorgeben, worauf es ihnen ankommt und wie sie in

Projekte einbezogen werden möchten, haben nur selten mit solchen Missstimmungen zu kämpfen.

Ihr Team hat sich zum Ziel gesetzt, im Oktober zu präsentieren

Nehmen wir an, Ihr Team merkt im Juni, dass das Projekt bis Oktober nicht zu schaffen ist. Würden Sie das in diesem Fall lieber erst kurz vor der geplanten Produkteinführung erfahren oder sofort?

Ich kenne keine Teamleitung, die das lieber später erfahren möchte, denn dann ist viel Aufwand völlig umsonst gewesen – Ausgaben für Marketing, Pressearbeit, die noch einmal gemacht werden muss, und Umsatzprognosen, die nicht mehr stimmen. Und natürlich werden Sie sich fragen: Warum hat mir mein Team nicht früher Bescheid gesagt? Fehlt es an Kompetenz? Oder wurde etwas vorgetäuscht?

Wissen Sie bereits im Juni Bescheid, haben Sie mehr Möglichkeiten. Sie können mehr Leute für das Projekt abstellen oder auf bestimmte Features verzichten, um den Oktobertermin mit einer abgespeckten Version doch noch zu halten. Oder Sie finden sich mit der Verzögerung ab und setzen für alle Beteiligten ein neues Einführungsdatum fest.

Dennoch kann es Ihrem Team schwerfallen, Ihnen offen zu sagen: »Wir glauben nicht, dass wir das Oktoberziel erreichen können.« Vielleicht glauben Ihre Leute ja, sie können das Ruder noch herumreißen. Oder sie haben Angst, Schwierigkeiten zu bekommen. Wenn Sie die klare Erwartung formulieren, dass Sie über alle Bedenken bezüglich des Einführungstermins umgehend informiert werden möchten, dann wissen alle, dass Probleme bereits in frühen Phasen bedenkenlos angesprochen werden dürfen.

Sie dürfen aber nie ein perfektes Ergebnis erwarten. Schließlich sind wir alle nur Menschen. Pannen passieren, Projekte verzögern sich, Menschen machen Fehler. Das ist kein Beinbruch. Doch wenn es dazu kommt, kann man sich davon eher wieder einigermaßen erholen, wenn die Erwartungen so schnell wie möglich angepasst werden. Greifen Sie größeren Problemen im weiteren Verlauf des Projekts vor, beweisen Sie damit Fürsorge und persönliche Reife.

Merken Sie, dass Sie schwer enttäuscht wurden oder jemanden enttäuscht haben, sollten Sie sich fragen: Habe ich auch klar die richtigen Erwartungen gesetzt? Wie könnte ich das künftig besser machen?

FEEDBACK ZÄHLT NUR, WENN ES AUCH ZU VERBESSERUNGEN FÜHRT

Einer meiner Mitarbeiter – nennen wir ihn George – drückt sich oft sehr umständlich aus. Bei Präsentationen verlieren seine Zuhörer meist irgendwann den Faden, sodass er zu lauter verständnislosen Gesichtern spricht. Bitte ich ihn um einen aktuellen Überblick über die Lage in zwei Sätzen, erklärt er sich fünf Minuten lang. Ich merkte, dass ihm deshalb immer weniger Leute zuhörten. Deshalb setzte ich mich eines Tages mit ihm zusammen und sprach mit ihm darüber. George nahm das gut auf. Nach dem Gespräch klopfte ich mir erleichtert selbst auf die Schulter. Gut gemacht! Ich hatte produktives Feedback erteilt und meine Pflicht als Vorgesetzte erfüllt.

Ein paar Wochen später, als George wieder eine Präsentation hielt, war alles wie immer: Er verzettelte sich in Details, die in der Kürze der Zeit niemand begreifen konnte. Ich war baff. Genau darüber hatten wir doch erst gesprochen.

In unserem nächsten Gespräch fragte ich ihn, warum er sich nicht bemüht habe, seine Präsentation einfacher zu gestalten. Er runzelte die Stirn. »Aber ich *habe* mich doch bemüht«, sagte er mit Nachdruck. Er zeigte mir, was er gemacht hatte: Er hatte ein Inhaltsverzeichnis aufgenommen und die Reihenfolge der Punkte geändert, die er ansprechen wollte.

Da wurde mir klar, dass ich es war, die nicht verstanden hatte: George hatte das Feedback sehr wohl zur Kenntnis genommen. Das Problem war nur, dass er gar nicht wusste, was seine Erklärungen so kompliziert machte. Und was er nicht sehen konnte, konnte er logischerweise auch nicht beheben.

Ich hatte mich toll gefühlt, weil ich ihn auf das Problem hingewiesen hatte – doch das brachte nichts, weil es ihm nicht weiterhalf. Ein guter Coach zeichnet sich dadurch aus, dass sich andere unter seiner Anleitung verbessern. Vielleicht hätten Sie gern, dass Ihre Leute Träume ehrgeiziger verfolgen, mehr leisten oder Hindernisse überwinden, die sich ihnen in den Weg stellen. Dabei sollten Sie stets bedenken: Löse ich mit meinem Feedback die Veränderungen aus, auf die ich hoffe?

Brechen wir das noch um eine Stufe herunter: Überlegen Sie sich, wo Sie in Bezug auf die folgenden Aspekte stehen.

Gebe ich oft genug Feedback?

Ich habe schon Tausende Berichte von Beschäftigten über ihre Vorgesetzten gelesen, und die häufigste Antwort auf die Frage »Wie könnte Sie Ihr Chef besser unterstützen?« lautet: »Indem er mehr Feedback gibt.«

Hier sollten wir einen Moment innehalten. Bevor wir genauer besprechen, *wie* das gehen soll, besteht der erste Schritt einfach darin, *häufiger Feedback zu geben* und immer daran zu denken, dass wir das vermutlich nicht oft genug tun.

Wenn Sie eine Mitarbeiterin Ihres Teams in Aktion erleben – beim Abliefern eines Projektes, im Umgang mit Kunden, bei einem Abschluss oder einer Präsentation –, sollten Sie sich jedes Mal überlegen, ob Sie ihr dazu etwas Nützliches sagen können. Versuchen Sie, zu mindestens 50 Prozent positives Feedback zu erteilen, damit die Betreffende weiß, dass sie gut arbeitet – »Da haben Sie mit Ihrer Feststellung aber absolut ins Schwarze getroffen« oder »Bei dieser Interaktion haben Sie viel Empathie bewiesen«. Geben Sie Lob von Kollegen grundsätzlich weiter. Haben Sie einen Verbesserungsvorschlag – wie geringfügig auch immer –, sollten Sie ihr das ebenfalls mitteilen: »Sie haben in diesem Meeting sehr viel gesagt, was es für andere nicht leicht machte, zu Wort zu kommen.«

Vermeiden Sie dabei aber unbedingt, immer nur aufgabenspezifisches Feedback zu geben. Das zweithäufigste Anliegen von Mitarbeitern ist: »Ich hätte gern mehr Feedback zu meinen Kompetenzen und zu meiner Karriereentwicklung.« Ich kannte einen Vorgesetzten, der ein Designer war, wie er im Buche stand – und ein hervorragender Creative Director. Er warf nur beiläufig einen Blick auf ein Modell und konnte sagen, dass die Leerräume zwischen den Icons um zwei Pixel abwichen. Sein Team wusste immer genau, was er von ihrer Arbeit hielt. Doch in den Beurteilungen seiner Leute hieß es: »Ich möchte wissen, wie mein Chef mein Fortkommen beurteilt« oder »Ich möchte mit ihm über meine Karriereziele sprechen – und darüber, wie ich diese erreichen kann«. Seine Leute wollten gern als Menschen wahrgenommen werden – nicht nur als Leistungsträger.

Stellen Sie fest, dass Sie zu wenig Feedback erteilen, ist eine Taktik, die ich nützlich gefunden habe, jeden Monat ein 1 : 1-Gespräch *nur* über verhaltensbezogenes Feedback und Karriereziele zu führen.

Stößt mein Feedback auf Resonanz?

Ich hatte mal eine Mitarbeiterin – sie soll Amy heißen –, die meines Erachtens ihr Potenzial nicht ausschöpfte. Während sich andere im Team ehrgeizige Ziele setzten und hart arbeiteten, um diese zu erreichen, drückte sich Amy vor schwierigen Projekten und schloss die ihr übertragenen Aufgaben eher langsam ab. Sie blieb lange in der Mittagspause und erledigte am Schreibtisch oft Privates. Mir wurde klar: Ich musste ernsthaft mit ihr über ihre schwache Leistung sprechen.

Auf das Gespräch bereitete ich mich eine ganze Woche lang vor. Ich notierte mir alle Punkte, die ich ansprechen wollte, beriet mich dazu mit einem Kollegen und übte das Gespräch vor dem Spiegel. Zur verabredeten Zeit betrat ich den Raum und lieferte mein Feedback unverblümt ab. Als ich ihn wieder verließ, fühlte ich mich, als sei mir eine zentnerschwere Last von den Schultern genommen.

Ein paar Tage später sprach mich eine andere Kollegin an und fragte, ob wir uns unter vier Augen über Amy unterhalten könnten. Sie erklärte mir: »Ich bin mir sicher, du hast das nicht so gemeint, aber du solltest wissen, dass Amy findet, du bist übergriffig und mischst dich zu sehr in ihre Zeitplanung ein. Warum hast du ihr denn gesagt, dass sie keine Mittagspause machen und bei der Arbeit nicht im Internet surfen darf?«

Das traf mich wie ein Schock. In meinem Gespräch mit Amy hatte ich ihre langen Mittagspausen und arbeitsfremden Aktivitäten nur als zwei Punkte von vielen erwähnt, die mich an ihrer Motivation zweifeln ließen. Im Grunde wollte ich aber auf ihre geringe Produktivität hinaus. Wäre sie eine Leistungsträgerin, hätte ich diese Themen nie angesprochen. Würde sie dagegen doppelt so viel arbeiten wie andere, aber dennoch nicht viel leisten, wäre ich trotzdem besorgt.

Wer als Kind schon mal stille Post gespielt hat, der weiß: Was man sagen will und was andere verstehen, deckt sich nicht immer.

Wir meinen manchmal, uns klar ausgedrückt zu haben, sagen aber eigentlich zu viel oder zu wenig oder vermitteln durch unsere Körpersprache eine andere Botschaft. (Mir wurde beispielsweise schon gesagt, dass ich oft vom Hundertsten ins Tausendste komme, sodass mitunter nicht klar wird, worauf ich eigentlich hinauswill – und dass ich so freundlich bin, dass schmerzhafte Mitteilungen nicht richtig ernst genommen werden.) Kommt dann noch ein Confirmation Bias (Bestätigungsfehler) des Zuhörers hinzu – also unsere Neigung, sich an die Dinge zu erinnern, die unsere bestehenden Überzeugungen bekräftigen –, ist es kein Wunder, dass eine falsche Botschaft ankommt.

Ed Batista, Managementcoach und Dozent an der Stanford Graduate School of Business, sagt dazu, dass Feedback deshalb oft nicht auf Resonanz stößt, weil der Empfänger das Gespräch bedrohlich findet. Deshalb setzt sein adrenalingesteuerter Kampf-oder-Flucht-Instinkt ein. Wer Feedback bekommt, so Batista, dessen »Pulsschlag und Blutdruck steigen fast ausnahmslos, [was einhergeht mit] einer Kaskade neurologischer und physiologischer Abläufe, die unsere Fähigkeit beeinträchtigen, komplexe Informationen zu verarbeiten und durchdacht darauf zu reagieren. In einer solchen Bedrohungssituation können Menschen Ihre Einschätzung nicht so leicht aufnehmen und umsetzen.«[15]

Dass Ihr Feedback auch ankommt und der Empfänger nicht verunsichert wird, erreichen Sie am besten, indem Sie zeigen, dass Sie es nur äußern, weil Ihnen die Betreffende wichtig ist und Sie deren Erfolg im Auge haben. Entsteht auch nur der leiseste Eindruck, Sie könnten dabei Hintergedanken haben – weil Sie recht behalten oder die Mitarbeiterin oder den Mitarbeiter verurteilen wollen oder verärgert oder ungeduldig sind –, kommt Ihre Botschaft nicht an.

Aus diesem Grund ist positives Feedback so effektiv. Da können Sie jede Erzieherin und jeden Haustierbesitzer fragen: Verhaltensänderungen lassen sich erfolgreicher herbeiführen, wenn sie belohnen, was gut läuft, als wenn sie nur auf Fehlverhalten hinweisen. Mit einem »Hey, was du da gerade gemacht hast, war toll« betonen sie ohne jede Bedrohung, welches Verhalten sie gern verstärken möchten.

Müssen Sie kritisches Feedback erteilen, sollten Sie das mit einer gewissen Neugier und in dem ehrlichen Wunsch tun, die Sicht Ihrer Leute zu verstehen. Eine einfache Möglichkeit ist, unmittelbar anzusprechen, was Sie auf dem Herzen haben, und dann nachzuhaken: »Können Sie dieses Feedback nachvollziehen? Warum oder warum nicht?« Stelle ich diese Frage, lautet die Antwort meist Ja. Damit hat die betreffende Person das Feedback nicht nur zur Kenntnis genommen und darüber nachgedacht, sondern es wird ihr vermutlich im Gedächtnis bleiben. Verneint derjenige, ist das auch in Ordnung – dann können wir darüber sprechen, warum das so ist und wie sich das Feedback produktiver gestalten ließe.

Wenn Sie am Ende eines Gesprächs nicht sicher sind, ob Sie richtig verstanden wurden, haben Sie mehrere Möglichkeiten: Sie können sich mündlich rückversichern: »Okay, lass uns sichergehen, dass wir uns da einig sind: Was nimmst du aus diesem Gespräch mit? Wie sehen deine nächsten Schritte aus?« Alternativ können Sie das Besprochene per E-Mail kurz rekapitulieren. In schriftlicher Form können nicht nur die vorgebrachten Argumente noch einmal konkret genannt, sondern auch erneut nachgelesen werden und später als Referenz dienen.

Die dritte Taktik wäre, dafür zu sorgen, dass die betreffende Person dasselbe gleich mehrfach und aus verschiedenen Quellen hört. Versuchen Sie beispielsweise, mehrere 1:1-Gespräche mit Ihren Leuten besonders entwicklungsbedürftigen Bereichen zu widmen. Sammeln und teilen Sie 360-Grad-Feedback, wenn Sie vermuten, dass Ihre Botschaft noch nicht angekommen ist – so machen Sie nachdrücklich deutlich, dass andere die Dinge ähnlich sehen. Ein mir bekannter Teamleiter geht sogar noch einen Schritt weiter: Gibt ihm jemand Feedback zu einem ihm unterstellten Mitarbeiter, so fragt er den Betreffenden stets: »Hättest du etwas dagegen, X das direkt rückzumelden?« Er geht davon aus, dass es weniger verfälschend wirkt, wenn er sich als Mittelsmann herausnimmt, und dass das Feedback dann besser ankommt und verinnerlicht wird.

Führt mein Feedback zu positivem Verhalten?

Als ich George bat, einfacher zu kommunizieren, lag das Problem nicht darin, dass er die Botschaft nicht hörte. Das tat er – er wusste nur nichts damit anzufangen. Deshalb war mein Feedback nicht effektiv.

Wie stellen Sie sicher, dass Ihr Feedback zur Handlungsgrundlage wird? Dazu drei Tipps:

1. Werden Sie so konkret wie möglich, wenn Sie Feedback erteilen. Als ich zu George sagte: »Deine Präsentation war kompliziert und schwer verständlich«, ging ich davon aus, dass wir unter *kompliziert* dasselbe verstanden. Das ist aber nur selten der Fall, deshalb war mein Feedback letztlich zu vage. Welche Aspekte waren kompliziert? Was genau fanden die Zuhörer verwirrend?

Nennen Sie eindeutige Beispiele, die erklären, was Sie meinen, damit Ihre Leute das verstehen.

> *Weil du dem Team sieben Ziele für den Bericht vorgestellt hast, statt nur ein oder zwei davon, konnten dir die anderen nicht mehr folgen. Weil man das alles unmöglich im Kopf behalten kann, verschwammen die Prioritäten.*

Am Ende hast du drei verschiedene Kurse aufgezeigt, die wir einschlagen könnten, aber keine Empfehlung dazu abgegeben und auch nicht die jeweiligen Vor- und Nachteile dargelegt. Deshalb wusste keiner so genau, wie es weitergehen sollte.

2. Stellen Sie klar, wie Erfolg aussieht und wie er sich anfühlt. Selbst wenn Ihr Feedback konkret war, angekommen ist und verstanden wurde, fällt es dem einen oder anderen schwer, sich ein klares Bild von den eigenen Zielen zu machen. Vor ein paar Jahren sagte mein Chef Chris bei einer Überprüfung, unsere Vorschläge für ein Anmeldeformular wirkten so »schwer«.

Einer der anwesenden Designerinnen und Designer schlug für die Textfelder graue Rahmenlinien statt blauer und einen etwas größeren Abstand vor. »Das wirkt leichter und luftiger«, meinte er. Chris dachte darüber nach. »Denkt an die Warteschlangen in Disneyland«, sagte er schließlich. »Dort sind die Schlangen endlos, doch weil man immer von einem kleinen Raum in den nächsten kommt, empfindet man das gar nicht so. Darauf will ich hinaus.« Sofort hatten wir klare Vorstellungen davon, wie wir die Abläufe optimieren konnten – wir teilten ein langes Formular in mehrere kürzere auf.

3. Schlagen Sie vor, wie es weitergehen soll. Die einfachste Möglichkeit, Ihren Leuten zu helfen, Ihr Feedback umzusetzen, ist, ihnen zu sagen, wie es Ihrer Ansicht nach weitergehen sollte. Machen Sie deutlich, ob es sich dabei um eine Erwartung oder lediglich um eine Anregung handelt. Übertreiben Sie das auf keinen Fall – wenn Sie immer sagen, was als Nächstes passieren soll, kann Ihr Team nicht lernen, Probleme selbst zu lösen. Ein zurückhaltender Ansatz wäre, die Betreffenden zu fragen: »Wie sollten wir eurer Ansicht nach jetzt weitermachen?«, und ihnen die Initiative zu überlassen.

Kannst du eine neue Fassung dieses Berichts erstellen und die Änderungen berücksichtigen, die wir heute besprochen haben? Ich würde die nächste Besprechung dann für Dienstag ansetzen?

Eine Anregung, die dir bei deiner nächsten Präsentation helfen könnte, ist die Dreierregel – nie mehr als drei Ziele, drei Abschnitte oder drei Aufzählungspunkte pro Folie.

Wie sehen nach unserem Gespräch deine nächsten Schritte aus?

WIE MAN KRITISCHES FEEDBACK ODER SCHLECHTE NACHRICHTEN ÜBERMITTELT

Einem Teammitglied etwas Enttäuschendes mitzuteilen, ist ebenso wichtig wie unvermeidlich. Dabei kommt es enorm auf das *Wie* an. Man kann ein und denselben Inhalt auf viele unterschiedliche Arten übermitteln – durch Wortwahl, Tonfall oder Körpersprache. Zum Beispiel so:

1. *Du bist so ein Versager. Was soll ich bloß mit dir anfangen?*

2. *Deine Arbeit ist verheerend. Ich muss wissen, wie du das ändern willst.*

3. *In letzter Zeit bereitet mir die Qualität deiner Arbeit Sorgen. Können wir darüber sprechen?*

4. *Deine letzten Ergebnisse waren nicht das Gelbe vom Ei. Warum ist das so? Was können wir dagegen tun?*

5. *Ich habe da ein paar Fragen zu deinem aktuellen Projekt – hast du kurz Zeit, mir das zu erklären?*

Dass der erste Vorschlag unbedingt zu vermeiden ist, sollte klar sein. Jemanden als Versager zu beschimpfen, bringt nichts. Emotionale Sprache oder persönliche Formulierungen (»Du bist gedankenlos« statt »Dein Vorgehen war gedankenlos«) bringen den Gesprächspartner sofort in die Defensive. Damit werden Sie zur Bedrohung, vor der er sich schützen muss. Dass er sich danach ruhig hinsetzt und anhört, was Sie zu sagen haben, ist äußerst unwahrscheinlich.

Die zweite Variante ist zwar nicht persönlich formuliert, aber *verheerend* ist dennoch ein starkes Wort. Das fühlt sich nach einem vernichtenden Urteil an, bei dem Sie der Richter sind – und die Last, eine Lösung zu finden, allein bei Ihrem Mitarbeiter liegt.

Kein vernünftig denkender Mensch würde sich wie unter Punkt 1 und 2 beschrieben äußern – und doch passiert es. Weil wir uns aufregen oder emotional werden. Jemand sagt etwas, das uns gegen den Strich geht, und plötzlich sehen wir rot und wollen ihm die Meinung geigen. Der beste Rat, um das zu verhindern? Führen Sie keine Gespräche, wenn Sie aufgeregt sind. Was man im Zorn sagt, bedauert man – und man braucht zwar Monate oder Jahre, um Brücken zu bauen, aber nur Sekunden, um sie einzureißen. Achten Sie daher darauf, wenn die Ader an Ihrer Schläfe zu pochen beginnt. Holen Sie dann tief Luft und sagen Sie: »Wir sprechen später darüber.« Dann machen Sie einen Abgang.

Der fünfte Vorschlag *(Ich habe da ein paar Fragen zu deinem aktuellen Projekt – hast du kurz Zeit, mir das zu erklären?)* ist allem Anschein nach ein guter Auftakt zum Gespräch (und ich habe so schon viel kritisches Feedback eingeleitet), aber er ist die Wahl der feigen Vorgesetzten. Weil man seine Leute nicht aus der Fassung bringen möchte und nicht sicher ist, ob die eigene Sichtweise auch wirklich zutrifft, formuliert man seine Bedenken als »Fragen«. Es ist zwar zuträglich, neugierig an ein Feedback-Gespräch heranzugehen – *hat die Geschichte noch eine andere Seite?* –, aber Sie dürfen Ihr Ziel nicht aus den Augen verlieren. Im besten Fall klingt es unaufrichtig, wenn Sie Ihre Einwände als Fragen bezeichnen, im schlimmsten Fall merkt Ihr Gegenüber gar nicht, dass Sie wirklich in Sorge sind – und dann ändert sich nichts.

Kritisches Feedback erteilen Sie am besten direkt und möglichst sachlich. Sagen Sie offen, wo das Problem Ihrer Ansicht nach liegt, weshalb Sie dieser Ansicht sind und wie Sie es gemeinsam lösen möchten. Das erreichen Sie mit den Varianten drei (*In letzter Zeit bereitet mir die Qualität deiner Arbeit Sorgen. Können wir darüber sprechen?*) und vier (*Deine letzten Ergebnisse waren nicht das Gelbe vom Ei. Warum ist das so? Was können wir dagegen tun*), wobei Nummer vier vorzuziehen ist, weil das Problem konkreter beschrieben wird.

Wenn Sie eine Vorlage brauchen, versuchen Sie es so:

> *Als ich [gehört/gesehen/darüber nachgedacht habe], wie du [vorgegangen bist/dich verhalten/abgeschnitten hast], hatte ich Bedenken, weil …*
>
> *Ich hätte gerne gewusst, wie du die Sache siehst, und mit dir besprochen, wie wir das ändern können.*

Sparen Sie sich lange Vorreden. Versuchen Sie auch nicht, eine schlechte Nachricht zu beschönigen oder aufzuweichen. Als ich mein erstes Team leitete, las ich, dass man kritisches Feedback am besten zwischen zwei Komplimente packt – wie bei einem

Sandwich. Man beginnt mit einer positiven Feststellung, dann kommt der Verbesserungsvorschlag und schließlich noch ein Schulterklopfen: als könne man Gemüse nur genießen, wenn es dazu ein paar Marshmallows gibt.

Ich finde das wenig effektiv. Wer eine unangenehme Botschaft mit ein paar oberflächlichen Worten des Lobes übertüncht, wirkt unseriös. Außerdem könnte der Kern Ihrer Botschaft dadurch verloren gehen. Welche der folgenden Möglichkeiten, Menschen dazu zu bringen, ihr Handy wegzulegen, halten Sie für die effektivste?

> *Hey, wie gut, dass du auf der letzten Sitzung die Budgetierung angesprochen hast. Übrigens, schau das nächste Mal bitte nicht so oft auf dein Handy, du wirkst dadurch abgelenkt. Die nächsten Schritte, die du uns vorgeschlagen hast, waren wirklich gut präsentiert!*

> *Hey, mir ist aufgefallen, wie abgelenkt du wirkst, wenn du auf Sitzungen auf dein Handy schaust. Das erweckt den Eindruck, als würde dich das Meeting nicht interessieren. Können wir uns darauf einigen, das Handy künftig in der Tasche zu lassen?*

Müssen Sie jemandem mitteilen, dass eine Entscheidung zu seinen Ungunsten gefallen ist – weil Sie eine andere Bewerberin für die angestrebte Position ausgewählt haben, den Betreffenden von einem Projekt abziehen oder in Ihrem Team keine Verwendung mehr für ihn haben –, sollten Sie ohne Umschweife zur Sache kommen.

> *Ich habe mich entschlossen, die Leitung dieser Initiative jemand anderem zu übertragen …*

Stehen Sie zu Ihrer Entscheidung. Vertreten Sie sie überzeugt und diskutieren Sie sie nicht. Ich habe da früher oft Fehler gemacht, weil ich so ungern schlechte Nachrichten überbringe. Deshalb habe ich versucht, die Entscheidung als gemeinsamen Prozess darzustellen. »Ich würde gern über die Leitung von Projekt Z sprechen«, sagte ich zum Beispiel. »Ich befürchte, du wirst nicht genug Zeit dafür haben. Du arbeitest schon so viel an X und Y. Deshalb meine ich, Z sollte jemand anderes übernehmen. Wie siehst du das?«

Das Problem dabei: Wenn die betreffende Mitarbeiterin von vornherein keine Chance hat, mich umzustimmen, ist es unehrlich, so zu tun als ob. Was, wenn sie sagt: »Eigentlich hätte ich schon Zeit dafür«? Oder wenn sie mich mit Tausend anderen Gründen überschüttet, weshalb sie die ideale Kandidatin wäre? Dann müsste ich Ausflüchte suchen und sie würde sich nicht ernst genommen fühlen.

Wenn Sie Feedback geben oder eine Entscheidung treffen, kann es vorkommen, dass Ihre Mitarbeiter damit nicht einverstanden sind. Das ist ihr gutes Recht. Bedenken Sie dabei aber immer, dass es Ihre Entscheidung ist. Sie sind letztlich für die Leistungen Ihres Teams verantwortlich und sind möglicherweise besser informiert oder haben einen anderen Blickwinkel darauf, wie es am besten weitergehen sollte.

Personalführung, die auf Konsens beruht, hört sich nach einer guten Idee an, weil Sie damit niemandem auf die Füße treten. Aber ich kenne keine einzige erfolgreiche Führungspersönlichkeit, die sich noch nie weit aus dem Fenster gelehnt und Dinge beschlossen hat, die alle anderen nicht gut fanden. Nehmen Sie andere Meinungen respektvoll zur Kenntnis und gehen Sie dann zur Tagesordnung über. »Mir ist klar, dass du mit meiner Entscheidung womöglich nicht einverstanden bist, doch mit Blick auf die Zukunft baue ich auf deinen Teamgeist.«

Aus dem Erteilen von Feedback – selbst dem heikelsten – habe ich noch etwas gelernt: Die Menschen sind gar nicht so zart besaitet. Zu mir hat noch nie jemand aus meinem Team gesagt: »Bitte fass mich mit Samthandschuhen an.« Stattdessen höre ich: »Ich hätte gern dein Feedback, damit ich mich weiterentwickeln kann.« Oder: »Bitte sei offen und ehrlich mit mir.« Wer will das nicht? Eine klare Ansage ist ein eindeutiges Zeichen von Respekt.

»Es ist nicht einfach, jemandem zu sagen, dass er Mist gebaut hat«, schreibt die ehemalige Google-Managerin Kim Scott, Autorin von *Radical Candor.* »Schließlich *will* man die Gefühle anderer Menschen nicht verletzen. Man ist ja kein Sadist. Man möchte vor der betreffenden Person oder dem übrigen Team auch nicht als Unmensch dastehen. Außerdem haben wir, seit wir sprechen können, immer wieder gehört: ›Wenn du nichts Nettes zu sagen hast, dann sag lieber gar nichts.‹ Und plötzlich ist es unsere *Aufgabe*, Dinge zu sagen, die nicht nett sind. Das heißt, man muss lebenslang antrainierte Verhaltensmuster ablegen.«[16]

An der Kunst des Feedbacks arbeite ich noch. Jede Beziehung ist anders. Für die Frequenz, den Stil und die Art des Feedbacks gilt: Was dem einen recht ist, ist dem anderen noch lange nicht billig. Fehler sind unvermeidlich. Doch es gibt kein schöneres Gefühl, als richtig Feedback zu geben und zu sehen, wie andere dadurch weiterkommen.

Was auch passiert, die Kompetenzen, die Ihre Leute erwerben, bleiben ihnen fürs Leben. Eines meiner Lieblingszitate, das in unserem Büro die Wände ziert, ist folgendes: »Feedback ist ein Geschenk.« Es kostet Zeit und Mühe, doch wer es bekommt, profitiert davon. Gehen wir also großzügig damit um.

Fünftes Kapitel

Selbstmanagement

SO NICHT …

… SONDERN LIEBER SO

Drei Monate nach der Geburt meines ersten Kindes fing ich wieder an zu arbeiten. Ich wusste, die Umstellung würde mir schwerfallen, doch dass es so dramatisch werden würde, hatte ich nicht erwartet. Nach wenigen Wochen fühlte ich mich von jeder Kleinigkeit überfordert. Ich kam mir vor wie eine Viertklässlerin bei einem Vulkan-Bastel-Projekt mit künstlicher Lava – alles lief zäh, schwerfällig und langsam. Zu Hause war ich mit dem Kopf bei der Arbeit, bei der Arbeit dachte ich nur an zu Hause. Dass ich mich nicht konzentrieren konnte, stresste und lähmte mich.

Überzeugt, dass ich mich über Nacht in eine inkompetente Heulsuse verwandelt hatte, fragte ich meinen Chef Chris, ob ich mir Unterstützung bei einem Coach suchen konnte. So lernte ich Stacy McCarthy kennen.

Nachdem wir uns vorgestellt hatten, platzte ich auch schon damit heraus, dass ich unbedingt *alles* in den Griff bekommen musste. Ich listete ein vertracktes Problem nach dem anderen auf, bis mir die Stimme kippte: Bereiche mit akutem Personalmangel, Leute, die sich innerbetrieblich gern verändern würden, eine Produktstrategie, die mir nicht zusagte, und vieles mehr. Ich dachte, Stacy würde mir helfen, einen Knoten nach dem anderen aufzudröseln, bis ich wieder glatte, weiche Wollknäuel hatte, aus denen ich etwas ganz Neues stricken konnte.

Stattdessen hörte mir Stacy ruhig zu, bis ich alles losgeworden war. Dann sagte sie: »Damit befassen wir uns später noch. Jetzt gehen wir erst mal einen Schritt zurück. Erzähl mir von dir.«

Ich war sprachlos. Von mir erzählen? Wie sollte mir das helfen, auch nur eines der sieben Feuer zu löschen, die um mich herum loderten?

Doch Stacy ließ nicht mit sich reden. Sie fragte mich nach meiner Vergangenheit und meinem bisherigen Werdegang. Wir sprachen über die – ganz ferne – Zukunft. Sie forderte mich auf, mir vorzustellen, ich sei 80 Jahre alt, säße am Strand und blickte auf mein Leben zurück. Woran würde ich mich gern erinnern? Dann fragte sie mich, ob ich damit einverstanden wäre, wenn sie sich mit ein paar Leuten unterhielt, die eng mit mir zusammenarbeiteten.

Ich hatte nichts dagegen. Zwei Wochen später trafen wir uns wieder. Da hatte sie einen 20-seitigen Bericht dabei, der *nur von mir* handelte. Die konkret anstehenden Probleme kamen darin gar nicht vor. Stattdessen ging der Bericht genauer darauf ein, wie ich arbeitete – auf meine vermeintlichen Stärken und Schwächen zum Beispiel. Oder darauf, womit ich Kollegen beeindruckte oder nervte. Und auf meinen Führungsstil.

Ich weiß noch, wie schwer mir das Dokument vorkam, als sie es mir aushändigte – sauber in einen Aktendeckel eingeschlagen. Ich schob das Päckchen in meinen Rucksack und hatte nicht viel Lust, mich damit auseinanderzusetzen. Erst später am Abend, als das Baby schlief und ich bei gedimmtem Licht allein dasaß, fühlte ich mich bereit, mich der Wahrheit zu stellen. Ich holte tief Luft und schlug die erste Seite auf.

Damals war ich so wenig geerdet und so verunsichert, dass es mir schwerfiel, den Bericht zu lesen. Ich fühlte mich ausgeliefert und schutzlos – wie auf dem Seziertisch. So sehr man auch versucht, sich einzureden, dass sich die innere Unruhe nur im eigenen Kopf abspielt: In Wahrheit sind die wenigsten von uns gute Schauspieler. Andere merken das. Sie sehen Fehler, die man nicht wahrhaben möchte – etwa, wie meine Nervosität meine Entscheidungsfähigkeit beeinträchtigte. Andere sind aber auch toleranter, als man denkt. Ich weiß noch, wie ich ganz gerührt Kommentare über Leistungen las, die ich mir selbst gar nicht zugutehielt.

Im Rückblick brachte dieser 20-seitige Bericht meine Karriere so sehr voran wie nichts sonst. Er half mir, mich mit meinem inneren Kompass wieder einzunorden. Er ließ mich erkennen, welche meiner Ängste überzogen waren – in *Wirklichkeit* hielt mich nämlich gar niemand für eine inkompetente Heulsuse – und worauf ich stärker achten musste – nämlich darauf, mir und anderen klare Erwartungen zu setzen. Sobald ich wusste, wo ich stand, kam ich auch wieder voran.

Führungsqualitäten zu entwickeln, ist eine sehr persönliche Angelegenheit. Wer sich selbst nicht im Griff hat, weiß auch nicht, wie er sein Team optimal unterstützen kann. Genau das versuchte Stacy, mir begreiflich zu machen. Ganz gleich, vor welchen Hürden Sie stehen, Sie müssen sich zunächst *selbst* richtig kennenlernen – mitsamt Ihren Stärken, Werten, Komfortzonen, blinden Flecken und Vorurteilen. Erst wenn Sie sich selbst gut kennen, wissen Sie, wo's langgeht.

JEDER FÜHLT SICH AB UND ZU WIE EIN HOCHSTAPLER

Der Begriff *Hochstaplersyndrom* begegnete mir zum ersten Mal in meinem dritten Collegejahr. Ein Professor, der über geschlechtsspezifische Unterschiede forschte, stand vor einem bis auf den letzten Platz besetzten Hörsaal und nannte ein Beispiel nach dem anderen, das mir kalte Schauer über den Rücken jagte. *Genau! So fühle ich mich! Ich dürfte eigentlich gar nicht hier in diesem Hörsaal sitzen, an diesem spektakulären Institut, mit so vielen brillanten Studierenden. Bestimmt war ich durch einen Irrtum hier gelandet – oder durch einen glücklichen Zufall oder weil mir die Sterne gewogen waren. Wann merken sie wohl, dass ich nur so gute Noten habe, weil mein Gedächtnis funktioniert – nicht, weil ich so intelligent bin?*

Als frischgebackene Vorgesetzte beschlichen mich immer wieder solche Gefühle. *Rebekah hat sich in mir geirrt – ich weiß doch gar nicht, was ich tue,* flüsterte meine innere Stimme mir jedes Mal zu, wenn eine Interaktion holprig ausfiel oder ich mit einer Entscheidung haderte.

Im Lauf der Jahre habe ich aber ein Geheimnis ergründet, das jeder kennen sollte: *Alle* Vorgesetzten kommen sich hin und wieder wie Hochstapler vor. Jeder hat mal angefangen und sich stümperhaft durch Vorstellungsgespräche, 1:1-Meetings und heikle Aussprachen laviert. Das kommt so häufig vor, dass wir nicht so tun sollten, als wären wir alle Enten, die elegant übers Wasser gleiten – sondern dazu stehen, dass wir uns unter der Oberfläche manchmal ganz schön abstrampeln müssen.

Das Hochstaplersyndrom gibt einem das Gefühl, man sei der einzige Mensch, der nichts Stichhaltiges beizutragen habe, wenn man einen Raum voller Leute betritt, die man bewundert. Das Hochstaplersyndrom veranlasst Sie, Ihre E-Mails noch zwei-, drei- oder gar viermal durchzulesen, bevor Sie auf *Senden* klicken – damit ja niemand einen Fehler findet und merkt, dass Sie in Wirklichkeit ein Hochstapler sind. Das Hochstaplersyndrom ist das Gefühl, mit wedelnden Armen am Rand einer steilen Klippe zu balancieren, während der Rest der Welt zusieht und darauf wartet, dass Sie abstürzen.

Denken Sie immer daran: Dieses Gefühl ist ganz normal. Linda Hill, Professorin an der Harvard Business School, hat sich wissenschaftlich mit dem Übergang in eine Position mit Personalverantwortung befasst. »Sie können jeden frisch beförderten Teamleiter nach seinen ersten Tagen als Chef fragen – und jede langjährige Führungskraft, wie sie sich am Anfang gefühlt hat. Wenn Sie eine ehrliche Antwort bekommen, so handelt diese von Orientierungslosigkeit und manchmal sogar von absoluter Verwirrung. Die neue Funktion fühlt sich ganz anders an als gedacht – sozusagen überlebensgroß.«[17]

Warum leiden Vorgesetzte besonders unter dem Hochstaplersyndrom? Aus zwei Gründen. Erstens, weil sie oft der Anlaufpunkt sind, wenn Antworten gesucht werden. Mir haben schon Teammitglieder heikle private Probleme geschildert und mich um Rat gebeten. Ich werde gefragt, ob ich grünes Licht gebe für Vorhaben, die für das Unternehmen unbekanntes Terrain darstellen – wie etwa, jede Menge Geld für eine neue Initiative auszugeben. Bei mir gehen emotionale Rückfragen von anderen zu zahllosen Entscheidungen ein, die ich gar nicht selbst getroffen hatte, aber dennoch rechtfertigen muss.

Wenn es hart auf hart kommt, sind Vorgesetzte oft die ersten Ansprechpartner für andere. Sie stehen daher unter enormem Druck, weil sie immer wissen müssen, was sie tun oder sagen sollen. Und wenn sie es nicht wissen, fragen sie sich unwillkürlich: *Bin ich überhaupt geeignet für diesen Job?*

Der zweite Grund: Sie müssen immer wieder Neuland betreten. Nehmen wir an, Sie müssen jemanden entlassen. Wie bereiten Sie sich auf diese Aufgabe vor? Das ist etwas ganz anderes, als die eigene Kompetenz im Zeichnen oder im Schreiben zu verbessern, indem man abends und am Wochenende zum Stift greift oder Kurzgeschichten verfasst. Man kann nicht einfach mit den Fingern schnippen und sagen: »So, diesen Monat übe ich mal, reihenweise Leute zu entlassen.« Die dafür nötige Erfahrung erwirbt man *nur in der Praxis*.

Personalführung ist keine angeborene Begabung. Den »rundum perfekten Chef«, der mühelos zwischen verschiedenen Führungsfunktionen wechseln kann, gibt es nicht. Wir müssen stets auf den konkreten Kontext achten.

So halte ich mich beispielsweise für eine erfahrene Führungskraft. Wenn ich aber ein Team übernehmen müsste, dass dreimal so groß ist, oder in einem Fachgebiet, mit dem ich mich nicht so gut auskenne, wie Vertrieb, würde ich vermutlich anfangs keine hervorragenden Ergebnisse erzielen. Dann müsste ich in diesem Umfeld herausfinden, wo ich Entwicklungsbedarf habe – etwa dazu, wie man mit einer viel größeren Gruppe effektiv kommuniziert oder wie man sich die richtigen Vertriebsziele setzt – und bräuchte Zeit, um mir die entsprechenden Kompetenzen anzueignen.

Ganz gleich, wie oft das Hochstaplersyndrom sein hässliches Haupt erhebt – Sie sollten sich davon nicht aus der Fassung bringen lassen. In den nächsten Abschnitten befassen wir uns damit, wie Sie mit den unvermeidlichen Zweifeln und Unsicherheiten umgehen, die sich einstellen werden.

SEIEN SIE BRUTAL EHRLICH ZU SICH

Ich will Ihnen ein paar Dinge über mich verraten: Ich fühle mich in kleinen Gruppen wohler als in großen. Mir ist ganz wichtig, die Grundlagen zu verstehen. Ich kann mich schriftlich besser ausdrücken als im persönlichen Gespräch. Ich brauche Zeit für mich, um neue Fakten zu überdenken und zu verarbeiten, bevor ich mir eine Meinung bilde. Ich neige zu langfristigem Denken. Das bedeutet, dass ich mitunter schwer umsetzbare kurzfristige Entscheidungen treffe. Und unter dem Strich verschafft mir nichts mehr Befriedigung, als dazuzulernen und mich weiterzuentwickeln.

Warum das wichtig ist? Weil sich diese Stärken und Schwächen direkt auf meine Leistungen als Führungskraft auswirken.

Manche meiner Kolleginnen und Kollegen haben vollkommen andere Superkräfte. Einer von ihnen, nämlich Will, versteht es, unglaublich komplexe Sachverhalte in eingängige Strukturen umzuwandeln, die das wirklich Wesentliche erfassen. Ein anderer, KX, ist ein so genialer Stratege, dass er in einem früheren Leben ein Fünf-Sterne-General gewesen sein muss. Und meine Freundin Fidji erstaunt mich immer wieder, weil es ihr gelingt, 20 Aktionen in Bewegung zu halten und dabei mit voller Kraft voranzupreschen. Dieselben Leute haben mir aber gesagt, dass sie auch an mir bestimmte Eigenschaften bewundern.

Die Facetten unserer Persönlichkeit sind wie die Zutaten für ein Rezept. Könnten Sie ein schmackhaftes Abendessen zaubern, wenn Sie in den Kühlschrank schauen und darin ein bisschen Brokkoli, Eier und ein Huhn finden? Bestimmt. Und aus Kartoffeln, Rindfleisch und Spinat? Natürlich. Es kommt darauf an, zu erkennen, was mit den vorhandenen Mitteln am besten funktioniert.

Die großen historischen Persönlichkeiten der Welt sind vollkommen unterschiedliche Menschen – manche extrovertiert (wie Winston Churchill), manche introvertiert (wie Abraham Lincoln), manche fordernd (wie Margaret Thatcher), andere erinnern uns an unsere Lieblingstante (wie Mutter Teresa). Manche rauben ihrem Publikum den Atem mit ihren Visionen (wie Nelson Mandela), andere meiden das Rampenlicht (wie Bill Gates).

Um Ihren Führungsstil zu durchschauen, müssen Sie Ihre Stärken kennen – Sie müssen wissen, was Sie gut können und gern tun. Das ist so wichtig, weil Führungsqualität in aller Regel entsteht, wenn Sie Ihre Stärken ausspielen – nicht dadurch, dass Sie an Ihren Schwächen arbeiten. Es gibt ein paar brauchbare Systeme, um Ihre Stärken zu erkennen – etwa *Entwickle deine Stärken (StrengthsFinder 2.0)* von Tom Rath oder *StandOut* von Marcus Buckingham. Im Schnelldurchgang können Sie das erreichen, indem Sie notieren, was Ihnen zu den folgenden Fragen spontan einfällt:

- Wie würden mich Menschen, die mich kennen und gern haben (Angehörige, Partner, enge Freunde) in drei Worten beschreiben? MEINE ANTWORT: *umsichtig, begeisterungsfähig, ehrgeizig*

- Auf welche drei Eigenschaften bin ich besonders stolz? MEINE ANTWORT: *Neugier, Reflexionsvermögen, Optimismus*

- Wenn ich auf meine Erfolge zurückschaue, welchen Charakterzügen schreibe ich diese zu? MEINE ANTWORT: *Weitblick, Entschlossenheit, Bescheidenheit*

- Welche drei Züge kommen in meinem positiven Feedback von Vorgesetzten oder Kolleginnen und Kollegen am häufigsten vor? MEINE ANTWORT: *Prinzipientreue, schnelle Auffassungsgabe, langfristige Orientierung*

Wie bei mir werden sich die Antworten vermutlich auch bei Ihnen auf ein paar Themen fokussieren. Meine Stärken sind, wie Sie herauslesen können, ehrgeizige Träume, rasche Auffassungsgabe und unerschütterliche Zuversicht. Ganz gleich, welche Stärken Sie für sich ermitteln: Sie sollten sie zu schätzen wissen und nie vergessen. Sie werden immer wieder darauf zurückgreifen müssen.

Der zweite Teil Ihrer ehrlichen Bestandsaufnahme besteht darin, Ihre Schwächen und Impulse zu erkennen. Beantworten Sie gleich unter der Auflistung Ihrer Stärken folgende Fragen:

- Was nimmt mir meine kritische innere Stimme besonders übel? MEINE ANTWORT: dass ich mich leicht ablenken lasse, mir zu viele Gedanken darüber mache, was andere denken, und nicht sage, was ich meine

- Würde mir eine gute Fee drei Gaben verleihen, über die ich nicht verfüge – welche wären das? MEINE ANTWORT: unerschütterliches Selbstbewusstsein, klares Denken, unwiderstehliche Überzeugungskraft

- Welche drei Knöpfe darf man bei mir nicht drücken? (Was bringt mich in Rage?) MEINE ANTWORT: das Gefühl von Ungerechtigkeit, der Gedanke, andere könnten mich für unfähig halten, Menschen mit überdimensionalem Ego

- Was raten mir Vorgesetzte oder Kolleginnen und Kollegen am häufigsten, um effektiver zu arbeiten? MEINE ANTWORT: Sei direkter, sei risikofreudiger, gib einfachere Erklärungen

Wieder kristallisieren sich bestimmte Themen heraus. Im Wege steht mir vor allem, dass ich an mir zweifle, dass ich dazu neige, die Dinge zu komplizieren, oder nicht klar und direkt genug bin.

Wenn Ihnen Ihre Liste vorliegt, können Sie zum *Kalibrieren* übergehen: Sie wollen ja sicherstellen, dass sich Ihr Selbstbild mit der Realität deckt. Das ist nicht so einfach, wie es klingt. Unsere Selbstwahrnehmung fährt nämlich Achterbahn. An manchen Tagen versinken wir in Selbstmitleid. Wir machen einen Fehler, und unsere kritische innere Stimme verkündet uns laut, dass wir nichts taugen. An anderen Tagen halten wir uns für das Maß aller Dinge. (Es gibt sogar einen Fachbegriff für den Denkfehler, der beschreibt, dass sich Menschen, die in Wirklichkeit nicht besonders kompetent sind, für deutlich fähiger halten: *der Dunning-Kruger-Effekt*[18].)

Kalibrieren ist wichtig, weil es Ihnen nichts bringt, wenn Sie ein anderes Bild von sich haben als der Rest der Welt. Halte ich mich beispielsweise für eine begnadete öffentliche Rednerin, aber alle anderen finden meine Vorträge anstrengend, treffe ich womöglich die Fehlentscheidung, eine wagemutige neue Idee selbst zu präsentieren, statt das jemandem zu überlassen, der sie besser verkaufen kann. Schlimmer noch, irgendwann nehmen mich die Leute nicht mehr richtig ernst, weil sie merken, dass mein Realitätssinn zu wünschen übrig lässt.

Um sich selbst richtig wahrzunehmen und unsere Stärken und Schwächen zu kalibrieren, müssen wir uns der Wahrheit stellen und herausfinden, wie wir wirklich sind, indem wir andere um ihre ungeschminkte Meinung bitten. Dabei sind wir nicht auf Lobhudelei aus. Wir wollen den Menschen in unserem Umfeld die Möglichkeit geben, sich ungeniert ehrlich zu äußern – sogar brutal ehrlich –, damit wir uns ein möglichst klares Bild machen können. Mit derselben Taktik, mit der Sie Feedback für Ihre Leute einholen, können Sie auch mehr über sich selbst erfahren.

- Bitten Sie Ihren Vorgesetzten oder Ihre Vorgesetzte, Ihnen durch Beantwortung der folgenden Fragen bei der Kalibrierung zu helfen:

  Welche Chancen siehst du für mich, vermehrt das zu tun, worin ich gut bin? Was sind deiner Ansicht nach die größten Hürden, die mich davon abhalten, mehr Einfluss auszuüben?

  Welche Kompetenzen hätte die hypothetische Idealbesetzung für meinen Posten? Wo würdest du mich auf einer Skala von eins bis fünf für jede dieser Kompetenzen einstufen?

- Wählen Sie drei bis sieben Menschen aus Ihrem direkten beruflichen Umfeld aus und fragen Sie diese, ob sie bereit wären, Ihnen Feedback zu geben, damit Sie an sich arbeiten können. Selbst wenn es in Ihrem Unternehmen bereits einen Prozess für 360-Grad-Feedback gibt, ist es sachdienlich, ganz konkret zu sagen, was Sie wissen möchten, und allen zu versichern, dass Sie ehrliche Antworten hören wollen – keine Schmeicheleien. Dazu ein Beispiel.

Hey, ich lege Wert auf dein Feedback und möchte als Teammitglied gern noch effektiver werden. Würdest du mir bitte die folgenden Fragen beantworten? Bitte sei möglichst ehrlich, denn damit hilfst du mir am meisten – ich verspreche auch, ich werde nicht beleidigt sein. Feedback ist ein Geschenk, und ich wäre dankbar, wenn du dir die Zeit dafür nimmst.

Beispiele für konkrete Fragen:

Wie habe ich bei unserem letzten gemeinsamen Projekt in deinen Augen Einfluss ausgeübt? Was hätte ich deiner Ansicht nach tun können, um noch mehr Wirkung zu erzielen?

Was mache ich im Umgang mit meinen Team gut und sollte es häufiger tun? Was muss ich mir abgewöhnen?

Ich arbeite unter anderem an meiner Entschlusskraft. Wie schätzt du mich diesbezüglich ein? Hast du Verbesserungsvorschläge für mich?

- Bitten Sie um aufgabenspezifisches Feedback, um sich auf bestimmte Kompetenzen zu kalibrieren. Sind Sie zum Beispiel nicht sicher, ob Sie gut vor Publikum sprechen können, dann fragen Sie doch ein paar Leute, wenn Sie eine Präsentation gehalten haben. Sagen Sie einfach: »Ich möchte meine rhetorischen Fähigkeiten verbessern. Was fandest du gut an meiner Präsentation? Was hätte sie doppelt so gut werden lassen?«

Lassen Sie mich an dieser Stelle einschieben, dass es nicht ganz einfach ist, andere um Feedback zu bitten. Vielleicht haben Sie die bisherigen Vorschläge gelesen, und prompt hat sich Ihr Magen zusammengekrampft bei dem Gedanken, sie auch umzusetzen.

Ich habe Jahre gebraucht, bis es mir nichts mehr ausgemacht hat, mir von anderen Feedback einzuholen (auch über offizielle Beurteilungen hinaus, für die mir gar nichts anderes übrig blieb). Warum? Da wären wir wieder beim Hochstaplersyndrom: Weil ich ständig befürchtete, nicht gut genug zu sein, schreckte ich vor allem zurück, was mir diesen Eindruck bestätigen konnte. Ich stellte mir vor, jemand, auf dessen Meinung ich Wert lege, würde mir sagen, dass ich X oder Y tatsächlich nicht so gut beherrschte. Ich wäre entlarvt! Deshalb hielt ich lieber den Mund, machte weiter und tat so, als sei alles in Butter.

Um kritisches Feedback einzuholen, braucht man ein bisschen Selbstbewusstsein. Für mich kam der Durchbruch, als ich merkte, dass ich meine Einstellung ändern musste. Ich betrachtete jede Herausforderung als Bewährungsprobe und machte mir daher viel mehr Gedanken darum, wo ich stand, als darum, wie ich besser werden konnte. Das ist so, als würde man sich mehr Sorgen um die Benotung einer Prüfung machen als darum, sich den Stoff anzueignen.

Ginge ich jede neue Herausforderung dagegen in der Überzeugung an, dass ich sie besser bewältigen könnte, wenn ich mich richtig ins Zeug legte, würde dieser Teufelskreis der ängstlichen Selbstbewertung durchbrochen. Ganz gleich, wie gut (oder schlecht) ich etwas beherrsche, die Vorstellung, dass es in meiner Macht liegt, besser zu werden, hat es mir ermöglicht,

Lernprozesse mit Neugier anzugehen statt mit Unbehagen. Das hat sich wirklich bezahlt gemacht. Ich hätte nie erfahren, dass mein Feedback oft schwammig und wenig fundiert wirkte, wenn ich meine Kollegin nicht danach gefragt hätte. Sobald ich das wusste, konnte ich präziser und stichhaltiger argumentieren, was inzwischen oft als eine meiner Stärken genannt wird.

In ihrem wegweisenden Buch *Selbstbild*[19] beschreibt die Psychologin Carol Dweck in Pionierarbeit, wie zwei unterschiedliche Selbstbilder – die sie als *statisch* (»fixed mindset«) und als *dynamisch* (»growth mindset«) bezeichnet – für unsere Leistung und unser privates Glück einen gewaltigen Unterschied machen können, nämlich folgenden:

SZENARIO: Sie haben eine Aufgabe erledigt. Danach macht Ihnen Ihre Chefin verschiedene Verbesserungsvorschläge.

STATISCHES SELBSTBILD: *Das muss ich ja ordentlich verkackt haben. Meine Chefin hält mich jetzt sicher für einen Idioten.*

DYNAMISCHES SELBSTBILD: *Gut, dass mir meine Chefin diese Tipps gegeben hat. Künftig werden mir solche Aufgaben damit bestimmt besser von der Hand gehen.*

—

SZENARIO: Sie werden gefragt, ob Sie die Leitung eines riskanten, heiklen neuen Projekts übernehmen wollen.

STATISCHES SELBSTBILD: *Das lasse ich lieber. Ich möchte mich ja nicht mit einem Fehlschlag blamieren.*

DYNAMISCHES SELBSTBILD: *Das ist eine großartige Gelegenheit, mich weiterzuentwickeln, dazuzulernen und Erfahrungen zu sammeln, die ich brauchen kann, wenn ich später andere große Projekte übernehmen möchte.*

—

SZENARIO: Sie haben gerade ein schwieriges 1:1-Gespräch mit Ihrer Mitarbeiterin Alice hinter sich.

STATISCHES SELBSTBILD: *Am besten verhalte ich mich so, als sei alles gut gelaufen, damit es so aussieht, als wüsste ich, was ich tue.*

DYNAMISCHES SELBSTBILD: *Ich sollte Alice fragen, wie es ihr nach diesem Gespräch geht und wie wir uns künftig produktiver austauschen können.*

—

SZENARIO: Sie stecken gerade mitten in der Arbeit an einem Vorschlag, als John Sie nach Ihren Fortschritten fragt.

STATISCHES SELBSTBILD: *Eigentlich will ich John noch nichts zeigen, denn es ist ja erst eine Rohfassung. Das wirft womöglich ein schlechtes Licht auf mich.*

DYNAMISCHES SELBSTBILD: *Johns Feedback ist sicherlich aufschlussreich. Eigentlich sollte ich meine ersten Überlegungen noch mehr Leuten mitteilen, um potenzielle Probleme schon im Vorfeld zu erkennen.*

Wie man die Dinge sieht, macht viel aus. Mit einem statischen Selbstbild sind Ihre Handlungen von Angst geprägt – der Angst, zu versagen, der Angst, verurteilt zu werden, der Angst, als Hochstapler entlarvt zu werden. Ein dynamisches Selbstbild motiviert Sie dagegen, die Wahrheit zu suchen und sich Feedback einzuholen, weil Sie wissen, dass Sie das am schnellsten ans Ziel bringt.

WISSEN, WANN SIE IN BESTFORM SIND – UND WANN NICHT

Neben den eigenen Stärken und Schwächen gehört zur Selbsterkenntnis auch, dass man wissen sollte, unter welchen Bedingungen man Bestleistungen bringt und welche Umstände negative Reaktionen auslösen. Dann können Sie Ihr Tagesgeschäft so gestalten, wie es Ihren Bedürfnissen entspricht.

Ich habe im Laufe der Jahre die Erfahrung gemacht, dass ich unter folgenden Umständen am besten funktioniere:

- Wenn ich in der Nacht zuvor mindestens acht Stunden geschlafen habe.
- Wenn ich gleich morgens schon produktiv war, was mir Schwung gibt, so weiterzumachen.
- Wenn ich weiß, wie das Ergebnis aussieht, das ich erreichen möchte, noch bevor ich anfange.
- Wenn ich zu den Menschen, mit denen ich zusammenarbeite, eine vertrauensvolle und kameradschaftliche Beziehung habe.
- Wenn ich vor großen Gesprächsrunden oder Entscheidungen Informationen in Ruhe (und schriftlich) verarbeiten kann.

- Wenn ich den Eindruck habe, dass ich dazulerne und mich weiterentwickle.

Sobald ich das wusste, konnte ich ein paar Verhaltensweisen ändern und dadurch leichter die Bedingungen schaffen, unter denen ich optimal arbeiten kann. Hier ein paar Beispiele dafür:

- Ich stelle mir abends gleich mehrfach einen Mach-dich-bettfertig-Alarm – um 22 Uhr, um 22:15 Uhr und um 22:30 Uhr –, damit ich pünktlich um 23 Uhr ins Bett komme.
- Ich treibe jeden Morgen gleich nach dem Aufstehen 10 bis 15 Minuten Sport. Das ist nicht viel, gibt mir aber das Gefühl, bereits etwas geleistet zu haben – und darauf kann ich den Tag über aufbauen.
- Ich plane eine halbe »Vorbereitungsstunde« in meinen Tagesablauf ein, damit ich den Tag durchgehen und mir ein konkretes Bild davon machen kann, wie alle anstehenden Besprechungen und Aufgaben ablaufen sollen.
- Ich bemühe mich, mich mit Kollegen anzufreunden, und interessiere mich für ihr Privatleben.
- Ich blocke »Denkzeit« in meinem Kalender, damit ich meine Gedanken zu großen Problemen ordnen und niederschreiben kann.
- Zweimal im Jahr lasse ich die vergangenen sechs Monate Revue passieren und überlege mir, was ich heute besser kann. Dann setze ich mir neue Lernziele für die nächsten sechs Monate.

Diese kleinen Tricks geben mir das Gefühl, dass ich die Dinge besser im Griff habe. Sie sind natürlich kein Patentrezept – es gibt trotzdem Tage, an denen ich mein Workout ausfallen lasse oder nach Mitternacht noch am Schreibtisch sitze. Es laufen auch nicht alle Meetings und Aufgaben so, wie ich mir das zurechtgelegt habe. Und mitunter vergehen Tage (oder Wochen), ohne dass ich »Denkzeit« einlegen konnte. Doch diese Schritte, so klein sie auch sind, haben entscheidende Auswirkungen auf die Qualität meiner Arbeit und meiner Gedanken.

Bei den idealen Voraussetzungen für Bestleistungen hat jeder Mensch andere Präferenzen. Mein Mitgründer Chandra ist ein Morgenmensch – er steht jeden Tag um 4:30 Uhr auf, um zu meditieren. Die ersten Stunden des Tages sind seine produktivsten. Deshalb befasst er sich gleich morgens mit den schwierigsten Problemen. Weniger kritische Aufgaben hebt er sich für den Nachmittag auf. Ein anderer Freund versucht, seinen Tagesablauf so zu organisieren, dass er möglichst wenig zwischen verschiedenen Kontexten wechseln muss. Er reiht Besprechungen und Gesprächstermine kompakt aneinander, sodass ihm davor und danach lange Zeitblöcke ohne Unterbrechungen bleiben.

Sie wissen nicht genau, wie Ihr ideales Umfeld aussieht? Dann stellen Sie sich bitte folgende Fragen:

- In welchen sechs Monaten meines Lebens fühlte ich mich am tatkräftigsten und am produktivsten? Woher nahm ich diese Energie?
- Welche Momente waren die Highlights des letzten Monats? Welche Voraussetzungen lagen dafür vor, und wie kann ich diese wiederherstellen?
- Wann war ich in der letzten Woche voll konzentriert? Wie ist mir das gelungen?

Sie sollten aber auch wissen, unter welchen Bedingungen Sie nicht mehr effektiv arbeiten können, weil sie eine negative Extremreaktion auslösen. Von »normalen« negativen Reaktionen unterscheiden sich solche »Trigger« darin, dass sie auf *Sie* persönlich unverhältnismäßig stark wirken. So wäre beispielsweise jede Vorgesetzte enttäuscht, wenn ein vielversprechender Kandidat ein Angebot ablehnt oder ein herausragender Mitarbeiter kündigt. Viel interessanter ist aber: Was drückt bei *Ihnen* auf die falschen Knöpfe, aber nicht unbedingt bei anderen? Solche Reaktionen sind es nämlich, die andere mit größter Wahrscheinlichkeit nicht nachvollziehen können.

Mich triggert zum Beispiel nichts so sehr wie Ungerechtigkeit. Wenn ich etwas unfair finde, steigt mein Blutdruck und mein Puls beschleunigt sich. Dann mache ich aus einer Mücke einen Elefanten und streite stur mit anderen, selbst wenn mir gar nicht alle Informationen vorliegen. Wie Sie sich denken können, führt das nicht immer zu den produktivsten Gesprächen.

Wenn Sie wissen, was Sie triggert, können Sie sich in einem solchen Fall besser beherrschen und distanzieren, statt hitzköpfig zu reagieren. Mir reichen schon fünf Minuten Auszeit, um mich wieder zu beruhigen.

Es bringt viel, andere über die eigenen Trigger zu informieren – und sich selbst über deren Trigger. Weil wir alle unterschiedlich ticken, ist Ihren Kolleginnen und Kollegen womöglich nicht klar, wie ihr Verhalten auf Sie wirkt, und umgekehrt.

Ich hatte mal einen Kollegen, der bei Berichten an die Geschäftsleitung stets für das gesamte Team sprach – auch über Dinge, von denen er gar nichts verstand. Mein Gerechtigkeitssinn triggerte mich, sobald er den Mund aufmachte. *Das ist doch ziemlich unverschämt von ihm, dass er seine Leute nicht selbst zu Wort kommen lässt*, dachte ich. Als ich ihm das unter vier Augen mitteilte, wirkte er überrascht, bedankte sich aber für die Rückmeldung. Ihm war nie in den Sinn gekommen, dass das so aussehen könnte, als schmücke er sich mit fremden Federn. Er dachte, so könne er den Sachstand effizienter übermitteln. Danach gewöhnte er sich an, bei jeder Gelegenheit ein Schlaglicht auf andere zu werfen.

Manch einer wird von Menschen getriggert, die arrogant oder eigennützig wirken. Andere sehen rot, wenn ein kleines Detail nicht perfekt ist. Vielleicht zucken Sie innerlich zusammen, wenn jemand einen aggressiven Ton anschlägt oder übertrieben dramatisiert. Vielleicht platzt Ihnen aber auch der Kragen, wenn ein Teammitglied Tage braucht, um auf Ihre Nachrichten zu reagieren.

Trigger sitzen an der Schnittstelle zwischen Ihren defizitären Bereichen und denen anderer. Natürlich können Sie daran arbeiten, Ihre Reaktionen besser zu steuern, doch vielleicht profitiert der andere ebenfalls von Ihrem Feedback.

Wenn Sie wissen wollen, was Sie triggert, stellen Sie sich folgende Fragen:

- Wann hat zuletzt jemand etwas gesagt, das mich stärker außer Fassung brachte als die anderen Zuhörer? Warum habe ich darauf so heftig reagiert?
- Was würden meine engsten Freunde auf die Frage antworten, was mich in Rage bringt?
- Wann war mir jemand auf Anhieb suspekt? Warum?
- Wann habe ich schon einmal überreagiert und es danach bedauert? Was hat mich damals so aufgebracht?

Zu wissen, was Sie in positive oder negative Stimmung versetzt, ist enorm wertvoll. So wie sich Sportler an einen Ernährungs- und einen Trainingsplan halten, um beim Wettkampf in Topform zu sein, gilt auch für Sie: Wenn Sie daran arbeiten, am Arbeitsplatz möglichst immer in Bestform zu sein, wird Ihnen das im beruflichen Alltag noch viel Erfolg bescheren.

FINDEN SIE IHR SELBSTVERTRAUEN WIEDER, WENN SIE IM LOCH SITZEN

Ganz gleich, welche Wendungen Ihre Karriere als Führungskraft auch nimmt, an manchen Tagen werden Sie das Hochstaplersyndrom so intensiv spüren, als säßen Sie ganz tief in einem dunklen Loch. Das kennen alle meine Kolleginnen und Kollegen. Dann ist es, als würden die bissigen Kommentare Ihrer kritischen inneren Stimme von den steilen Wänden zurückgeworfen, bis sie von einem Flüstern zu lautem Geheul anschwellen.

In diesem Loch fühlt man sich mutterseelenallein. Dort gibt es nur Unsicherheit und Angst. Sie zweifeln an jeder Ihrer Entscheidungen und suchen verzweifelt nach etwas Solidem, an dem Sie sich festhalten können. Sie wünschen sich sehnlichst das nötige Vertrauen zurück, um zu wissen, wo Sie hinwollen und was Sie tun sollten. Doch Sie finden einfach nicht aus Ihrem Loch heraus.

In so einem Loch saß ich, als ich mit einer neuen Kollegin ein wichtiges Projekt in Angriff nahm. Von Anfang an gerieten wir über die Produktstrategie aneinander. Wir fühlten uns beide so im Recht, dass mir jede Entscheidung so vorkam, als würde eine riesige Welle über der vergänglichen Sandburg unserer Zusammenarbeit zusammenschlagen. Ich weiß noch, wie wir uns über nebensächliche Produktdetails lange E-Mails hin- und herschrieben. Aus jedem Satz sprach Misstrauen und wir warfen uns Dinge an den Kopf wie: »Du hörst ja gar nicht zu«, »Du hast keine Ahnung, wovon du sprichst« und »Das habe ich zu entscheiden, nicht du«.

Ich fühlte mich elend. Ich wusste, unsere Beziehung musste besser werden – bloß wie? Lag der Fehler bei mir? Vielleicht wusste ich ja wirklich nicht, wovon ich sprach.

Im Rückblick weiß ich, dass ich mich damals von meinen Zweifeln übermannen ließ. Aus dieser schwierigen Zusammenarbeit lernte ich eine ganze Menge und verfüge seither über ein besseres Instrumentarium, um mich aus dem Loch zu ziehen. Hier ein paar Tipps, wie Sie sich psychisch wieder aufrichten können, falls Sie einmal in ein solches Loch geraten sollten.

Ärgern Sie sich nicht, weil Sie sich schlecht fühlen

Das Schlimmste an so einem Loch ist, dass man gleichzeitig mit etwas zu kämpfen hat *und* sich darüber Sorgen macht. *Warum ist das denn überhaupt schwierig für mich?*, lamentiert möglicherweise Ihre kritische innere Stimme. *Wäre ich klüger, mutiger oder fähiger, wäre alles gut.* Sich schuldig zu fühlen, weil man bestimmte Gefühle hat, belastet Sie aber nur noch mehr.

Machen Sie sich begreiflich, dass jeder irgendwann mal einen Durchhänger hat, und gestatten Sie sich, sich Sorgen zu machen. Lassen Sie nicht zu, dass Ihre psychische Belastung doppelten Tribut fordert. Ich habe zwei Taktiken gefunden, die mir helfen: Die erste besteht darin, an eine Persönlichkeit des öffentlichen Lebens zu denken, die ich bewundere und die ein gänzlich sorgenfreies Leben zu führen scheint. Dann google ich »[Name der Person] Probleme«. Es ploppt immer eine Geschichte auf. Das führt mir sehr plastisch vor Augen, dass wirklich jeder mal ins Loch fällt.

Die zweite Taktik ist, mir einzugestehen, dass ich mich mies fühle. Dann nehme ich einen Klebezettel und schreibe darauf: »X stresst mich ganz furchtbar.« Allein dadurch verändert sich meine Haltung: Ich mache mir keine Gedanken mehr darüber, dass ich mir Gedanken mache, sondern artikuliere sie. Ist das geschafft, kann ich sie an der Wurzel packen.

Sprechen Sie mir nach: »Was mir durch den Kopf geht, ist vermutlich irrational«

Sie wissen doch: Wir alle haben Vorurteile. Ein Grund dafür: Unser Gehirn ist so vernetzt, dass wir Abkürzungen nehmen, um schneller Schlüsse zu ziehen. Nichts anderes sind Stereotype. Sehen Sie eine Frau mit dicker Brille, die einen Stapel Lehrbücher bei sich trägt, schließen Sie daraus vielleicht unwillkürlich, dass sie gut in Mathe ist – selbst wenn es keinen konkreten Anhaltspunkt dafür gibt.

Genauso nehmen wir auch Ereignisse wahr. Haben wir ein paar Daten erfasst, versuchen wir, daraus ein vollständiges Narrativ zu konstruieren, obwohl uns in Wirklichkeit gar nicht alle Fakten vorliegen. Sitzen wir gerade im Loch, wird daraus prompt ein Worst-Case-Szenario.

Nehmen wir an, Sie haben bereits mit dem Hochstaplersyndrom zu kämpfen und stellen fest, dass ein Meeting ohne Sie stattgefunden hat. Dann könnten Sie folgern: *Ich war nicht eingeladen, weil die anderen Teammitglieder nichts von mir halten.*

Das ist ein so gängiges Beispiel, dass im Laufe der Jahre bestimmt Dutzende von Angestellten unter mir wegen solcher Befürchtungen zu mir kamen. »Gehen wir dieser Sache mal auf den Grund«, sage ich dann und spreche die Leute an, die das Meeting anberaumt haben: »Sagt mal, warum habt ihr X nicht dazugebeten?« Das sind die häufigsten Antworten, die ich darauf erhalte:

1. *Wir wollten seine Zeit nicht unnötig in Anspruch nehmen. Er sollte sich nicht verpflichtet fühlen, zu kommen.*

2. *Mir war nicht klar, dass sich X für das Thema des Meetings interessiert.*

3. *Ganz ehrlich, es war einfach ein Versehen.*

Nur ein einziges Mal bekam ich eine Antwort im Sinne von: »Wir dachten, X würde nicht hilfreich sein.« (Die Formulierung lautete in diesem Fall: »Wir haben befürchtet, die wenig flexiblen Ansichten von X könnten bei unseren Gesprächen eher ein Hindernis sein.«)

Die Geschichten, die wir uns aus ein paar spärlichen Versatzstücken zusammenreimen, erweisen sich oft als komplett unzutreffend – vor allem, wenn wir gerade im Loch sitzen. In neun von zehn Fällen will Ihnen der andere nichts Böses. Ihre Kollegen halten Sie nicht für dumm. Und ja, Sie verdienen Ihren Posten.

Ergreift so eine negative Geschichte Besitz von Ihnen, sollten Sie auf Abstand gehen und hinterfragen, ob Sie die Fakten auch richtig interpretiert haben. Gibt es andere Sichtweisen, die Sie außen vor lassen? Was können Sie tun, um herauszufinden, was Sache ist?

Manchmal müssen Sie sich nur trauen zu fragen: »Warum war ich eigentlich nicht zu dem Meeting eingeladen?«, und schon können Sie sich alle Spekulationen sparen und haben Klarheit. Selbst wenn Ihnen vor der Antwort bange ist: Es ist immer besser, sich der Realität zu stellen, als im Kopfkino den Katastrophenfilm laufen zu lassen.

Schließen Sie die Augen und stellen Sie sich die Dinge bildlich vor

Studien mit bildgebenden Verfahren zur Darstellung des Gehirns belegen: Stellen wir uns vor, wie wir etwas tun, werden dieselben Gehirnareale aktiv, wie wenn wir diese Handlung wirklich ausführen. Weshalb ist das wichtig? Weil wir uns durch diesen Trick – indem wir die Augen schließen und uns das Ganze bildlich vorstellen – zumindest ein Stück weit die positiven Effekte einer Aktivität verschaffen können.

Der australische Psychologe Alan Richardson hat festgestellt, dass eine Gruppe von Basketballspielern, die angewiesen wurden, sich jeden Tag vorzustellen, wie sie Freiwürfe ausführten, ohne sie physisch zu üben, fast so gut abschnitten wie eine zweite Gruppe, die jeden Tag 20 Minuten lang Freiwürfe trainierte.[20] Eine weitere Studie verglich Menschen, die jeden Tag ins Fitnessstudio gingen, mit anderen, die das Training lediglich visualisierten. Bei der Gruppe, die jeden Tag trainierte, erhöhte sich die Muskelkraft um 30 Prozent. Die Vergleichsgruppe, die nur im Kopf trainierte, steigerte ihre Muskelkraft immerhin um 13,5 Prozent – und hatte so beinahe den halben Nutzen![21]

Der legendäre Golfer Jack Nicklaus schrieb, er habe nie, auch nicht im Training, einen Treffer gelandet, ohne ein messerscharfes, fokussiertes Bild davon im Kopf zu haben – quasi einen Farbfilm.[22]

Diese Technik der Visualisierung kann nicht nur Ihre Leistung verbessern, sondern Ihnen auch helfen, wieder Selbstvertrauen zu gewinnen, wenn Sie im Loch sitzen. Haben Sie das Gefühl, Sie kommen nicht weiter, können Sie folgende Übungen ausprobieren:

Stellen Sie sich vor, die Ängste und die Verwirrung, die Sie empfinden, haben gar nichts mit Ihnen persönlich zu tun, sondern sind ein universelles Problem, das jeder hat. Mir fällt dazu ein Beispiel zu Taylor Swift ein, die sich nach eigener Aussage über öffentliche Kommentare so aufregte, dass sie keine Bilder von sich mehr anschauen konnte, weil es unmöglich war, die Ansprüche aller zu erfüllen. Ein anderes Beispiel stammt von Reese Witherspoon, die zugab, dass sie das Angebot, Botschafterin für Frauenfragen zu werden, beinahe abgelehnt hätte, weil sie solche Angst davor hatte, vor größerem Publikum zu sprechen.[23] Beide Frauen sind unglaublich erfolgreich und inspirierende Vorbilder. Und doch sind sie mit denselben Zweifeln konfrontiert wie ich, weil solche Gefühle einfach menschlich sind.

Stellen Sie sich vor, Sie haben durchschlagenden Erfolg bei einer Sache, der Sie zittrig entgegensehen. Sie müssen morgen eine wichtige Präsentation halten? Stellen Sie sich vor, Sie betreten den Raum und lächeln das Publikum strahlend an. Malen Sie sich aus, wie Sie aufrecht vorne stehen und souverän referieren. Vor Ihrem inneren Auge sollen die Anwesenden aufmerksam zuhören und zustimmend nicken, während jemand eine knifflige Frage stellt, die Sie selbstbewusst beantworten. Der Schlüssel zum Erfolg solcher Visualisierungstechniken liegt darin, sich die Szene so konkret wie möglich vorzustellen.

Denken Sie an eine Gelegenheit zurück, als Sie eine schwierige Herausforderung angenommen und mit Bravour gemeistert haben. Spielen Sie diese Erfahrung in allen Einzelheiten durch. Wissen Sie noch, wie beängstigend Ihnen die Aufgabe zunächst erschien? Gehen Sie Schritt für Schritt durch, wie Sie das Problem angepackt haben. Erinnern Sie sich an den Moment, als Ihnen klar wurde, dass Sie es schaffen würden. Konzentrieren Sie sich vor allem auf das Erfolgsgefühl ganz am Ende – auf den Stolz, den Sie empfanden, auf die Komplimente, die Sie bekamen, und auf das Selbstvertrauen, das Sie daraus zogen.

Stellen Sie sich vor, die Menschen, die Ihnen am meisten bedeuten, haben sich in einem Raum versammelt und erzählen Ihnen, was sie an Ihnen mögen. Denken Sie sich aus, wie Sie im Kreis stehen und einer nach dem anderen seine Zuneigung und Bewunderung für Sie äußert. Ich erinnere mich da gern an die Reden von Verwandten und Freunden bei meiner Hochzeit – daran, wie gut es tat, ihre Liebe zu spüren.

Stellen Sie sich vor, wie sich Ihr Tag anfühlen könnte, wenn Sie nicht mehr im Loch säßen. Schließen Sie die Augen und gehen Sie jede Stunde auf Ihrem Kalender durch. Fokussieren Sie sich dabei auf die geistige Verfassung, in der Sie gerne wären – beim Morgensport beispielsweise energiegeladen, satt und zufrieden, nachdem Sie Rührei gefrühstückt haben, beim Betreten des Büros und Begrüßen der Kollegen freundlich gestimmt und bei der ersten Besprechung voll bei der Sache.

Visualisierung ist ein effektives Werkzeug, das keinen großen Aufwand erfordert: Sie brauchen lediglich ein paar Minuten Zeit und einen ruhigen Ort, um zu entspannen. Machen Sie es sich zur Gewohnheit, Ihrem Selbstvertrauen auf die Sprünge zu helfen. Dann sind Sie für alles gewappnet, was Sie erleben.

Bitten Sie Menschen um Unterstützung, bei denen Sie ganz Sie selbst sein können

Jahrelang habe ich mir auf die Lippen gebissen, wenn ich im Loch saß, und das für mich behalten. Wie sagt man so schön? *Fake it till you make it.* Prompt dachte ich, wenn ich nur so täte, als hätte ich alles im Griff, würde ich mir schon irgendwann nicht mehr wie eine Hochstaplerin vorkommen – und keiner hätte es gemerkt.

Das war ein Trugschluss. Damit entzog ich mir die Erleichterung, die es bringt, seine Ängste Menschen mitzuteilen, denen man vertraut, und musste auf ihre Empathie und ihren Rat verzichten.

Zuzugeben, dass man Probleme hat, und um Hilfe zu bitten, ist alles andere als Schwäche: Es zeugt vielmehr von Mut und Selbstbewusstsein. Sie stellen damit klar, dass es Ihnen wichtiger ist als Ihr Ego, Ihre Situation zu verbessern. Verstehen andere, was uns quält, profitieren wir davon enorm. Studien lassen vermuten, dass Selbsthilfegruppen erstaunlich effektiv sind – selbst bei schweren psychischen Störungen. Ein Beispiel: In einer Studie berichteten 82 Prozent der manisch-depressiven Teilnehmer, sie kämen mit ihrer Krankheit besser zurecht, nachdem sie sich einer Selbsthilfegruppe angeschlossen hatten.[24]

Ich weiß das aus eigener Erfahrung: Vor ein paar Jahren gründete ich mit einem Dutzend Kolleginnen aus dem Unternehmen einen sogenannten »Lean In Circle«. Zwei Stunden im Monat tauschten wir uns reihum darüber aus, womit wir gerade zu kämpfen hatten – ob schwierige Beziehungen, berufliche Unsicherheiten oder Probleme, Familie und Arbeit unter einen Hut zu bringen. Nicht selten flossen auch Tränen, denn manche Probleme waren gravierend. Ich werde aber nie vergessen, wie viel Wärme und Kameradschaft allen entgegenschlug und wie viel uns dieser Rückhalt bedeutete. Soweit wir konnten, halfen und berieten wir einander. War das nicht möglich, nahmen wir uns in den Arm und hörten teilnahmsvoll zu.

Ob in der Familie, bei guten Freunden, mit einem Coach oder einer Gruppe von Kollegen, denen Sie vertrauen – suchen Sie sich Ihre Selbsthilfegruppe als Cheerleader und Resonanzboden. Niemand ist eine Insel – und die Menschen um uns herum können uns Wege aufzeigen und uns aus dem Loch heraushelfen.

Feiern Sie die kleinen Erfolge

Wenn Sie im Loch sitzen, grübeln Sie nur über Ihre Fehlschläge, weil Sie daran zweifeln, ob Sie die Voraussetzungen für den Erfolg mitbringen. Eine Möglichkeit, aus diesem Teufelskreis auszubrechen, ist, das eigene Narrativ zu verändern. Statt sich zu fragen: *Was kann ich alles nicht so gut?*, sollten Sie sich auf das konzentrieren, was Sie zum Erfolg führt.

In einer besonders schwierigen beruflichen Phase vertraute ich einer Kollegin an, wie überfordert ich mich fühlte. Ich konnte nicht schnell genug neue Leute einstellen, um all die Projekte am Laufen zu halten, die ich als Teamleiterin zu betreuen hatte. Jeden Tag spürte ich den Druck, dass ich der Engpass war. Meine Kollegin erinnerte mich daran, dass trotz meiner Schwierigkeiten nicht alles schieflief. So hatte ihr beispielsweise einer meiner letzten Blog-Beiträge förmlich aus der Seele gesprochen, und sie hatte ihn an ihr gesamtes Team weitergeleitet. »Das hat uns viel gebracht«, sagte sie. »Vielen Dank, dass du ihn geschrieben hast.«

Ihre Worte machten großen Eindruck auf mich. Ich merkte, dass ich meine Posts ebenso wie viele andere meiner Aufgaben – die die Überprüfung der Arbeit anderer, das Coaching, die operative Planung – inzwischen als Routine, nicht als Wertbeitrag betrachtete.

Das Gespräch regte mich dazu an, über die kleinen Erfolge Buch zu führen – in einer Art Tagebuch, das ich *Little Wins* nannte. Jeden Tag hielt ich darin fest, worauf ich stolz war – auch Kleinigkeiten. Manchmal freute ich mich über ein 1:1, bei dem ich jemandem mit einem Rat weiterhelfen konnte. An anderen Tagen hielt ich mir zugute, wenn ein Meeting produktiv verlaufen war. An einem besonders harten Tage notierte ich, dass es mir gelungen war, ein paar E-Mails prompt zu beantworten.

Es ist wissenschaftlich erwiesen, dass Menschen auf lange Sicht glücklicher leben, wenn sie jeden Abend fünf Dinge notieren, für die sie dankbar sind.[25] Wenn Sie an Ihrem Selbstvertrauen arbeiten müssen, sollten Sie das unbedingt auch tun – und sich dabei auf all die Dinge fokussieren, die Sie gut machen.

Praktizieren Sie Achtsamkeit, indem Sie Grenzen setzen

Überfordert Sie Ihr Berufsleben, so wirkt sich das schnell auch auf alle anderen Lebensbereiche aus. Vielleicht stresst Sie ein Projekt so, dass Sie bis in die Nacht und an den Wochenenden arbeiten. Oder Sie denken ständig an Ihre To-do-Liste – auch wenn der Rest der Welt schon schläft.

Wehren Sie sich dagegen. Setzen Sie Grenzen, indem Sie sich Zeit für andere wichtige Aspekte Ihres Lebens nehmen – um Sie mit Ihren Lieben zu verbringen, Ihren Hobbys nachzugehen, Sport zu treiben, sich gesellschaftlich zu engagieren und mehr. Studien belegen reihenweise, dass viel Stress am Arbeitsplatz die Kreativität hemmt,[26] während »Menschen, die gerade optimistisch gestimmt sind, aller Wahrscheinlichkeit nach auch kreativer sind«, so Teresa Amabile, Professorin an der Harvard Business School und Autorin von *The Progress Principle*.[27]

Wenn es bei mir besonders hoch hergeht, plane ich zum Beispiel jeden Morgen und jeden Abend 15 Minuten für eine Aktivität ein, die nichts mit der Arbeit zu tun hat. Dann schaue ich mir einen TED Talk an, spiele ein Spiel auf meinem iPhone, mache ein Kreuzworträtsel, treibe Sport oder lese. 15 Minuten sind nicht viel, doch das hilft mir, eine unsichtbare Linie zu ziehen, die besagt: »Und wenn die Welt untergeht, ich werde mir immer etwas Zeit für mich nehmen.«

Bestleistungen können Sie nur bringen, wenn Sie in Bestform sind – also achten Sie auf sich. Das lohnt sich immer.

LERNEN SIE, DOPPELT SO GUT ZU WERDEN

Ich weiß noch, wie ich vor Jahren nachts um drei im Bett lag. Am nächsten Tag stand eine wichtige Präsentation an. Im Kopf ging ich fieberhaft meine Folien durch. Mein Magen rebellierte, als wäre ich auf einem Schiff in stürmischer See. Ich dachte an die Leute, die ich besonders gern öffentlich reden hörte, und fragte mich, wie sie das wohl fertigbrachten. Das musste einfach großartig sein, wenn man sich in freudiger Erwartung vor Hunderte von Menschen stellte statt mit Angst und Schrecken, dachte ich. Und wenn man in der Nacht vor so einem Vortrag tatsächlich *schlafen* könnte, ohne sich den Kopf darüber zu zerbrechen, wie man am nächsten Tag die Augenringe kaschieren sollte.

Machen wir einen Zeitsprung in die Gegenwart. Eine Stunde bevor ich vor Tausenden Zuschauern eine Präsentation halten soll, sitze ich bei einer Tagung hinter der Bühne. Ein anderer Redner läuft ständig hin und her und spielt mit seiner Notizkarte herum, während er die ersten Worte seines Vortrags übt. Einmal schaut er mich an, lächelt müde und meint: »Sie wirken ja, als ließe sie das alles total kalt.« Was für ein Kompliment für mich! Und er hatte sogar recht – ich war überhaupt nicht nervös. Ich hatte die Nacht über gut und erholsam geschlafen. Und ich freute mich sogar darauf!

Was hatte sich in diesen Jahren geändert? Habe ich intensives Rhetoriktraining absolviert? Bin ich zum PowerPoint-Guru geworden? Hat mir eine kleine Fee eine fantastische neue Methode ins Ohr geflüstert, meine Nerven zu beruhigen?

Erwartungsgemäß ist die Antwort ziemlich banal. Ich habe geübt und bin besser geworden. Es gab Jahre, da stammelte ich auf unseren wöchentlichen Meetings ungeschickt vor meinem Team. Es gab Podiumsdiskussionen und Gespräche, für die ich mich anmeldete, obwohl ich wusste, dass ich in der Nacht davor tausend Tode sterben würde. Es gab Presseinterviews und Fragerunden, runde Tische und Fernsehauftritte. Und mit jedem Mal wurde es ein bisschen einfacher.

So eine Managementkarriere ist eine sehr persönliche Erfahrung. Jeder steht in seiner Karriereentwicklung an einem anderen Punkt. Manche bringen von Haus aus verstärkt bestimmte Kompetenzen mit. Ich war sehr introvertiert und neigte dazu, vor größeren Gruppen wie gelähmt dazustehen und mich zu verzetteln. Ich bin auch heute noch keine begnadete Vortragsrednerin, beherrsche das aber viel besser und traue mir deutlich mehr zu.

Wie Sie persönlich am effektivsten arbeiten können, hängt stark von Ihnen ab: von Ihren Stärken, Ihren noch ausbaufähigen Bereichen, Ihrer Persönlichkeit und Ihren Werten. Ein wichtiger Faktor sind aber auch die Ziele und die Kultur Ihrer Organisation. Ein großes Unternehmen mit zigtausend Angestellten stellt ganz andere Anforderungen als ein kleiner Limostand mit wenigen Beschäftigten.

Dass diese Entwicklung naturgemäß bei jedem anders verläuft, bedeutet, dass Sie das Allermeiste aus der Praxis lernen werden. Ob Sie Ihre Kommunikationsfähigkeit verbessern, Ihre Ausführung optimieren, strategischer denken oder anderen empathischer zuhören müssen – setzen Sie sich selbst ein ehrgeiziges Ziel: *Wie kann ich doppelt so gut werden?* Besonders viel lernen Sie, wenn Sie dann noch folgende Tipps beherzigen.

Holen Sie Feedback ein

Nachdem ein ganzes Kapitel deutlich gemacht hat, wie wichtig es ist, den eigenen Leuten Feedback zu geben, kommt das wohl kaum überraschend: Wenn es eine geheime Zutat für die persönliche Weiterentwicklung gibt, dann ist das die *ständige* Bitte um Rückmeldungen anderer. Nur Sie selbst stehen sich dabei im Weg: Ob Sie wohl daran denken, oft genug darum zu bitten? Ob Sie die nötige Bescheidenheit und das erforderliche Selbstbewusstsein aufbringen, aufgeschlossen zuzuhören und Ihr Verhalten dann auch wirklich zu verändern?

Sie wissen ja, Sie müssen sowohl aufgabenspezifisches als auch verhaltensbezogenes Feedback einfordern. Je klarer Sie formulieren, was Sie interessiert, desto besser. Lautet Ihre Eingangsfrage »Hey, wie fandest du meine Präsentation?«, bekommen Sie vermutlich Antworten wie: »Ich fand sie gut.« Das bringt Sie aber nicht wirklich weiter. Stattdessen sollten Sie auf konkrete Details eingehen. Dann fällt es anderen leichter, Ihnen Dinge zu sagen, mit denen Sie auch etwas anfangen können. »Ich versuche, meinen Standpunkt in den ersten drei Minuten klar zu vermitteln. Ist mir das gelungen? Wie kann ich das das nächstes Mal besser erreichen?«

Bedanken Sie sich grundsätzlich für jedes Feedback. Selbst wenn Sie mit einem Kommentar nicht einverstanden sind – nehmen Sie ihn wohlwollend entgegen und würdigen Sie, dass sich jemand die Mühe gemacht hat. Merken andere, dass Sie immer gleich in die Defensive gehen, werden Sie künftig weniger Feedback bekommen. Und damit schneiden Sie sich ins eigene Fleisch, weil es Ihren Entwicklungsmöglichkeiten schadet.

Betrachten Sie Ihren Chef als Coach

Demzufolge, was wir über die Rolle von Vorgesetzten besprochen haben, sollte Ihr Chef für Sie eine der besten Informationsquellen sein. Das ist aber nicht unbedingt automatisch so. Vielleicht hat er nicht genug Einblick in Ihren Arbeitsalltag oder zu viel damit zu tun, anderswo Feuer zu löschen. Vielleicht ist er von sich aus auch nicht so daran interessiert, Ihnen Orientierung zu geben, wie Sie es gerne hätten.

So oder so – der Mensch, der am meisten in Ihre Karriere investieren sollte, ist er ohnehin nicht. Das sind *Sie.* Ihre weitere Entwicklung liegt in Ihren Händen. Haben Sie also den Eindruck, Sie lernen nichts von Ihrem Chef, dann fragen Sie sich, was Sie tun können, um eine Beziehung aufzubauen, wie Sie es sich vorstellen.

Eines der größten Hindernisse dabei ist meiner Erfahrung nach, dass viele davor zurückschrecken, ihre Vorgesetzten um Unterstützung zu bitten. Das Gefühl ist mir nur allzu vertraut. Ich habe jahrelang in dem Bewusstsein gelebt, mein Chef – wie früher schon meine Lehrer und Professoren – sei eine Autorität, die registrierte, was ich leistete, und ein Urteil über mich fällte. Meine Interaktionen mit Vorgesetzten könnte man daher in wenigen Worten auf den Punkt bringen: *Verkack es nicht.* Ich empfand es schon als Fehlschlag, wenn sich meine Vorgesetzen mit einem Sachverhalt befassen mussten, für den ich zuständig war. Für mich war das wie ein grelles, blinkendes Schild, auf dem stand: *Achtung, die Mitarbeiterin ist nicht in der Lage, die Aufgabe allein zu erledigen.*

Doch inzwischen wissen wir, dass es die Aufgabe von Vorgesetzten ist, ihren Teams zu besseren Ergebnissen zu verhelfen. Erzielen Sie bessere Ergebnisse, gilt das nämlich auch für Ihren Chef oder Ihre Chefin. Ihre Chefin steht also auf Ihrer Seite, ist daran interessiert, dass Sie erfolgreich sind, und gewöhnlich bereit, Zeit und Kraft zu investieren, um Ihnen zu helfen. Der entscheidende Punkt ist, dass Sie Ihren Chef als Coach begreifen, nicht als Richter.

Können Sie sich einen Spitzensportler vorstellen, der versucht, seine Schwächen vor seinem Trainer zu verbergen? Würden Sie Ihrem Personal Trainer sagen: »Eigentlich bin ich ziemlich fit und habe alles im Griff«, wenn er fragt, wie er Ihnen helfen kann, Ihr Sportprogramm zu optimieren? Natürlich nicht. So funktioniert die Beziehung zu einem Coach eben nicht.

Daher sollten Vorgesetzte unbedingt in den Feedback-Prozess einbezogen werden. Stellen Sie Fragen wie: »An welchen Kompetenzen sollte ich deiner Ansicht nach arbeiten, um mehr Wirkung zu erzielen?« Sprechen Sie über Ihre persönlichen Ziele und sichern Sie sich Unterstützung: »Ich würde gern lernen, wie man bessere Präsentationen hält. Ich wäre daher dankbar, wenn du mir gezielt Gelegenheit gibst, vor anderen zu sprechen.« Erzählen Sie Ihrem Chef von Entscheidungen, die Ihnen besonders schwerfallen, damit er Ihnen helfen kann: »Ich muss mich zwischen zwei Bewerberinnen entscheiden, die ganz unterschiedliche Stärken mitbringen. Ich würde dir gern kurz schildern, wie ich das sehe, und hören, was du dazu meinst.«

Sobald ich anfing, die 1:1-Gespräche mit Vorgesetzten als Gelegenheit zur fokussierten Weiterbildung zu begreifen, nahm ich so viel mehr daraus mit. Selbst wenn ich gerade nicht mit einem Problem zu kämpfen habe, kann ich mit ergebnisoffenen Fragen wie »Wie entscheidest du, an welchen Meetings du teilnimmst?« oder »Wie gehst du an das Problem heran, anderen eine Bewerberin schmackhaft zu machen?« vom Wissen meines Vorgesetzten profitieren und dazulernen.

Nutzen Sie buchstäblich jeden als Mentor

Keine Regel besagt, dass man nur einen Coach haben kann. In Wirklichkeit ist die Welt voller Menschen, die uns etwas beibringen können. Nichts anderes ist unter einem Mentor zu verstehen – nämlich jemand, der seine Erfahrung mit Ihnen teilt, um Sie weiterzubringen. Offizieller muss das gar nicht werden. Sheryl Sandberg warnt in ihrem Buch *Lean In* davor, der Bezeichnung »Mentor« zu viel Wert beizumessen. Niemand möchte gefragt werden: »Wollen Sie mein Mentor sein?« Das klingt nach einer zeitraubenden Verpflichtung. Bitten Sie stattdessen um einen *konkreten* Rat, werden Sie feststellen, dass viele Menschen gern bereit sind, Ihnen weiterzuhelfen.

Insbesondere bei Menschen aus Ihrer Peergroup – also solche, die ähnliche Funktionen ausüben wie Sie selbst – können Sie viel Beistand und Rat finden. Ich treffe mich alle paar Monate mit einer Gruppe anderer Gründer aus dem Tech-Sektor. Weil wir ähnliche Aufgaben erfüllen, können wir Markttrends erörtern, auf Augenhöhe über gemeinsame Herausforderungen sprechen und uns gegenseitig Tipps geben.

Eine Frau aus dieser Gruppe hat eine besondere Begabung für die Entwicklung der Unternehmenskultur. Sie versteht es, in ihrem Team eine von Wärme, Kameradschaft und Fürsorge geprägte Atmosphäre zu erzeugen, wofür ich sie sehr bewundere. Im Laufe der Jahre habe ich sie dutzendfach gelöchert, wie sie das macht – wie sie zum Beispiel ihre Meetings leitet. Oder welche Instrumente sie nutzt, um teamübergreifend zu kommunizieren. Oder wie sie es schafft, auch bei den Leuten das Gefühl der Verbundenheit zu erhalten, die im Homeoffice arbeiten. Ihre Antworten hatten prägende Wirkung darauf, wie ich mein Team leite. Dass ich bestimmte wöchentliche Bürozeiten eingeführt habe, ging unmittelbar auf einen Tipp von ihr zurück.

Doch auch Kolleginnen und Kollegen, die nicht genau dieselbe Position bekleiden wie Sie, können Ihnen manchmal wertvolle Erkenntnisse vermitteln. Vielleicht ist ein Kollege ja ein genialer Personalbeschaffer. Oder eine Kollegin versteht sich besonders gut darauf, andere von eigenen Ideen zu überzeugen. Vielleicht ist einer Ihrer Mitarbeiter der kreativste Mensch, den Sie kennen. Oder Ihre Chefin verfügt über ein besonderes Gespür dafür, bei anderen ihre besten Seiten zu erkennen.

Um welche Kompetenz es auch geht, fragen Sie ohne Scheu: »Hey, ich bin wirklich beeindruckt davon, wie du X machst. Ich würde mir das gerne abschauen. Können wir mal einen Kaffee zusammen trinken und du erklärst mir, wie du vorgehst?«

Vergessen Sie dabei eines nicht: Sie bitten um einen Gefallen. Die oder der andere kann daher selbstverständlich ablehnen, weil er keine Zeit hat oder nicht sicher ist, wie er Ihnen helfen kann. Bedanken Sie sich trotzdem. Sie werden jedoch feststellen, dass die Antwort viel häufiger positiv ausfällt, als Sie vielleicht denken. Wir alle profitieren davon, dass andere für uns die Mentorenrolle übernehmen. Deshalb gehen viele gern in Vorleistung.

Planen Sie Zeit ein, um Erfahrenes oder Gelerntes zu reflektieren und sich Ziele zu setzen

Wenn Sie mit Vollgas unterwegs sind und die Landschaft an Ihnen vorbeijagt, ist es schwer, den Überblick über die ganze Fahrstrecke zu behalten. Wo sind Sie abgefahren? Wie weit ist es noch bis zum Ziel? Welche Etappen waren problemlos, welche voller Schlaglöcher?

Eine Studie der Harvard Business School zeigt, dass wir mehr lernen, wenn wir uns regelmäßig Zeit nehmen, unsere Erfahrungen zu reflektieren. Obwohl die allermeisten lieber aus der Praxis lernen, »schnitten Teilnehmer, die das Gelernte reflektierten, besser ab als solche, die sich stattdessen für mehr praktische Erfahrung entschieden«.[28]

Genauere Betrachtung muss nicht unbedingt belastend sein. Letztlich wollen Sie ja davon profitieren. Finden Sie also heraus, was für Sie am besten funktioniert. Ich zum Beispiel plane in meinem Kalender am Ende jeder Woche eine Stunde Zeit ein, um mir zu überlegen, was ich geschafft habe, womit ich zufrieden oder unzufrieden bin und was ich daraus in die nächste Woche mitnehmen kann. Das schreibe ich in einer kurzen E-Mail an mein Team zusammen. Dann fällt es mir leichter, bei der Stange zu bleiben.

Außerdem setze ich mir alle sechs Monate eigene Ziele und schaue weiter zurück. Aus längerfristiger Perspektive kann ich mich mit ehrgeizigeren Projekten auseinandersetzen und neue Kompetenzen erwerben.

Hier ein paar Beispiele für meine Notizen im wöchentlichen und im sechsmonatigen Rhythmus:

GEDANKEN ZUR ARBEITSWOCHE:

- *Aktuelles Feedback: Über meine Fragerunden höre ich viel Lob für die Kultur unseres Teams. Das ist toll. Verbesserungsvorschläge betrafen vor allem klarere Erwartungen für die Karriereentwicklung. Ich entnehme daraus, dass wir gezielter angehen müssen, wie wir über Leistungsbewertungen und Beförderungen sprechen.*
- *Personalplanung für nächstes Jahr: Bei unserer Planungssitzung war die vermehrte Arbeit im Homeoffice das große Thema. Wir müssen mehr Schulungen zu Vorstellungsgesprächen durchführen und sicherstellen, dass wir diese in allen Niederlassungen einheitlich auswerten. Ich zähle da auf die rege Beteiligung aller. Wie das genau aussehen soll, planen wir gerade.*
- *Strategie für Projekt X: Ich habe mit dem Team Y zusammengearbeitet, um unsere Vorschläge für die anstehende Überprüfung zu erstellen. In wenigen Wochen sind wir gut vorangekommen – dickes Lob vor allem an Elena für ihre tolle Arbeit.*
- *Einblick in den Analysebedarf: In meinen 1 : 1-Gesprächen höre ich Forderungen nach stärkerer Einbeziehung in die Analysearbeit. Inzwischen habe ich einen genaueren Eindruck davon, was wir brauchen. David und ich werden in den nächsten beiden Wochen den Stellenplan mitteilen.*

ZIELE FÜR DAS NÄCHSTE HALBJAHR:

- *Meine Mannschaft verstärken: drei offene Stellen besetzen, damit wir für jedes Produkt eine starke Führungspersönlichkeit haben.*
- *Sämtliche Produktberichte so weiterentwickeln, dass zunächst Personalprobleme klar festgestellt werden, damit wir eine gemeinsame Grundlage für die Evaluierung haben.*

- *Zur Fachfrau für die Anwerbung guter leitender Analysten werden.*
- *Die Status-Aktualisierungen aus meinen 1:1-Gesprächen streichen: Die Zeit sollte sinnvoller für tiefergehende Gespräche mit meinen Leuten verwendet werden.*
- *Keine Arbeit mit nach Hause nehmen: gezielt versuchen, im Büro effizienter zu arbeiten.*

Nach Ablauf der sechs Monate schaue ich mir die Ziele an und bewerte, wie viel ich erreicht habe. Dabei geht es nicht in erster Linie um eine möglichst gute Note, sondern darum, was ich gelernt habe. Wenn es mir nicht gelungen ist, alle dazu zu bringen, anders an ihre Arbeit heranzugehen – woran lag das? War meine Taktik nicht effektiv? Habe ich nicht klar kommuniziert? War die Angelegenheit einfach nicht so wichtig?

Erreiche ich ein Ziel – beispielsweise, drei fähige Führungskräfte einzustellen –, lässt sich auch daraus einiges lernen. Worauf beruhte mein Erfolg? Könnte ich mir künftig noch ehrgeizigere Ziele setzen – sagen wir, fünf Führungskräfte einzustellen? Welche Tipps könnte ich jemandem geben, der dasselbe vorhat?

Je mehr Ihrer – guten wie schlechten – Erfahrungen in nutzbare Erkenntnisse und Geschichten umgesetzt werden, die Ihnen und anderen weiterhelfen, desto schneller entwickeln Sie sich weiter.

Nutzen Sie Fortbildungsangebote

Haben Sie Gelegenheit, solche Angebote zu nutzen, sollten Sie das tun. Das könnte heißen, dass Sie sich zu einem Firmenseminar anmelden, an einer Branchenkonferenz teilnehmen, sich an einem Rundtischgespräch beteiligen, Fachleuten bei einer Podiumsdiskussion zuhören oder an einem praktischen Workshop mitwirken.

Dass Fortbildung im eigenen Berufsumfeld nützlich ist, mag als selbstverständlich gelten. Doch sie wird selten als dringlich oder notwendig empfunden. Solche Angebote kosten Zeit, aber auch Geld, weshalb uns die Frage, *ob sie das auch wert sind*, in ein klassisches Dilemma stürzt. Ist es wirklich eine gute Idee, sich – womöglich noch mitten in einer hektischen Arbeitswoche – in einen zweitägigen Workshop zu verabschieden oder auf einen gemütlichen Abend zu Hause zu verzichten, um stattdessen einen Vortrag zu hören?

Gewöhnlich ja. Führen zehn Schulungsstunden dazu, dass Sie Ihren Job auch nur um 1 Prozent effizienter erledigen, lohnt sich das schon. (Sparen Sie pro Jahr 1 Prozent Ihrer Zeit, macht das insgesamt rund 20 Stunden aus.)

Ich weiß noch, dass ich vor ein paar Jahren an einem eintägigen Lehrgang dazu teilnahm, wie man schwierige Gespräche führt. Diese acht Stunden veränderten grundlegend, wie ich an Konflikte herangehe. Sie brachten mich zu der Überzeugung, dass es tatsächlich möglich ist, mit jedem über alles produktiv zu sprechen. Bis heute vergeht keine Woche, in der ich nicht auf diesen Lehrgang zurückgreife.

Eine weitere Art der Fortbildung ist professionelles Coaching. Wenn Ihre Firma die Kosten dafür nicht übernimmt (bei höheren Führungskräften werden die Kosten manchmal übernommen), müssen Sie das vermutlich selbst bezahlen. Viele CEOs und Spitzenmanager arbeiten mit einem professionellen Coach, weil es auf dieser Ebene natürlich weniger Leute gibt, die sich als Mentoren anbieten würden, und weil sich schon kleine Leistungsoptimierungen maßgeblich auf die ganze Organisation auswirken können.

Denken Sie an Fortbildung, sollten Sie sich nicht fragen: *Lohnt sich das jetzt wirklich, obwohl ich so viel anderes zu tun habe (oder mein Geld für so viele andere Dinge ausgeben könnte)?* Fragen Sie sich lieber: *Werde ich in einem Jahr froh darüber sein, dass ich es gemacht habe?* So betrachtet, fällt die Entscheidung leichter.

Investieren Sie in Ihre persönliche Fortbildung und Weiterentwicklung, dann investieren Sie damit nicht nur in Ihre eigene Zukunft, sondern auch in die Zukunft Ihres Teams. Je besser Sie werden, desto mehr können Sie für andere tun.

—

Frischgebackene Führungskräfte fragen mich manchmal: »In welcher Hinsicht lernen Sie auch nach zehn Jahren im Job immer noch dazu?« Meine Antwort darauf lautet: »In Bezug darauf, wie ich eine möglichst gute Führungspersönlichkeit sein und trotzdem ich selbst bleiben kann.«

Führungskräfte fühlen sich in ihrer Funktion einer anderen Sache – der Mission der Organisation, den Zielen des Teams, den Bedürfnissen anderer – oft so verpflichtet, dass sie darüber schnell die wichtigste Person in ihrem Werdegang im Management vergessen: *sich selbst.*

Wenn Sie ein guter Chef oder eine gute Chefin werden wollen, müssen Sie mehr über Ihre Superkräfte und Defizite erfahren, sich aneignen, wie Sie Hindernisse in Ihrem Kopf umschiffen – und Lernen lernen. Diese Hilfsmittel vermitteln Ihnen das Selbstvertrauen, dass Sie – so wie Sie sind – der oder die Richtige für Ihren Posten sind, und zwar unverstellt und authentisch. Und dass Sie bereit sind für alle künftigen Herausforderungen.

Sechstes Kapitel

Das perfekte Meeting

SO NICHT …

… SONDERN LIEBER SO

Als mein Team größer wurde, hielt ich es für eine gute Idee, ein Meeting abzuhalten, bei dem alle der Reihe nach mitteilten, was sie in der betreffenden Woche vorhatten. Ich hatte beobachtet, dass andere Führungskräfte ähnliche Status- oder Teamsitzungen veranstalteten, und glaubte, das sei übliche Praxis, um alle über aktuelle Vorgänge auf dem Laufenden zu halten.

Theoretisch ein guter Gedanke. Praktisch weniger. Ich hatte nämlich nicht berücksichtigt, wie unterschiedlich die Einzelnen ihre Arbeit beschrieben. Manche fassten sich erfreulich kurz und knapp, andere ließen sich in aller Ausführlichkeit über die letzte Diskussion mit ihren Technikern am Donnerstagabend aus. Nach ein paar Wochen stand für mich fest: Solche Meetings waren für Beschäftigte ähnlich prickelnd wie für Schüler eine Geschichtsstunde, in der die Lehrerin endlos über irgendeine Schlacht im Jahr 1752 schwadroniert. Wenn ich mich umsah, nahm ich leere Blicke wahr und hörte die Finger derjenigen, die ihre Zeit mit Arbeit sinnvoller verwendet fanden, auf Keyboards tippen.

Nach einer solchen Sitzung erwartete mich in meinem Posteingang die E-Mail eines Teammitglieds, das wissen wollte, ob ich schon einmal daran gedacht hätte, alle darum zu bitten, aktuelle Informationen per E-Mail herumzuschicken, statt sich wortreich persönlich dazu zu äußern. »Ehrlich gesagt sind solche Meetings Zeitverschwendung«, schloss die Mail.

Der Chefin zu sagen, dass ihre Meetings nerven, ist manchmal bitter nötig. Ich strich den fixen Termin, und wir gingen dazu über, uns wöchentlich per E-Mail zu informieren, was wunderbar klappte. Mir machte das wieder einmal bewusst, wie wichtig es ist, gute Meetings zu planen – und wie wertvoll Rückmeldungen sind, um schlechte Meetings zu verbessern.

Meetings sind ein Thema, das mich sehr beschäftigt, weil sie ein so großer Bestandteil meiner Arbeit sind. Ich verbringe den größten Teil des Tages mit unterschiedlichen Menschen in 1 : 1-Gesprächen, kleinen und größeren Runden und gelegentlich auch vor einem Publikum aus Hunderten oder Tausenden von Zuhörern.

Meetings sind unbeliebt – als wären sie ein »notwendiges Übel« für Führungskräfte: Hausaufgaben für Erwachsene, sozusagen.

Sie sind als überflüssig, bürokratisch und öde verschrien, und doch schafft es keiner, ganz darauf zu verzichten. Und sie kosten uns viel Zeit. 2011 belegte eine Studie, dass CEOs im Schnitt 60 Prozent ihrer Zeit in Meetings verbringen und weitere 25 Prozent in Telefongesprächen oder auf öffentlichen Veranstaltungen.[29] Eine weitere Studie untersuchte ein einziges Meeting des Führungsteams eines großen Unternehmens und ergab, dass die Vorbereitungen insgesamt 300 000 Arbeitsstunden in Anspruch genommen hatten[30] – eine erschreckende Zahl!

Leo Tolstois Roman *Anna Karenina* beginnt mit der Zeile: »Alle glücklichen Familien sind einander ähnlich, aber jede unglückliche Familie ist auf ihre besondere Art unglücklich.«[31] Bei Meetings ist das ganz ähnlich. Denken Sie nur an all die ätzenden Meetings, an denen Sie teilgenommen haben – wenn sich die Argumentation im Kreis drehte, statt Klarheit Verwirrung erzeugt wurde, die Teilnehmer den Faden verloren, immer wieder dasselbe erzählt wurde oder die Gruppe komplett von der Tagesordnung abkam, wenn ein oder zwei Personen alle anderen dominierten und sonst niemand zu Wort kam und so weiter und so fort.

Gute Meetings dagegen sind einfach und klar. Danach denkt man jedes Mal:

- Das Meeting war sinnvoll genutzte Zeit.
- Ich habe etwas Neues erfahren, was mich in meinem Job effektiver macht.
- Ich habe jetzt klarere Vorstellungen davon, was ich als Nächstes tun muss.
- Jeder war bei der Sache.
- Ich fühlte mich willkommen.

Ein persönliches Gespräch ist letztlich immer noch eine der besten Möglichkeiten, Dinge zu kommunizieren oder zu erledigen. Als Vorgesetzte oder Vorgesetzter werden Sie an unzähligen Meetings teilnehmen und auch selbst welche leiten. Nehmen Sie diese Aufgabe ernst und lassen Sie nicht zu, dass sich eine negative Meeting-Kultur einbürgert. Sorgen Sie stattdessen dafür, dass die kostbare Zeit, die Sie mit Ihren Kolleginnen und Kollegen verbringen, zur Wertschöpfung beiträgt.

WORAN ERKENNEN SIE, OB EIN MEETING WIRKLICH SINNVOLL WAR?

Es heißt, »jedes Meeting sollte einen Zweck erfüllen«. Kein schlechter Rat, doch er geht nicht weit genug. Mein Status-Meeting hatte durchaus einen Zweck – nämlich, alle über die wöchentlichen Fortschritte des Teams zu informieren. Es brachte nur nichts, weil ich es versäumt hatte, mich zu fragen: *Wie sieht ein sinnvolles Ergebnis aus?*

Hätte ich das getan, hätte ich gemerkt, dass es mir in Wirklichkeit darum ging, Nähe zwischen den Teammitgliedern herzustellen und eine effektivere Zusammenarbeit zu fördern. Doch wenn keiner zuhörte, war das nicht zu erreichen.

Es gibt nur wenige Gründe, sich persönlich zusammenzusetzen. Klare Ansagen dazu, welche Ergebnisse Sie sich vorstellen, sind die Grundvoraussetzung dafür, dass solche Meetings erfolgreich verlaufen.

Grund 1: … um eine Entscheidung zu treffen

Steht auf einem Meeting eine Entscheidung an, legen Sie die verschiedenen Optionen auf den Tisch. Dann sind die Entscheider gefordert.

Erfolgreich ist so ein Meeting, wenn am Ende sowohl eine klare Entscheidung steht als auch alle Teilnehmer Vertrauen in den Prozess empfinden. Konsens muss gar nicht sein, doch alle, die von der Entscheidung betroffen sind, sollten den Eindruck haben, dass diese effizient und fair getroffen wurde.

Haben die Menschen kein Vertrauen in den Prozess, werden Sie feststellen, dass sich Entscheidungen in die Länge ziehen. Hier ein Beispiel von früher, als ich noch in diese Falle tappte:

> LEITER DER DESIGN-ABTEILUNG: *Der Abgabetermin für unser Designprojekt ist nächsten Dienstag. Das ist problematisch, denn dann haben wir nicht genug Zeit, die drei Optionen auszuloten, über die wir gesprochen haben. Bist du einverstanden, wenn wir den Termin um eine Woche verschieben?*
>
> ICH: *Das klingt vernünftig. Ich bin einverstanden.*

Sehen Sie das Problem? Ich habe eine Entscheidung getroffen, obwohl mir nur ein Teil des gesamten Kontexts vorlag – nämlich, dass dieser Abteilungsleiter der Ansicht war, die Zeit reiche nicht, um die Arbeit ordnungsgemäß auszuführen. Doch welche Folgen würde es haben, wenn sich der Termin verschob? Als Nächstes passierte Folgendes:

> TECHNISCHER LEITER: *Hey, ich habe gerade mitgekriegt, dass du grünes Licht gegeben hast, den Meilenstein für das Design nach hinten zu schieben. Das ist ein Problem, denn ich habe hier ein siebenköpfiges Technikteam, das schon auf die Designs wartet. Wird der Termin nicht gehalten, heißt das, wir haben nicht genug Zeit, um den technischen Meilenstein fristgerecht zu erreichen. Können wir uns wieder auf den ursprünglichen Termin einigen?*

Nun bin ich in der Zwickmühle. Die Techniker sind verärgert, weil ich die Entscheidung getroffen habe, ohne mir ihre Seite der Geschichte anzuhören. Sie wollen, dass ich meine Entscheidung aufgrund neuer Informationen revidiere. Gebe ich nach und ändere den Termin wieder, enttäusche ich das Designteam. Dadurch büße ich viel Glaubwürdigkeit ein. Am besten gebe ich zu, dass in meinem Prozess der Wurm drin war, und hole alle an einen Tisch zusammen, um noch einmal über die Entscheidung zu sprechen.

»Moment mal«, werden Sie jetzt vielleicht sagen. »Die beiden Seiten sind nun einmal unterschiedlicher Meinung. Einer wird immer unzufrieden sein, ganz gleich, wie man entscheidet.«

Das stelle ich infrage. Am Ende verfolgt das gesamte Team ja dieselben Ziele. In diesem Fall wollen die Designer ebenso wie die Techniker ein fantastisches Nutzererlebnis so bald wie möglich zum Kunden bringen. Vielleicht haben Einzelne unterschiedliche Ansicht dazu, wie das am besten geht, doch zu einer guten Zusammenarbeit gehört Vertrauen in die Entscheidungsträger und in einen fairen Prozess. Wie Amazon-Chef Jeff Bezos gern sagt, muss man manchmal Entscheidungen mittragen, auch wenn man eigentlich anderer Meinung ist (»disagree and commit«[32]), damit es schnell vorwärtsgehen kann.

Auf einem gelungenen Entscheidungsmeeting:

- wird (natürlich) eine Entscheidung getroffen,
- sind die unmittelbar von der Entscheidung Betroffenen ebenso anwesend wie ein klar definierter Entscheidungsträger,
- werden alle überzeugenden Optionen objektiv und mit entsprechenden Hintergrundinformationen vorgelegt, einschließlich einer Empfehlung des Teams, so vorhanden,
- erhalten Andersdenkende gleich viel Redezeit, sodass alle das Gefühl haben, gehört worden zu sein.

Hier ein paar Beispiele für missglückte Verläufe, die tunlichst vermieden werden sollten:

- Manche haben das Gefühl, ihre Sicht der Dinge wurde nicht richtig dargelegt, sodass sie in die resultierende Entscheidung kein Vertrauen haben.
- Entscheidungen ziehen sich, was den Fortschritt behindert. Wichtige, schwer revidierbare Entscheidungen sollten zwar unbedingt gründlich geprüft werden, doch achten Sie unbedingt darauf, nicht zu viel Zeit für geringfügige, leicht zu korrigierende Entscheidungen aufzuwenden.
- Entscheidungen werden immer wieder umgestoßen, sodass es schwer ist, darauf zu vertrauen und sich danach zu richten.
- Es wird zu lange versucht, in der Gruppe einen Konsens zu finden, statt die Frage rasch an einen Entscheider zu übergeben.

- Es wird Zeit verschwendet, indem ein und dasselbe Argument 20 Mal wiederaufgewärmt wird.

Grund 2: ... um Informationen auszutauschen

Wir alle brauchen Informationen, um unsere Aufgaben gut zu erfüllen – ob es dabei um die Vision des CEO geht, um die aktuellen Umsatzzahlen, um die Meinungen verschiedener Interessengruppen oder um die Zeitplanung für ein bestimmtes Projekt. Ein paar Jahrzehnte zuvor stellten Meetings für Gruppen die wichtigste Möglichkeit zum Informationsaustausch dar. Heute stehen uns jederzeit E-Mails und Chatfunktionen zur Verfügung. Persönlich in einem Meeting zusammenzutreffen, nur um Wissen weiterzugeben, ist daher seltener nötig (und oft auch weniger effizient).

Richtig aufgezogen, haben Meetings zum Informationsaustausch jedoch ein paar wesentliche Vorteile gegenüber anderen Kanälen wie Bulletin Boards, Mailing-Listen oder Gruppenbeiträgen. Zum einen lassen sie mehr Interaktivität zu. Wenn Sie beispielsweise sichergehen wollen, dass alle über eine potenziell kontroverse Strategieänderung im Bilde sind, können Sie sie persönlich informieren. Dann ist es den Anwesenden möglich, Fragen zu stellen und ihre Reaktionen zu äußern.

Der zweite Vorteil: Ein gut vorbereitetes Meeting zum Informationsaustausch ist gewöhnlich deutlich spannender als ein paar Worte auf einer E-Mail-Seite. Augenkontakt, Körpersprache und sichtbare Leidenschaft tragen dazu bei, einer Botschaft Leben einzuhauchen.

Heute findet in meinem Start-up Sundial jede Woche eine 30-minütige Infositzung statt, mit der Zielsetzung, die wichtigsten Prioritäten hervorzuheben, Finanz-Kennzahlen anzusprechen, Demos vorzuführen und gewonnene Erkenntnisse zu präsentieren. Anders als mein wieder abgesetztes Status-Meeting funktionieren diese Zusammenkünfte, weil jedes Thema zeitlich auf drei bis sieben Minuten begrenzt wird und jede Präsentation gut vorbereitet ist und nicht improvisiert wird..

Auf einem gelungenen Meeting zum Informationsaustausch:

- haben die Teilnehmenden das Gefühl, etwas Wertvolles dazuzulernen,
- werden wichtige Botschaften klar und nachdrücklich übermittelt,
- wird das Publikum gefesselt (durch mitreißende Redner, aufschlussreiche Geschichten, die richtige Dynamik und Interaktivität),
- wird eine beabsichtigte Emotion hervorgerufen – ob Inspiration, Vertrauen, Stolz, Mut, Empathie oder etwas anderes.

Grund 3: … um Feedback zu geben

Ein Feedback-Meeting – oft auch »Review«, also »prüfende Nachschau«, genannt – dient dem Zweck, dass alle Beteiligten laufende Projekte im Detail verstehen und sagen, was sie zu sagen haben. So ein Meeting kann manchmal mit einem lapidaren Abnicken enden. Ein andermal führt das Feedback vielleicht zu erheblichen Abweichungen vom Plan.

Die Versuchung ist groß, den Erfolg daran zu messen, ob Vorgesetzten die Arbeit zusagt. Das ist ein Fehler. Feedback-Meetings sind nicht dazu da, Urteile zu fällen oder entgegenzunehmen, sondern eher dazu, das bestmögliche Ergebnis zu erzielen. Wer um Zustimmung heischt, schafft Anreize, sich stärker auf »Schall und Rauch« einer Präsentation zu fokussieren als darauf, das nützlichste Feedback einzuholen, um das Ergebnis zu optimieren.

Auf einem gelungenen Feedbackmeeting:

- weiß am Ende jeder, woran der Projekterfolg festzumachen ist,
- wird der aktuelle Stand der Dinge ehrlich dargestellt, einschließlich einer Einschätzung dazu, wie es läuft, aller Änderungen, die seit dem letzten Review vorgenommen wurden, sowie Plänen für die Zukunft,
- werden offene Fragen, wichtige Entscheidungen oder bekannte Bedenken klar angesprochen, um möglichst nützliches Feedback zu erhalten,
- einigt man sich abschließend auf nächste Schritte (auch darauf, wann der nächste Meilenstein bzw. die nächste Überprüfung ansteht).

Grund 4: ... um Ideen zu finden

So ein Meeting wird auch manchmal als »Brainstorming« oder als »Arbeitssitzung« bezeichnet. Dann trifft sich eine Gruppe von Menschen, um Lösungen für ein Problem vorzuschlagen. Brainstorming wurde in den 1950er-Jahren von einem Werbemanager namens Alex Osborn populär gemacht, demzufolge sich Gruppen darauf fokussieren sollten, *die Zahl der Ideen zu maximieren, ohne diese zunächst zu werten*, um unkonventionellere Denkansätze zu fördern.

Wenn zwölf Leute in einem Raum hinausposaunen, was ihnen gerade einfällt, ist das unter Innovationsaspekten aber in Wirklichkeit leider wenig effektiv.[33] Wir neigen dazu, unsere neuen Ideen an das anzupassen, was bereits besprochen wurde, oder weniger Ideen ins Spiel zu bringen, weil wir davon ausgehen, dass andere dadurch belastet werden.

Die besten Ideen entstehen, wenn wir begreifen, dass wir *beides* brauchen: Zeit, um in Ruhe nachzudenken (weil unser Gehirn am kreativsten ist, wenn wir ungestört sind), *und* Zeit zum Austausch mit anderen (weil andere Perspektiven Geistesblitze auslösen, die zu noch besseren Ideen führen).

Die Grundvoraussetzungen dafür sind gute Vorbereitung und Organisation. Auf einem gelungenen Meeting zur Ideenfindung:

- ergeben sich viele verschiedene, nicht offensichtliche Lösungen, indem sichergestellt wird, dass jeder Teilnehmer Gelegenheit bekommt, für sich allein über Ideen nachzudenken und diese schriftlich festzuhalten (entweder vor oder während des Meetings),
- werden sämtliche Ideen von allen berücksichtigt, nicht nur die am lautesten geäußerten,
- lassen sich Ideen im zielführenden Gespräch weiterspinnen und aufeinander aufbauen,
- stehen am Ende klare nächste Schritte zur Umsetzung von Ideen.

Grund 5: ... um Beziehungen zu stärken

Damit ein Team leistungsfähig ist, müssen Einzelne gut zusammenarbeiten. Deshalb müssen Sie Möglichkeiten finden, Empathie zu fördern, Vertrauen aufzubauen und zu kooperativem Verhalten zu animieren. Daher rufen Sie vielleicht manchmal eine Gruppe nur zu dem Zweck zusammen, sich auf die zwischenmenschlichen Beziehungen zu fokussieren.

Geht das Team mittags oder abends zusammen essen oder besucht andere Veranstaltungen, dient das diesem Zweck ebenso wie manche 1:1-Gespräche und Teammeetings. Wenn wir uns alle als Menschen ein bisschen besser verstehen – und Zeit investieren, um uns über die Werte, Hobbys, Familien, Lebensgeschichten et cetera unserer Kolleginnen und Kollegen zu informieren –, läuft die Zusammenarbeit reibungsloser und macht mehr Spaß.

Bei einem Meeting zum Team-Bonding kommt es nicht darauf an, wie viele Stunden man gemeinsam verbringt oder wie aufwendig eine Veranstaltung ist. Es soll vielmehr Folgendes ermöglichen:

- mehr Verständnis und Vertrauen zwischen den Teilnehmern erzeugen,
- die Teilnehmenden dazu animieren, offen und authentisch zu sein,
- dafür sorgen, dass sich alle gut aufgehoben fühlen.

Bei jedem Meeting sollte klar sein, welchem der obigen Zwecke es dienen soll. Versuchen Sie nicht, zu viel auf einmal in so ein Meeting hineinzupacken, und erinnern Sie die Gruppe an das eigentliche Ziel, wenn das Gespräch abdriftet. Soll beispielsweise eine Preisentscheidung getroffen werden und plötzlich werden von verschiedenen Seiten Vorschläge für neue Features ins Spiel gebracht, sollten Sie zusagen, dass darüber gesondert gesprochen werden kann, und das Gespräch dann wieder auf die eigentliche Tagesordnung zurücklenken. Meiner Erfahrung nach ist es aus strukturellen Gründen eher unwahrscheinlich, dass ein Meeting, auf dem eine Entscheidung getroffen werden soll, ein geeignetes Forum zur Ideenfindung darstellt.

BITTEN SIE DIE RICHTIGEN LEUTE DAZU

Ein Meeting hat dann bessere Aussichten auf Erfolg, wenn jeder dabei ist, der gebraucht wird, und keiner, der nicht hergehört. Sicher haben Sie alle schon einmal Meetings erlebt, die belanglos vor sich hinplätscherten, weil zu viele Leute am Tisch saßen, die oftmals abgelenkt oder mit ihren Handys beschäftigt waren. Ob wirklich immer alle dabei sein müssen? Vermutlich nicht.

Ich war auch schon auf Meetings, auf denen eine Entscheidung mit großer Tragweite für ein anderes Team getroffen werden sollte – so betrifft beispielsweise eine Produktentscheidung über die Features, die eingebaut werden sollen, auch die Verkaufsprospekte –, ohne dass Repräsentanten dieser Abteilung vertreten waren. Das kann auch deshalb ins Geld gehen, weil Sie ohne alle Betroffenen keine ausgewogene Entscheidung treffen können. Das führt entweder zu Verzögerungen oder birgt die Gefahr, dass die Entscheidung ausgesetzt und noch einmal diskutiert werden muss.

Woher wissen Sie, wen Sie dazubitten sollten? Schauen Sie sich noch einmal Ihre Antwort auf die Frage an, wie ein hervorragendes Ergebnis für Ihr Meeting aussieht, und fragen Sie sich dann: Wen brauchen wir, um dieses Ergebnis zu realisieren?

Manchmal haben ansonsten vernünftige Menschen ganz unterschiedliche Ansichten dazu, wer an so einem Meeting teilnehmen sollte. Vor einer ganzen Weile führte ich noch Review-Meetings durch, auf denen verschiedene andere Führungskräfte und ich Feedback zur Arbeit meines gesamten Teams abgaben. Dazu waren alle Mitglieder meines Teams eingeladen. Als wir immer mehr Leute einstellten, wuchs die Teilnehmerzahl so stark, dass das Meeting zur Großveranstaltung mutierte. Zu Wort meldeten sich auf jeder Sitzung dennoch nur ein paar Leute, sodass alle anderen meist zuschauten und zuhörten.

Ich schlug vor, die Teilnehmerliste zusammenzustreichen, doch damit waren nicht alle einverstanden. Das Meeting sei doch deshalb nützlich, so ein Einwand, weil es neue Mitarbeiter dem Feedback aussetzte, auf das sie sich einstellen mussten. Außerdem, so eine andere Gegenstimme, sei es ein Meeting mit besonderer Außenwirkung und Führungspräsenz. Dabei zu sein, gebe den Anwesenden das Gefühl, geschätzte Teammitglieder zu sein.

Das waren stichhaltige Argumente. Stimmt, das Meeting diente Informationszwecken, indem es vermittelte, worauf wir Wert legten. Und es trug auch zur Vernetzung mit leitenden Führungskräften bei. Würde ich also nur noch die Vortragenden dazubitten, wäre dieser Nutzen verpufft.

Das *Hauptziel* dieses Review-Meetings war doch aber, dass andere Führungskräfte und ich nützliches Feedback zu laufenden Projekten geben konnten. Und das wurde durch so viele andere Beobachter erschwert. Dadurch entstand eine offizielle Atmosphäre, und der Druck stieg. Die Vortragenden fingen an, zu viel Zeit darauf zu verwenden, alle Einzelheiten ihrer Präsentationsfolien zu überarbeiten. Ich als Federführende bekam das Gefühl, ich müsse meine Worte vor so großem Publikum sorgfältig wählen, weshalb ich mich nicht so beiläufig und direkt äußern konnte, wie ich es gern getan hätte.

Am Ende beschlossen wir, die Teilnehmerliste zu kürzen. Wir entschieden uns, andere Möglichkeiten zu finden, um in die Fortbildung und die Teamfähigkeit unserer Leute zu investieren, unter anderem, indem wir einen ausführlichen Bericht über das Meeting verfassten und zugänglich machten und mehr Fragerunden mit Führungskräften veranstalteten. Dadurch hatten manche im Team jede Woche eine Stunde mehr zur Verfügung. Vor allem aber sank der Druck in dem Meeting wieder. Wir sprachen ehrlicher miteinander und arbeiteten effektiver auf das ursprüngliche Ziel hin.

GIB ALLEN BETEILIGTEN GELEGENHEIT, SICH VORZUBEREITEN

Bei mehr als einem Review-Meeting war ich diejenige, die mit verblüfftem Gesichtsausdruck auf die Diagramme und Graphen schaute, die uns präsentiert wurden, während die Vortragenden Dinge sagten wie: »Wie ihr also aus den vorliegenden Daten klar ersehen könnt ...« *Moment mal!*, hätte ich dann am liebsten gerufen. *Ich verstehe nicht, wie ihr zu diesem Schluss kommt. Stehe ich da gerade auf dem Schlauch?*

Inzwischen weiß ich, dass das eine ganz normale Reaktion ist – und mir bestimmt nicht peinlich sein muss. Selbst die Datenspezialisten in meinem Kollegenkreis brauchen Zeit, um neue Informationen zu verdauen.

Weil die Vortragenden ihre Materie in- und auswendig kennen, erleben sie, was Sozialpsychologen als »Fluch des Wissens« bezeichnen – die kognitive Verzerrung, die es ihnen schwer macht, sich in jemanden zu versetzen, der zum ersten Mal mit dem Inhalt konfrontiert wird. Sie gehen stillschweigend davon aus, dass alle im Raum die Kernpunkte rasch begreifen, wenn sie sich durch ihre Folien klicken.

Sollen aus dem Meeting aber Entscheidungen oder Feedback hervorgehen, fällt es den Beteiligten unter Umständen schwer, die Thematik in der Kürze der Zeit so zu erfassen, dass sie durchdachte Schlussfolgerungen ziehen können.

Die Lösung: Geben Sie allen die Chance, sich vorzubereiten. Dazu nahmen wir an unseren Entscheidungs- und Review-Meetings folgende Änderungen vor: Wir baten die Organisatoren, alle Präsentationen oder Unterlagen schon am Vortag einzureichen, damit jeder Gelegenheit bekam, sich bereits im Vorfeld in die Thematik einzuarbeiten. Auf diese Weise konnte ich mir so viel Zeit nehmen, wie ich brauchte, um alle Diagramme und

Graphen zu durchblicken, und letztlich selbst sinnvollere Beiträge leisten.

Wer vorab noch eine Meeting-Agenda ausgibt, zeigt, dass er sich kümmert und dass im daran liegt, der Gruppe zu helfen, sich voll zu konzentrieren. Das ist für Meetings jeder Größe eine gute Idee, selbst für 1 : 1-Gespräche, doch je größer das Meeting, desto wichtiger die Vorbereitung. Sie finden, das klingt nach viel Arbeit? Dann denken Sie doch mal daran, was so ein Meeting kostet.

Verpufft eine Belegschaftsversammlung ergebnislos, an der 500 Beschäftigte teilnehmen, hat das Unternehmen 500 Arbeitsstunden verschwendet. Wenn wir konservativ von 50 Euro Stundenlohn pro Person ausgehen, sind das 25 000 Euro. Selbst wenn nur 5 Leute 5 Arbeitsstunden aufwenden, um ein solches Meeting vorzubereiten (insgesamt 1250 Euro), dann ist das zweifellos sinnvoll investiertes Geld. Auch ein allwöchentliches Meeting, an dem nur ein paar Leute teilnehmen, kann sich im Laufe eines Jahres als Tausende Euro verschwendeter Produktivität auswirken, wenn die Zeit nicht sinnvoll genutzt wird.

Genauso wichtig wie die Vorbereitung eines Meetings ist die Nachbereitung. Ein Meeting dient keinem Selbstzweck. Es ist der Ausgangspunkt einer weit längeren Wertschöpfungsentwicklung.

Gewöhnen Sie sich daher an, in den letzten Minuten eines Meetings einfließen zu lassen: »Bevor wir abbrechen, sollten wir uns unbedingt noch auf die nächsten Schritte einigen …« Schicken Sie allen Teilnehmenden nach dem Meeting eine Zusammenfassung, in der sie das Gespräch kurz rekapitulieren, konkrete Handlungsschritte und die jeweils dafür Zuständigen auflisten und ankündigen, wann das nächste Meeting stattfindet.

Wurde eine Entscheidung getroffen, sollte diese an die richtigen Stellen kommuniziert werden. Wurde Feedback erteilt, sollte entsprechend reagiert werden. Wurden Ideen entwickelt, sollte die organisierende Person klarstellen, wie es damit weitergeht. Auf dieser Nachbereitung fußt das Programm des nächsten Zusammentreffens der Gruppe.

ERMÖGLICHEN SIE, DASS MAN IN EINEM MEETING OHNE BEDENKEN ODER ANGST BEITRAGEN KANN

Am Anfang meiner Karriere war ich die Ruhige, deren Beiträge bei Meetings umkehrt proportional zur Zahl der Anwesenden ausfielen. Will heißen: Im 1 : 1-Gespräch redete ich viel, doch sobald eine Gruppe aus mehr als sieben Menschen bestand, gab ich den Ninja, um möglichst nicht aufzufallen.

Als Vorgesetzte fiel mir dasselbe Phänomen bei vielen meiner Teammitglieder auf. Nicht jedem fällt es leicht, vor einer Gruppe preiszugeben, was ihm auf der Seele liegt. Ich hatte Angst vor der Wertung anderer – ich befürchtete, ich könnte etwas Dummes sagen und ihre Zeit verschwenden.

Mehr Selbstvertrauen gewann ich durch Situationen, in denen ich mich sicher, aufgefangen und nicht gewertet fühlte. Es fiel mir leichter, mich zu äußern, wenn das alle taten – nicht nur ein oder zwei besonders gesprächige Leute. Oder auch, wenn mich jemand wirklich interessiert nach meiner Meinung fragte: »Julie, du hast noch gar nichts dazu gesagt – was hältst du denn von dem Vorschlag?« Oder wenn meine Beziehung zu den Anwesenden so eng war, dass ich wusste, sie würden mich schon nicht für inkompetent halten – selbst wenn ich etwas Dummes sagte.

Organisieren Sie ein Meeting, um Ideen zu entwickeln, eine Entscheidung zu treffen oder die Beziehungen im Team zu stärken, werden Sie bessere Ergebnisse erzielen, wenn Sie erreichen können, dass alle Anwesenden ihren Beitrag leisten. Aus diesem Grund ist es so wichtig, für eine Atmosphäre zu sorgen, in der Fragen, Gespräche, Diskussionen und Widerspruch willkommen sind. Stellen Sie eine Idee vor, die Ihnen genial erscheint, doch alle anderen im Raum finden sie insgeheim albern, hilft es Ihnen nicht, wenn sich niemand traut, Ihnen seine ehrliche Meinung zu sagen. Wenn Sie am Ende nicht wie der Kaiser ohne Kleider dastehen wollen, sollten Sie Folgendes versuchen.

Setzen Sie klare Standards

Wenn Sie wollen, dass sich alle in Ihr Meeting einbringen, ist die einfachste Taktik manchmal, das ohne Umschweife zu sagen.

Mit meinem Team veranstalte ich regelmäßige Fragerunden. Meine Leute sollen in dem Bewusstsein leben, dass sie mir heikle Fragen stellen und klare Antworten erwarten dürfen. Nach etwa einem Dutzend solcher Treffen fiel mir auf, dass nur selten heikle Fragen kamen. Die Anwesenden musterten einander, als warteten sie darauf, dass ein anderer den Anfang machen würde.

Es konnte doch nicht sein, dass mein Team nie heikle Fragen hatte – schließlich war mir wiederholt zu Ohren gekommen, dass manche Zweifel an einer bestimmten Strategie hatten oder sich fragten, warum eine unserer Initiativen nicht so gut lief. Bei den Fragerunden wurden solche Dinge aber nie angesprochen. Schließlich beschloss ich, den Elefanten im Raum beim Namen zu nennen.

Das nächste Meeting eröffnete ich mit den Worten: »Ich nehme mir Zeit für diese Fragerunden, weil mir wirklich wichtig ist, dass wir im Team offen über alle Vorgänge sprechen. Ehrlich gesagt habe ich aber nicht den Eindruck, dass ich von euch alle eure größten Sorgen zu hören bekomme. Lasst mich deshalb rundheraus sagen: Schwierige Fragen sind erwünscht! Raus damit! Ich verspreche, sie so transparent zu beantworten, wie ich kann.«

Das funktionierte. Indem ich ausdrücklich betonte, dass ich Wert auf Transparenz legte und heikle Fragen hören wollte, erreichte ich, dass immer mehr Leute solche Fragen stellten.

Verändern Sie das Format Ihrer Meetings, um eine lebhaftere Beteiligung zu fördern

Ein unstrukturiertes Gespräch in der Gruppe bedeutet, dass es den Teilnehmenden überlassen bleibt, ob und wann sie etwas sagen. Sind darunter auch introvertierte Menschen, fällt es Ihnen womöglich schwer, sie dazu zu bringen, ihre Ansichten zu äußern. Die Extrovertierten unter den Anwesenden könnten das Gespräch an sich reißen. Auch unterschiedliche Positionen, Betriebszugehörigkeit oder Vertrautheit können sich darauf auswirken, ob sich Menschen ungeniert zu Wort melden.

Diese natürliche Gruppendynamik können Sie aushebeln, indem Sie strukturierte Ansätze vorschlagen – etwa, indem reihum jeder Redezeit erhält. Müssen Sie sich zwischen drei Optionen entscheiden, können Sie alle Anwesenden fragen, welche Variante sie jeweils bevorzugen und aus welchem Grund. Das garantiert, dass keine Ansicht unausgesprochen bleibt.

Eine andere Taktik ist die »Klebezettel«-Eröffnung. Bevor Sie ein komplexes Thema anschneiden (etwa, wie Ihre Marketingziele aussehen sollten oder was in drei Jahren als Erfolg zu werten wäre), teilen Sie an alle Anwesenden einen Block Klebezettel aus und bitten sie, ihre Gedanken zu diesem Thema zu notieren. Lassen Sie ihnen 10 bis 15 Minuten Zeit, um konzentriert zu arbeiten.

Danach klebt jeder seinen Zettel an das Board und erläutert seine Überlegungen. Ähnliche Gedanken werden in »Klumpen«

zusammengefasst. Sind alle Zettel angebracht, diskutiert das Plenum über die verschiedenen Klumpen.

Indem sie alle dazu animieren, ihre Gedanken zu Papier zu bringen, bevor sie sie mit anderen austauschen, senken sie die Barriere für die Beteiligung an der Diskussion.

Teilen Sie die Redezeit gleichmäßig auf

Werden Ihre Meetings gewöhnlich von wenigen Einzelnen dominiert, versuchen Sie, allen Anwesenden gleich viel Redezeit zuzuweisen.

Tolerieren Sie keine Unterbrechungen. Äußert eine Teilnehmerin einen Standpunkt und eine andere Stimme fällt ihr lautstark ins Wort, sollten Sie schützend eingreifen: »Moment bitte, Ann war noch nicht fertig.« Das bringt Ihnen den zusätzlichen Pluspunkt, dass Sie selbst glaubwürdiger wirken.

Das Gleiche gilt, wenn Sie merken, dass jemand versucht, zu Wort zu kommen. Sie können dem Betreffenden den Einstieg erleichtern, indem Sie sagen: »Ich habe den Eindruck, dass John etwas sagen möchte.« Das hat einmal eine Kollegin in einem hochkarätigen Meeting mit 20 anderen für mich getan, und ich weiß noch, wie dankbar ich ihr dafür war.

Besonders aufmerksame Führungskräfte könnten sogar versuchen, gezielt Fragen zu stellen wie: »Susan, du wirkst verwundert – was sollten wir denn deiner Ansicht nach tun?« Oder: »Rick, von dir haben wir noch gar nichts gehört. Was meinst du denn?«

Die Dampfplauderer sollten sie höflich, aber unmissverständlich wissen lassen, wann andere an der Reihe sind: »Ian, ich weiß, du hast noch mehr zu sagen, aber wir wollen zunächst noch anderen Gelegenheit geben, sich einzubringen.« Oder: »Laura, ich habe den Eindruck, dass du eindeutig Option X favorisierst. Bevor wir zum Schluss kommen: Ist jemand anderer Ansicht? Ich möchte sichergehen, dass alle Gesichtspunkte berücksichtigt werden.«

Andere zu unterbrechen und den Gesprächsfluss auf diese Weise zu moderieren, ist nicht immer einfach, signalisiert aber klar, dass Sie sich bessere Ergebnisse davon versprechen, dass vielfältigere Ansichten geäußert werden.

Holen Sie Feedback zu Ihrem Meeting ein

Wenn Sie Glück haben, gibt es in Ihrem Team ein freimütiges Mitglied, das Ihnen sagt, dass es Ihr Meeting nicht wirklich als sinnvoll empfunden hat. Um Feedback zu erhalten, gibt es aber noch eine verlässlichere Methode: Bitten Sie grundsätzlich um eine Rückmeldung – vor allem bei wiederkehrenden Meetings mit größerer Teilnehmerzahl.

Bedenken Sie: Die Voraussetzung für produktives Feedback sind konkrete Fragen an die Teilnehmer des Meetings, die diese in dem sicheren Gefühl beantworten können, dass sie ehrlich sein dürfen. Sprechen Sie dabei gleich selbst einen Punkt an, den Sie für problematisch halten, wissen alle, dass Kritik geübt werden darf.

Nach meinem misslungenen Status-Meeting hätte ich fragen können: »Wie zielführend findet ihr mein wöchentliches Status-Meeting? Ich will damit erreichen, dass jeder einen Kontext dazu hat, wer gerade woran arbeitet, um die Zusammenarbeit und die wechselseitige Unterstützung im Team zu fördern. Ich frage mich aber, ob wir uns derzeit nicht zu sehr in Details verheddern. Wie seht ihr das?«

Erinnern Sie sich an Ihre besten Meetings. Was für eine Atmosphäre herrschte da? Mir sind die am liebsten, die von freundlicher, ehrlicher Aufgeschlossenheit geprägt sind – unbeeinträchtigt durch unterschwellige Spannungen oder latenten Druck. Die Teilnehmenden sollen sich trauen, auch verrückte Ideen in den Ring zu werfen oder zu sagen, wenn sie anderer Meinung sind. Jeder soll wissen, dass seine Anwesenheit und seine Beiträge gewürdigt werden. So sollten unsere Meetings aussehen!

BEI MANCHEN MEETINGS SIND NUR SIE ÜBERFLÜSSIG, BEI ANDEREN DAS GANZE MEETING

Vor ein paar Jahren, als ich gerade besonders schwierige Wochen im Büro durchlebte, arbeitete ich abends oft bis nach Mitternacht und saß auch am Wochenende am Schreibtisch. *So geht das auf Dauer nicht*, sagte ich mir. *Warum komme ich einfach nicht hinterher?*

Als ich mit meinem Mann darüber sprach, war seine erste Frage: »Wie sieht dein Kalender aus?«

»Voll«, entgegnete ich. »Ein Meeting jagt das andere.« »Hm«, meinte er da. »Und du musst wirklich an allen teilnehmen?«

Seine Worte veranlassten mich dazu, mir meinen Zeitplan genauer anzusehen. Eine Woche lang notierte ich mir zu jedem Meeting, an dem ich teilnahm, wie ich mich danach fühlte: ob ich mich eingebracht hatte, ob ich das Ergebnis kritisch beurteilte, ob meine persönliche Anwesenheit produktiv gewesen war.

Am Ende der Woche stellte ich erstaunt fest, dass die Antworten für rund 40 Prozent meiner Meetings negativ ausfielen. Um ehrlich zu sein, nahm ich an manchen Meetings nur teil, weil ich einbezogen werden wollte oder weil ich dazu eingeladen worden war und mich verpflichtet fühlte, Präsenz zu zeigen. Dabei hätte ich die ganze Zeit für die Prioritäten aufwenden können, derentwegen ich mir jetzt die Nächte um die Ohren schlagen musste!

Ich dachte erst, ich sei ein Extremfall, fand aber heraus, dass das gar nicht ungewöhnlich ist. Leslie Perlow von der Harvard Business School und ihre Kolleginnen und Kollegen befragten dazu 182 Führungskräfte aus der Management-Ebene ganz verschiedener Unternehmen. Ihrer Erhebung zufolge sagten 65 Prozent aus, Meetings hielten sie davon ab, ihre eigentlichen Aufgaben zu erledigen, 71 Prozent fanden ihre Meetings unproduktiv und ineffizient, und 64 Prozent meinten, Meetings gingen auf Kosten reiflicher Überlegungen.[34]

Das Ergebnis meiner Überprüfung war, dass ich meinen Kalender gründlich bereinigte. Ich strich alle Meetings, zu denen ich in Wirklichkeit nichts beitrug. Wollte ich über wesentliche Entscheidungen im Bild bleiben, bat ich die Veranstalter, mich in den Verteiler für die Unterlagen aufzunehmen, die vor und nach dem Meeting verschickt wurden. Mit der zurückgewonnenen Zeit konnte ich wieder zu einem gesünderen Verhältnis zwischen Arbeit und Privatleben zurückfinden und mich besser den Dingen widmen, die mir wirklich wichtig waren.

Als Führungskraft ist Ihre Zeit kostbar und begrenzt. Hüten Sie sie daher wie ein Drache den Schatz. Sind Sie einigermaßen sicher, dass auch ohne Sie das Richtige dabei herauskommt, ist Ihre Anwesenheit überflüssig.

Achten Sie dabei auch auf Meetings, die offensichtlich für *keinen* einen Wert haben. Diese sollten ersatzlos gestrichen oder komplett umgestaltet werden. Nale Lehmann-Willenbrock und ihre Kolleginnen und Kollegen konstatierten in ihrer Forschungsarbeit einen direkten Zusammenhang zwischen gut geplanten Meetings (zu denen die richtigen Leute eingeladen wurden und die richtig strukturiert waren und sich durch produktive Interaktionen auszeichneten) und Ergebnissen wie Teamerfolg oder dem Wohlbefinden der Teammitglieder. Missglückte Meetings können »Beschäftigte frustrieren und zu Erschöpfung und potenziell zum Burn-out führen«, meint Lehmann-Willenbrock. Umgekehrt gilt: »Gelungene Meetings können die Moral der Mitarbeiterinnen und Mitarbeiter heben.«[35]

Früher hatte ich jeden Mittwoch ein Meeting, vor dem mir regelrecht graute, weil die Stimmung immer so angespannt und konfrontativ war. Alle Teilnehmenden saßen mit verschränkten Armen und übereinandergeschlagenen Beinen da, als würden wir über die Atomwaffenstrategie diskutieren, nicht über Verbesserungen an unseren Abläufen. Was auch gesagt wurde, es kam umgehend Widerspruch oder es folgten lange Phasen des Schweigens. Zum Glück fand dieses regelmäßige Meeting ein Ende, als das Team in größerem Umfang umstrukturiert wurde.

Ein paar Jahre später kam ich mit einem Kollegen ins Gespräch, der zufällig damals auch zu den Teilnehmern gehört hatte. Im Rückblick wurde uns beiden klar, dass wir das Meeting für Zeitverschwendung gehalten hatten. In unserer Gruppe hatte sich damals noch kein wechselseitiges Vertrauen gebildet. Deshalb wurde jede Diskussion als unproduktives Spiel um hohe Einsätze empfunden. »Warum haben wir das nicht gleich gemerkt und das Meeting viel früher abgeschafft?«, fragten wir uns. Wieder was gelernt.

Sitzen Sie immer wieder in einem Meeting von fragwürdigem Nutzen, sollten Sie allen Beteiligten einen wichtigen Dienst erweisen und es demjenigen sagen, der das Meeting organisiert. Das Leben ist zu kurz, um es auf unproduktiven Meetings zu verschwenden. Zielen Sie darauf ab, jedes einzelne Meeting, an dem Sie teilnehmen, zu einer produktiven, eindrucksvollen und beflügelnden Erfahrung zu machen, damit Ihr Team gemeinsam mehr leisten kann.

Siebtes Kapitel

Wie man die richtigen Leute einstellt

SO NICHT …

… SONDERN LIEBER SO

Ganz zu Anfang meiner Karriere, als mir Vorstellungsgespräche noch ungewohnt vorkamen und mir Angst machten, saß ich einmal einem Bewerber namens Tom gegenüber, der frisch von der Uni kam. Er lächelte schüchtern, als ich mich vorstellte. Nachdem ich ihm die erste Aufgabe gestellt hatte, griff er nach einem Stift und skizzierte die Lösung auf dem Whiteboard. Ich merkte, dass seine Hände leicht zitterten. Er stellte ein paar tiefgründige Fragen. Als er stecken blieb, verstummte er, trat zurück und dachte laut.

Am Ende unseres Gesprächs hatte er nicht alle Aufgaben, die ich ihm gestellt hatte, vollständig gelöst. Ich spürte seine Enttäuschung. Ich sah förmlich vor mir, wie er nach Hause fahren, sein Notebook hervorholen und weiterarbeiten würde, bis er die Lösung hatte. So schätzte ich ihn ein.

Obwohl er meine Fragen nicht so gut beantworten konnte wie andere Bewerberinnen und Bewerber, votierte ich bei der Personalentscheidung für ihn. Das überraschte mich selbst. Von Haus aus entschied ich eher konservativ – wenn ich auch nur die leisesten Zweifel hegte, fand ich es sicherer, gegen eine Einstellung zu stimmen. Zum ersten Mal lehnte ich mich für jemanden aus dem Fenster. Doch ich hatte einfach das Gefühl, dass Tom etwas Besonderes war: nicht nur clever, sondern ungewöhnlich engagiert und überlegt. Ich wusste, mit ihm würde ich gern zusammenarbeiten.

Nach längerer Diskussion mit den übrigen Entscheidern beschlossen wir zum Glück, Tom ein Angebot zu machen. Ein paar

Jahre später begegnete ich ihm auf einer Party. Er kam auf mich zu und sagte: »Weißt du, ich denke immer noch manchmal an das Vorstellungsgespräch bei dir. Ich war so nervös und konnte die Aufgabe nicht richtig lösen, die du mir gestellt hattest. Ich war mir sicher, dass du mich ablehnen würdest.«

Ich lächelte und witzelte, ich hätte eine Kristallkugel, und die hätte mir gezeigt, dass er sich gut herausmachen würde. Denn das hatte Tom fraglos getan. Nach seiner Einstellung hob seine Karriere ab wie eine Rakete. In wenigen Jahren schaffte er den Sprung vom unerfahrenen Uniabsolventen zum technischen Leiter. Obwohl wir gar nicht so viel miteinander zu tun hatten, hörte ich immer wieder seinen Namen – und er wurde stets mit großem Respekt ausgesprochen. Er war hochintelligent, aber nach wie vor einer unserer bedachtesten und engagiertesten Kollegen.

Wächst eine Organisation, sind die richtigen Personalentscheidungen der wichtigste Beitrag, den Sie leisten können. Bis heute habe ich Bewerbungsgespräche mit Hunderten von Kandidatinnen und Kandidaten geführt und ebenso viele Leute eingestellt, die ihrerseits Tausende weitere nachgeholt haben. Hätten Sie mir als Berufsanfängerin gesagt, dass ich einmal Entscheidungen von solcher Tragweite treffen würde, hätte ich Sie für verrückt erklärt.

Personalentscheidungen sind aber nicht nur in der Gesamtschau ein maßgeblicher Faktor – jedes einzelne fähige Mitglied kann das Ergebnis Ihres Teams erheblich beeinflussen.

Das Wichtigste bei solchen Entscheidungen: Einstellungen sind kein *Problem*, das gelöst werden muss, sondern eine Chance, an der Zukunft Ihrer Organisation mitzubauen.

Ich habe eine Weile gebraucht, um das zu begreifen. Weil mein Team so schnell größer wurde, hing der Druck, neue Leute zu finden, wie eine Wolke über mir, die sich nicht vertreiben ließ. Uns fehlten ständig Leute. Personalbeschaffung kam mir daher wie eine Aufgabe vor, die ich erledigen *musste*, um das Problem zu lösen, dass meine Teammitglieder überfordert und meine Projekte unterbesetzt waren. Wie konnte ich diese Engpässe so schnell wie möglich beseitigen?

Doch bei Personalentscheidungen geht es nicht nur darum, Lücken zu füllen. Gehen Sie so an die Sache heran, werden Sie nie das Beste aus Ihren Leuten herausholen. Es geht vielmehr darum, herauszufinden, wie Sie Ihr Team und *Ihr Leben* deutlich verbessern können. Unsere Lieblingskolleginnen und -kollegen bringen nicht nur ihre Fähigkeiten ein, sondern sie lehren uns Neues, inspirieren und unterstützen uns, sodass uns die Arbeit gleich viel mehr Spaß macht. Rückblickend erscheint mir wenig so aufregend, wie einen Menschen zu treffen, sein besonderes Potenzial zu erkennen und dann jahrelang mit ihm zusammen an der Lösung maßgeblicher Probleme zu arbeiten.

Die richtigen Leute einzustellen, ist aber nicht so einfach. Anders als im Märchen muss man manchmal viele Frösche küssen, um den Richtigen oder die Richtige zu finden. In diesem Kapitel sprechen wir über den besten Ansatz, um ein großartiges Team aufzubauen.

GESTALTEN SIE IHR TEAM BEWUSST

Wenn Ihr Team so unterbesetzt ist, dass die Belastung eine kritische Grenze erreicht, ist es manchmal schwer, einen Bewerber abzulehnen, der verfügbar und bereit wäre, die Aufgabe zu übernehmen. Da schaut man schon mal darüber hinweg, dass er nicht genau den Vorstellungen entspricht – so, wie man eine Scheibe Brot, eine saure Gurke und ein bisschen Ketchup als akzeptable Mahlzeit betrachtet, wenn der Magen knurrt und der Kühlschrank gerade nichts anderes hergibt.

Die Lösung – für das Ernährungsproblem übrigens ebenso wie für die Optimierung Ihres Teams: Planen Sie voraus. Gehen Sie am Samstag in den Supermarkt und kaufen Sie so viel ein, dass Sie jeden Abend eine vollwertige Mahlzeit zubereiten können. Überfällt Sie dann am Mittwochabend der Heißhunger, können Sie zu Huhn und Gemüse greifen.

Ich setze mich jedes Jahr im Januar hin und skizziere, wie mein Team am Ende des Jahres aussehen soll. Ich erstelle ein Organigramm für die Zukunft, analysiere Kompetenzlücken, Stärken oder Erfahrungen und liste Vakanzen auf, die ich besetzen möchte. Das geht auch, indem Sie sich folgende Fragen stellen:

- Wie viele neue Leute werde ich für mein Team in diesem Jahr einstellen (auf der Grundlage von Unternehmenswachstum, erwarteten Abgängen, Budget, Prioritäten usw.)?
- Wie viel Erfahrung sollen die Neuzugänge mitbringen?
- Welche konkreten Kompetenzen oder Stärken brauchen wir in unserem Team (zum Beispiel kreatives Denken, herausragende operationelle Leistungen, Fachkenntnisse in KI usw.)?
- Über welche Kompetenzen und Stärken verfügt unser Team bereits, sodass sie von neuen Teammitgliedern nicht unbedingt abgedeckt werden müssen?
- Welche Wesenszüge, Erfahrungen oder Persönlichkeiten wären der Vielfalt des Teams zuträglich?

Ein wohlüberlegter Organisationsplan für das kommende Jahr greift dem Personalbedarf vor und gibt Ihnen praktische Eckpunkte vor, um Bewerberinnen und Bewerber zu bewerten – damit Sie nicht den Fehler begehen, die Nächstbesten einzustellen.

Selbst wenn Veränderungen eintreten – wenn Ihre Organisation umstrukturiert wird, ein Mitarbeiter überraschend kündigt oder sich die Prioritäten verschieben –, können Sie Ihren Plan laufend anpassen, sodass Sie immer ein klares Bild davon vor Augen haben, wie Ihr Team aussehen sollte.

In einem Unternehmen ohne größeren Personalbedarf wird das etwas anders ablaufen. In diesem Fall könnte Ihr Team in einem Jahr in Zusammensetzung und Größe mehr oder minder unverändert sein. Dennoch ist es sinnvoll, sich Gedanken darüber zu machen, dass jemand vom Team abwandern könnte, und sich zu überlegen, wo man entsprechenden Ersatz herbekommen würde. Woher kamen Ihre besten Leute? Wenn überhaupt, welche neuen Kompetenzen würden Sie dann gerne hinzunehmen? Gibt es bestimmte Wunschkandidatinnen oder -kandidaten, die Sie sofort einstellen würden, wenn eine Stelle frei wird?

PERSONALBESCHAFFUNG IST LETZTLICH *IHRE* AUFGABE

Haben Sie das Glück, in einem Unternehmen mit einem eigenen Recruiting-Team in der Personalabteilung zu arbeiten, glauben Sie vielleicht, Sie könnten sich zurücklehnen und abwarten, bis Ihnen die Spitzenleute auf dem Silbertablett serviert werden.

Das können Sie vergessen. Schließlich kann kein Personaler wissen, wie der ideale Neuling für *Ihr* Team aussieht. Und kein Personaler kann Ihnen helfen, die fachlichen Kompetenzen eines Bewerbers zu bewerten – ob es um die Auswertung von Röntgenbildern geht oder ums Programmieren.

In letzter Instanz sind *Sie* für den Aufbau Ihres Teams verantwortlich. Vorgesetzte, die erfolgreich neue Leute einstellen, arbeiten eng mit dem Personalteam zusammen, um die besten Bewerberinnen und Bewerber zu ermitteln, ihnen im Vorstellungsgespräch auf den Zahn zu fühlen und sie ins Unternehmen zu holen. Eine gute Personalerin bringt ihr Netzwerk mit und ebenso fundierte Kenntnisse des Einstellungsverfahrens. Sie weiß, wie man Kandidaten auftreibt und ihr Interesse weckt, wie man sie durch Vorstellungsgespräche begleitet und wie man Vertragsbedingungen aushandelt. Eine Teamleiterin, die sich auch durch eine erfolgreiche Personalpolitik auszeichnet, bringt mit an den Tisch, was sie über die zu besetzende Stelle weiß – was diese voraussetzt und warum sie interessant ist –, und opfert ihre Zeit, um sich einen persönlichen Eindruck davon zu verschaffen, wie gut jemand in ihr Team passt.

Gibt es keine entsprechenden Leute in der Personalabteilung, müssen Sie beide Funktionen übernehmen. Die Zusammenarbeit sollten Sie folgendermaßen angehen.

Beschreiben Sie den idealen Bewerber so genau wie irgend möglich

Es obliegt Ihnen als personalverantwortlicher Führungskraft, festzustellen, dass es eine Vakanz gibt, und anzugeben, wie der Mensch aussehen sollte, der diese am besten ausfüllen kann. Übernehmen Sie die Stellenbeschreibung selbst und geben Sie konkret an, auf welche Kompetenzen oder Erfahrungen Sie besonderen Wert legen.

Selbst bei ein und derselben Stelle können die Aufgaben stark variieren. So konzentriert sich vielleicht ein Produktmanager auf die funktionsübergreifende Ausrichtung, ein anderer befasst sich dagegen mit der konkreten Ausführung und schreibt Spezifikationen, kümmert sich um Sprints und gestaltet die Strategie. Manche spezialisieren sich auf Daten und Experimente und optimieren Sales Funnels, während andere der Vision Vorschub leisten und Kunden besser informieren. Sie mögen den gleichen Titel tragen, üben aber vollkommen andere Funktionen aus.

Weiß Ihr Personaler über solche Nuancen Bescheid, kann er Ihnen helfen, Bewerberinnen und Bewerber nach den Qualitäten zu sichten, die Sie benötigen.

Entwickeln Sie eine Strategie zur Personalbeschaffung

Haben Sie genaue Vorstellungen von der Person, die Sie gern einstellen möchten, ist es hilfreich, sich mit dem Personaler zu einem Brainstorming zusammenzusetzen, um zu klären, wo Sie diese Idealbesetzung auftreiben könnten. Vielleicht fallen Ihnen dazu bestimmte Titel oder Organisationen ein, die Sie auf LinkedIn suchen können, Menschen, die Sie um Empfehlungen bitten, Konferenzen, die Sie besuchen, oder Anzeigen, die Sie schalten können.

Eine weitere Option: Finden Sie heraus, auf welche Muster oder Schlüsselwörter Sie in einer Bewerbung achten sollten. Bei der Besetzung einer Stelle befanden mein Personaler und ich, dass das ideale neue Teammitglied sowohl Erfahrung aus einem Start-up als auch aus einem großen Unternehmen mitbringen sollte, weil sich aus dieser Kombination oft ein gesundes Gleichgewicht aus unternehmerischer Agilität und organisierter Skalierbarkeit ergibt. Wir waren uns außerdem einig, dass die erste E-Mail zur Kontaktaufnahme nicht vom Personaler, sondern von mir kommen sollte, damit von Anfang an ein persönliches Verhältnis entstehen konnte.

Manchmal liefern ungewöhnliche Muster ganz erstaunliche Kandidaten. Patty McCord, vormals Chief Talent Officer bei Netflix, stellte mit ihrem Recruiting-Team fest, dass eine überraschend hohe Zahl ihrer besten Datenwissenschaftler ein Interesse an Musik teilten. Statt in den Bewerbungsunterlagen nur nach den typischen datenorientierten Schlüsselbegriffen zu suchen, achteten sie künftig auch darauf, ob jemand Klavier oder

Gitarre spielte. »[Wir] kamen zu dem Schluss, dass bei solchen Menschen die rechte und die linke Gehirnhälfte besser zusammenarbeiten – eine hervorragende Voraussetzung für die Datenanalyse«, schreibt McCord.[36]

Stellen Sie sicher, dass das Einstellungsverfahren für den Bewerber unvergesslich bleibt

Ich kann Ihnen gar nicht sagen, wie oft ich schon von Bewerberinnen und Bewerbern gehört habe, dass sie die Stelle bei uns unter anderem deshalb angenommen hatten, weil ihnen das Einstellungsverfahren so durchdacht, fokussiert und zügig erschien. Das weckte Vertrauen in unser Unternehmen und in das Team, mit dem sie zusammenarbeiten würden.

Selbst wenn Sie einem Bewerber am Ende kein Angebot machen – eine denkwürdige Erfahrung im Einstellungsinterview und dem Drumherum verrät Interessierten, dass Ihnen die Menschen am Herzen liegen, die die Zukunft Ihrer Organisation sein könnten.

Damit das klappt, muss die Beziehung zwischen den einstellenden Vorgesetzten und der Personalabteilung solide sein. Mein Personaler und ich sind für alle, die zum Vorstellungsgespräch erscheinen, wie Batman und Robin. Wir tauschen uns mehrfach am Tag über Detailfragen aus – darüber, ob alle am Bewerbungsverfahren Beteiligten die Hintergrundinformationen erhalten haben, wer welche Kompetenzen bewertet, ob es jemanden gibt, der einen guten Draht zu dem Bewerber haben könnte, wie Anne, die zuvor im selben Unternehmen gearbeitet hatte, oder Dixon, der ebenfalls neu in der Stadt war, oder wer es übernehmen würde, den Bewerber unverrichteter Dinge nach Hause zu schicken.

Indem wir gemeinsam am Einstellungsverfahren arbeiteten, konnten wir häufige Fehler vermeiden: dass zwischen den Folgeschritten Tage oder Wochen vergehen, dass Bewerber immer wieder dasselbe gefragt werden oder widersprüchliche oder verwirrende Informationen erhalten.

Signalisieren Sie Bewerberinnen und Bewerbern, wie interessiert Sie sind

Entschließen Sie sich, jemandem ein Angebot zu machen, ist es ebenso sehr Ihre Aufgabe wie die des Personalers, dem Betreffenden zu vermitteln, dass Sie an einer Zusage interessiert sind. Je mehr Distanz Sie im Prozess zulassen – indem Sie beispielsweise zwischen zwei Nachrichten eine Woche verstreichen lassen –, desto wahrscheinlicher ist, dass der Bewerber absagt.

Habe ich beispielsweise einer Bewerberin ein Angebot gemacht, fasse ich nach Möglichkeit jeden zweiten Tag nach, damit sie merkt, dass ich an sie denke und sie wirklich gern in meinem Team hätte. Ich erkundige mich, ob sie noch Fragen hat, die wir klären könnten. Manchmal gehe ich auch mit ihr essen, um genauer zu besprechen, was ihre Aufgabe sein wird.

Je höher die Position, für die sich jemand interessiert, desto wichtiger ist, dass Sie in den Vertragsabschluss eingebunden sind, denn vermutlich hat der Betreffende viele Optionen, und Sie wollen ja, dass er oder sie in Ihrem Team eine leitende Funktion übernimmt. Malen Sie der Person in bunten Farben aus, was sie bei Ihnen bewirken kann. Machen Sie ihr begreiflich, warum das eine spannende Aufgabe ist und warum gerade sie/er die richtige Frau oder der richtige Mann ist, um diese ehrgeizigen Vorhaben anzupacken.

PERSONALENTSCHEIDUNGEN SIND GLÜCKSSPIEL – PLATZIEREN SIE IHRE WETTEN INTELLIGENT

Wie hoch ist die Wahrscheinlichkeit, dass Sie nach ein paar gemeinsam verbrachten Stunden schon ein klares Bild vom Potenzial eines künftigen Teammitglieds haben?

Wir halten uns vielleicht für gute Menschenkenner, doch die Wirklichkeit sieht anders aus. Vor ein paar Jahren ließ Google Zigtausende Vorstellungsgespräche daraufhin untersuchen, welcher Zusammenhang zwischen dem Eindruck besteht, den Bewerberinnen und Bewerber bei ihren Gesprächspartnern hinterlassen, und ihrer späteren Leistung. Daraus ergab sich »null Zusammenhang« und »ein einziges, großes, zufälliges Chaos«.[37]

Mich hat das nicht überrascht, denn ich habe schon beides erlebt – dass nach einem höchst vielversprechenden Vorstellungsgespräch jemand eingestellt wurde, der gar nicht zu uns passte, und ebenso, dass ich jemanden partout nicht haben wollte, der am Ende fantastische Beiträge leistete.

So eine Vorstellungsrunde ist nie ein absolut zuverlässiger Indikator für den künftigen Erfolg der Kandidaten – und zwar aus drei Gründen: Erstens ist es unmöglich, bei einem Zusammentreffen, das 30 Minuten oder eine Stunde dauert, das tatsächliche Arbeitsumfeld eines Teams nachzubilden. Im realen Arbeitsleben sind Projekte komplex. Sie betreffen immer auch viele andere und es dauert Wochen, Monate oder gar Jahre, bis sie abgeschlossen werden. In einem Bewerbungsgespräch kann man bestenfalls simulieren, wie sich eine Bewerberin bei einem viel kleineren Problem in einem Bruchteil der Zeit schlägt.

Zweitens spielen immer persönliche Vorurteile in die Bewertung von Bewerbern hinein. Wir lassen uns vom ersten Eindruck leiten – und davon, ob das, was wir sehen, unseren Idealvorstellungen entspricht. Eine Harvard-Studie ergab: Bei »Blind Auditions« – wenn Bewerberinnen und Bewerber hinter einem Vorhang spielen – hatten Frauen bei überwiegend männlich besetzten amerikanischen Sinfonieorchestern um 50 Prozent bessere Chancen, in die nächste Runde zu kommen.[38]

Der dritte und letzte Grund, aus dem Vorstellungsgespräche nicht die ganze Wahrheit offenbaren, liegt in der enormen Wandlungsfähigkeit der Menschen. Bei Bewerbern, deren Studium schon mehrere Jahre zurückliegt, berücksichtigt Google den Notendurchschnitt aus diesem Grund gar nicht mehr. Dazu Laszlo Bock, Senior Vice President für den Personalbereich: »Nach zwei oder drei Jahren besteht kein Zusammenhang mehr zwischen Ihrem Potenzial bei Google und Ihren Leistungen im College, denn im College waren ganz andere Kompetenzen gefragt. Außerdem sind Sie inzwischen ein ganz anderer Mensch. Sie haben dazugelernt, sich weiterentwickelt und sehen die Dinge heute ganz anders.«[39]

Ein neues Teammitglied einzustellen, ist immer ein Risiko. Doch wenn Sie es richtig anpacken, können Sie Ihre Erfolgschancen erhöhen.

Lassen Sie sich Arbeitsproben zeigen

Den besten – wenn auch längst nicht vollkommenen – Indikator dafür, wie sich jemand künftig schlagen könnte, liefert ein Einblick in geleistete Beiträge zu bisherigen ähnlichen Projekten unter ähnlichen Rahmenbedingungen. Aus diesem Grund sind Praktika so wertvoll. Wer Ihr Team ein paar Monate lang unterstützt, gibt Ihnen die Möglichkeit, zu beobachten, wie er arbeitet.

Ersatzweise sollten Sie sich eingehend mit bisherigen Arbeiten der Betreffenden befassen. Laden wir Designer zum Vorstellungsgespräch, legen wir großen Wert auf die »Prüfung des

Portfolios«, bei der Kandidaten ein paar Projekte eigener Wahl präsentieren. Wenn sie uns schildern, wie sie dabei vorgegangen sind, und konkrete Arbeitsbeispiele vorlegen, erfahren wir viel über ihre Kompetenzen und Problemlösungsansätze. Eine Freundin von mir aus dem Bildungswesen hat eine ganz ähnliche Strategie. Sie bittet potenzielle Lehrkräfte, eine Unterrichtsstunde zu einem beliebigen Fach zu halten.

Holen Sie vertrauenswürdige Empfehlungen ein

Wissen Sie aus *verlässlicher* Quelle, dass Jane wirklich gut ist, man Jack aber nicht noch einmal einstellen würde, sollten Sie solches Feedback ernst nehmen. Was Sie in einem zweistündigen Gespräch an Vertrauen aufbauen können, verblasst gegen die nachweisliche praktische Erfahrung anderer aus der Zusammenarbeit mit den Betreffenden.

Ist bei uns eine Stelle zu besetzen, sorge ich als Erstes dafür, dass mein gesamtes Team das weiß. »Wenn ihr die Wahl hättet, wen hättet ihr dann gern für diesen Job?«, frage ich sie. Die Liste, die sich daraus ergibt, ist für mich nicht nur eine gute Grundlage dafür, an wen ich mich wenden sollte, sondern auch dafür, wohin wir unsere Fühler sonst noch ausstrecken könnten. Gibt es bei den Leuten, die das Team empfohlen hat, Muster in Bezug auf Kompetenzen, Unternehmen oder Erfahrungen, auf die wir uns konzentrieren sollten?

Doch auch bei der Überprüfung der Referenzen kommen vertrauenswürdige Empfehlungen stets gelegen. Kevin Ryan, der Gilt Groupe und *Business Insider* gegründet hat, setzt absolut kompromisslos auf persönliche Referenzen. »Der Einstellungsprozess hat gewöhnlich drei Elemente: die Bewerbungsunterlagen, das Vorstellungsgespräch und die Überprüfung der Referenzen«, so Ryan. »Die meisten Führungskräfte legen zu viel

Wert auf Bewerbung und Gespräch und unterschätzen die Referenzen. Dabei sind diese am aussagekräftigsten.«[40]

Laut Ryan gilt es, vor allem auf vertrauenswürdige Referenzen zu achten. »Manchmal muss man sich Mühe geben, um jemanden zu finden, der einem ehrlich Auskunft gibt. Aber das lohnt sich.« Es nützt Ihnen eher wenig, wenn Sie die Leute anrufen, die der Bewerber Ihnen angegeben hat, oder wenn Sie mit jemandem sprechen, den Sie nicht gut kennen. Fragen Sie im vertrauenswürdigen Kollegenkreis nach, ob jemand entsprechende Kontakte zu einer vertrauenswürdigen Quelle herstellen kann.

Bei der Auswertung von Referenzen sollten Sie zweierlei bedenken: Erstens werden Menschen in aller Regel im Laufe der Zeit besser. Nicht mehr aktuelles negatives Feedback können Sie daher ruhig vernachlässigen. Erzählt Ihnen ein Freund, dass Jack vor fünf Jahren nicht besonders abschlusssicher war, kann es gut sein, dass er inzwischen deutlich besser geworden ist.

Zweitens könnte es der Vielfalt des Bewerberpools schaden, wenn Sie *ausschließlich* innerhalb Ihres bestehenden Netzwerks suchen. Überlegen Sie sich daher noch einmal, wie die Idealbesetzung für Ihre Stelle aussieht, und werfen Sie Ihr Netz unbedingt weit genug aus.

Führen Sie Bewerbungsgespräche nie allein

Ein Bewerber oder eine Bewerberin spricht am besten mit mehreren Vertretern des neuen Unternehmens, die wissen, was die Funktion erfordert. Dabei stellt jeder andere Fragen, sodass sich in der Gruppe ein abgerundetes Bild ergibt. So könnte im Gespräch mit jemandem, der sich auf eine Juristenstelle bewirbt, eine der beteiligten Personen beurteilen, ob er kommunikationsstark und teamfähig ist, eine andere detaillierte Fragen zu juristischen Fachthemen stellen und eine dritte die bisherige Arbeitserfahrung des Kandidaten ausloten. Wird das Gespräch von mehreren Personen geführt, verringert das den Einfluss persönlicher Voreingenommenheit. Auch fallen dann subtile Warnsignale eher auf, die eine Einzelperson womöglich übersehen hätte. Vor der Abschlussbesprechung sollte aber jeder Beteiligte unabhängig seine Gründe und seine endgültige Entscheidung für oder gegen einen Bewerber notieren, bevor die anderen ihre Ansichten äußern, damit kein Gruppendenken entsteht.

Achten Sie mehr auf leidenschaftliche Befürworter als auf Konsens

Als wir immer mehr Vorstellungsgespräche abhielten, führten Abschlussbesprechungen unter anderem erstmals zu dem, was wir als »schwache Personalentscheidung« bezeichnen. Dazu kam es, wenn sich alle am Vorstellungsgespräch Beteiligten unabhängig für eine Einstellung aussprachen, was auf dem Papier zunächst großartig wirkte – eine einstimmige Entscheidung! –, doch niemand besondere Begeisterung für den Bewerber äußerte. Das manifestierte sich in Kommentaren wie: »Ich bin mir nicht sicher, ob er für *mein* Team der Richtige ist, könnte mir aber vorstellen, dass er in einem anderen Team wertvolle Beiträge leistet.« Oder: »Ich sehe keinen Grund, weshalb wir ihn *nicht* einstellen sollten …«

Ich merkte, dass solche Entscheidungen getroffen wurden, wenn es keine offensichtlichen Gegengründe gab, weil der Bewerber durchaus sympathisch wirkte, mit seinen Antworten im Durchschnitt lag und über einschlägige Erfahrung verfügte. Ein *Wow* löste er jedoch in keiner Hinsicht aus. Und keiner der Gesprächsführenden wäre bereit gewesen, um ihn zu kämpfen, wenn die Entscheidung der anderen negativ ausgefallen wäre.

Da eine Personalie immer Glückssache ist, sollten Sie solche schwachen Entscheidungen kippen. Solche Kandidaten werden vielleicht nicht viel falsch machen, aber vermutlich auch nicht viel beitragen. Wenn Sie schon auf eine bestimmte Karte setzen wollen, sollten Sie sich jemanden mit einem begeisterten Fürsprecher aussuchen. Wird eine Bewerberin unterschiedlich beurteilt, doch alle Gesprächsführenden, die für ihre Einstellung plädieren, wollen sie unbedingt im Team haben, ist das gewöhnlich ein Hinweis, dass sie erhebliches Potenzial mitbringt.

Bereiten Sie Ihre Fragen für ein Vorstellungsgespräch rechtzeitig vor

Ein Vorstellungsgespräch verläuft dann optimal, wenn Sie klare Vorstellungen davon haben, was Sie über den Bewerber wissen möchten. Das bedeutet, Sie sollten sich mit seinem Hintergrund vertraut machen und eine Liste mit Fragen vorbereitet haben. Bewerben sich mehrere Personen um dieselbe Stelle, sollten Sie allen dieselben Fragen stellen. Sie wissen ja, wir haben alle unsere Vorurteile. Tun Sie das nicht, laufen Sie Gefahr, Ihre Personalentscheidung auf Ihren Eindruck von der Person und den Ablauf des Gesprächs zu stützen statt auf die Aussagekraft ihrer Antworten.

Ich führte einmal ein Vorstellungsgespräch mit einem Bewerber, den wir Mason nennen wollen. Er wirkte auf mich ängstlich und nervös. Mason wich meinem Blick aus, holte zwischen seinen Sätzen hörbar Luft und wiederholte in einer Antwort dieselben drei Argumente. Ich hatte aber einen Fragenkatalog vorbereitet, um mehr über seine Kompetenz und seine Erfahrung zu erfahren: Ob er mir Schritt für Schritt schildern könne, wie er bei einem bestimmten Projekt Ziele festlege? Ob er die schwierigste Aufgabe beschreiben könne, die er in seinem bisherigen Job lösen musste, und wie er an diese herangegangen sei? Ob er mir ehrlich seine Stärken und Schwächen aufzählen könne (und würde er da einräumen, dass Kommunikation nicht gerade seine starke Seite sei)?

Aus seinen Antworten konnte ich heraushören, wie Mason Probleme löste – und das tat er. Inhaltlich waren seine Antworten ausführlicher und durchdachter als die anderer Bewerber. Wir stellten ihn ein. Er arbeitete hart an seiner Kommunikationskompetenz und leistete bald schon Spitzenbeiträge.

Welche Fragen Sie stellen sollten, können nur Sie entscheiden, denn nur Sie wissen, was Sie suchen. Bewirbt sich jemand für eine hoch spezialisierte Stelle, sollten Sie vor allem gezielt nach den dafür erforderlichen Fachkenntnissen fragen. Doch als Anregung, was Sie fragen könnten, hier meine bevorzugten Allzweckfragen:

1. *Welche Herausforderungen interessieren Sie und warum? Können Sie mir ein Lieblingsprojekt beschreiben?* Das verrät mir mehr darüber, wofür ein Bewerber brennt.

2. *Worin liegen in Ihren Augen Ihre besonderen Stärken? Wo würden Ihre Kollegen bei Ihnen noch Entwicklungsbedarf sehen?* Diese Fragen zielen sowohl auf die Selbstwahrnehmung des Bewerbers ab als auch darauf, wo seine tatsächlichen Stärken und Schwächen liegen könnten.

3. *Wo sehen Sie sich in drei Jahren? Was soll dann anders sein als heute?* Das gibt mir Einblick in die Ambitionen des Bewerbers und zeigt mir, wie zielorientiert und selbstkritisch er ist.

4. *Was war der schlimmste Konflikt, den Sie im letzten Jahr erlebt haben? Wie endete er, und was haben Sie aus dieser Erfahrung gelernt?* Das vermittelt mir einen Eindruck davon, wie die Bewerberin mit anderen zusammenarbeitet und mit Konflikten umgeht.

5. *Was hat Sie bei der Arbeit zuletzt inspiriert?* Daraus erfahre ich, was den Kandidaten interessiert oder was ihm wichtig ist.

Stellen Sie niemanden ein, der toxische Verhaltensweisen zeigt

Sie wissen sicher noch: Was Sie in Ihrem Team auf keinen Fall tolerieren sollten, sind Arschlöcher. Achten Sie im Vorstellungsgespräch auf entsprechende Warnsignale: ob der Bewerber frühere Arbeitgeber schlechtredet (»Mein letzter Chef war furchtbar«), ob er Misserfolge, an denen er Anteil hatte, anderen in die Schuhe schiebt (»Mein letztes Projekt ging nur daneben, weil im Betrieb intrigiert wurde«), ob er über andere Gruppen herzieht (»Die Vertriebsleute waren Idioten«), ob ihn nur interessiert, was das Unternehmen für ihn tun kann, nicht umgekehrt (»Für mich wäre das ein Karriereschritt«), oder ob er arrogant wirkt oder sich selbst nicht realistisch sieht (»Dieser Posten spricht mich an, weil Sie dafür offensichtlich jemanden mit echter Führungsqualität brauchen«).

Achten Sie beim Aufbau Ihres Teams auf vielfältige Anschauungen

Vor längerer Zeit, als unser Team größer wurde, leitete meine Chefin Kate das Einstellungsverfahren für mehrere Führungspositionen ein. Ich weiß noch, wie ich damals eine Präsentation nach der anderen von externen Bewerbern aus Unternehmen mit klangvollen Namen über mich ergehen ließ. Sie präsentierten uns geschliffene Folien, die ihre ausgeklügelten Designprozesse erläuterten: wie sie komplexe Nutzer-Personas erstellten, monatelang Recherchen durchführten und zur Ideenfindung Aktionen mit Hunderten von Klebezetteln starteten.

Damals war unser Team noch klein, und ich konnte nicht recht begreifen, warum wir uns nicht einfach mit ein paar Technikern zusammensetzten und in wenigen Wochen ein Produkt zusammenzimmerten. Diese abgehobenen Prozesse erschienen mir damals überzogen. Würden Leute, die schon in etablierten Großunternehmen gearbeitet hatten, in unser schäbiges Start-up-Umfeld wechseln? Ich hatte da meine Zweifel. Doch nachdem Kate ein paar Leute angeworben hatte, wurde ich eines Besseren belehrt.

Am Anfang hatte ich mit den neuen Führungskräften meine Probleme – wir gerieten ständig aneinander, ob über Personalstrategie, wie man Kritik übte, was einen herausragenden Designer ausmachte und vieles mehr. Ehrlich gesagt fand ich, die »Neuen« verkomplizierten die Abläufe. Außerdem unterstellte ich ihnen, dass sie mich für engstirnig hielten.

Doch die Zeit weist stets, wo die Wahrheit liegt. Wie sich herausstellen sollte, war es, als unsere Belegschaft plötzlich von 50 auf 250 Leute wuchs, ein Riesenvorteil für uns, dass wir über Führungskräfte verfügten, die wussten, wie damit umzugehen war. Nach und nach wurde mir klar, dass ihre Stärken meine Schwachpunkte waren. Wir mussten tatsächlich weiterentwickeln, wie wir arbeiteten – und dazu gehörte auch, Menschen mit neuartigen Fähigkeiten anzuwerben, strukturierte Prozesse einzuführen und – ja – unseren wachsenden Nutzerstamm besser zu unterstützen, indem wir Software-Tools beispielsweise für Zielgruppenbestimmung und Projektkoordinierung einführten.

Vielfalt zur Priorität zu machen, ist mehr als ein Slogan auf einem Poster. Es ist die Überzeugung, dass Diversität in allen Aspekten – von Geschlecht über Ethnie bis hin zu Arbeitshistorie und Lebenserfahrung – bessere Ideen und bessere Ergebnisse hervorbringt. Das ist wissenschaftlich belegt: Eine Auswertung zu Hunderten von Aktiengesellschaften aus dem Jahr 2014 ergab, dass Unternehmen mit der breitesten ethnischen Vielfalt im Management mit um 35 Prozent höherer Wahrscheinlichkeit finanziell besser dastanden als der Durchschnitt.[41] Eine Studie über 2400 Unternehmen stellte fest, dass Organisationen mit mindestens einem weiblichen Mitglied im Board of Directors bessere Ergebnisse erzielten als solche ohne Frauenanteil.[42] Ein Experiment mit College-Verbindungen für männliche und weibliche Studenten ergab, dass Teams mit einem »Außenstehenden« Probleme besser lösen konnten als Teams, die sich nur aus Mitgliedern der eigenen Gruppe zusammensetzten.[43]

Selbst ohne Blick auf die Daten – es ist schlichtweg logisch: Werden Sie innovative Ideen wohl eher von anderen bekommen, die ganz ähnlich aussehen, denken und leben wie Sie selbst, oder von Menschen mit unterschiedlichen Anschauungen?

Diversität Priorität zu geben, bedeutet, aktiv Bewerber zu suchen, die Andersartigkeit bieten. Es bedeutet, nicht nur Leute aus den eigenen Reihen zu befördern, sondern externe Bewerber zu berücksichtigen. Und es bedeutet, anzuerkennen, dass jeder Mensch, auch Sie und ich, seine eigenen Überzeugungen mitbringt, die von anderen infrage gestellt werden sollten. Diversität gibt einem Team die Kraft, Voreingenommenheit zu meiden, bessere Entscheidungen zu treffen und kreativer zu denken.

Stellen Sie Menschen ein, die mehr können

Manchmal höre ich von Führungskräften: »Ich brauche derzeit nur jemanden, der sich um X kümmern kann. Y und Z muss er gar nicht beherrschen.«

Kann sein. Und Sie sollten sicherlich keine CEO-Kandidaten in den Blick nehmen, wenn Sie eine Stelle im Verkauf besetzen (und bezahlen) wollen. Gleichzeitig gilt aber, wenn es um Wissensarbeit geht: Stellen Sie jemanden ein, der mehr zu bieten hat als für die gerade zu besetzende Position erforderlich, bedeutet das, dass derjenige Ihnen vielleicht künftig bei der Bewältigung größerer Probleme helfen kann. In all den Jahren, die ich jetzt mit dem Aufbau von Teams zu tun habe, habe ich noch nicht ein einziges Mal gedacht: *Oh Mann, wir haben gar nicht genug echte Probleme für all unsere qualifizierten Leute.*

Stets traf das Gegenteil zu. Einmal habe ich jemanden für einen leitenden Posten eingestellt, als wir gerade eine neue Initiative anstießen. Das Team war zunächst recht klein, und der Betreffende hatte zuvor schon viel größere Gruppen geleitet. Auf dem Papier schien er für die neue Stelle überqualifiziert.

Ein paar Monate später sah das ganz anders aus: Er wuppt nicht nur den Bereich, für den er eigentlich eingestellt wurde, sondern erkennt und treibt proaktiv andere Initiativen voran, die uns die Skalierung erleichtern. Wenn sich eine Vakanz für die Leitung eines anderen Teams ergibt, wird er der Erste sein, an den ich denke. Innerhalb eines Jahres hat er gleich mehrere zentrale Projekte an sich gezogen.

Möchten Sie als Führungskraft die Leistung Ihres Teams vervielfachen, erreichen Sie das am schnellsten, wenn Sie die besten Leute einstellen und Ihnen mehr Mitwirkungsmöglichkeiten geben, bis sie ihre Kapazitätsgrenzen erreichen.

Naturgemäß wird nicht aus jedem Frosch ein Prinz – doch fallen Sie deshalb bitte nicht vom Glauben ab

An der Anwerbung neuer Teammitglieder hat mich die Ungewissheit immer am meisten gestresst. Kontaktierte ich eine Bewerberin per E-Mail, hieß das noch lange nicht, dass sie sich auch zurückmelden würde. Kam eine Antwort und wir vereinbarten ein Telefongespräch, bestand durchaus die Wahrscheinlichkeit, dass die Bewerberin oder ich danach zu dem Schluss kommen würden, die Stelle sei doch nichts für sie.

Kam es zum Vorstellungsgespräch, schnitten nicht alle Bewerberinnen und Bewerber gut ab. Und selbst wenn am Ende tatsächlich ein attraktives Vertragsangebot stand, das nur noch unterzeichnet werden musste, gab es mitunter noch Absagen. Jeder Schritt konnte enttäuschend enden und sich nach Zeitverschwendung anfühlen.

Ich habe daraus jedoch gelernt: Mit etwas mehr Distanz lässt sich die Personalbeschaffung als Zahlentrichter begreifen. Geht es um mehrere Dutzend Bewerber, bleibt dieser Trichter einigermaßen einheitlich. Von beispielsweise 20 versendeten E-Mails (wobei die Zahlen absolut fiktiv sind) erregen möglicherweise 10 das Interesse des Empfängers. Von 10 Erstkontakten münden 4 in Vorstellungsgesprächen. Von 4 Vorstellungsgesprächen endet eines mit einem Vertragsangebot. Und dieses wird in 50 Prozent aller Fälle abgelehnt.

Die konkreten Zahlen können natürlich je nach Team, Funktion und Organisation ganz unterschiedlich ausfallen, doch ganz gleich, welche Werte Sie einsetzen, Sie können immer eine Gleichung aufstellen, die etwa so aussieht: »Durchschnittlich führen X erste Kontaktaufnahmen per E-Mail zu einer Einstellung.«

Die Dinge so zu betrachten, vermittelte mir die Zuversicht, dass es sich umso mehr auszahlte, je mehr Zeit und Kraft ich in die Anwerbung neuer Teammitglieder steckte – selbst wenn es im einen oder anderen Einzelfall zu nichts führte.

DIE RICHTIGE EINSTELLUNGSPOLITIK FÜR FÜNF, ZEHN ODER HUNDERTE NEUE LEUTE

Noch vor ein paar Jahren, als unser Team dringend Verstärkung brauchte, bekam ich gefühlt jeden Tag aufs Neue traurige Geschichten darüber zu hören, dass wir zu wenig Leute hatten und deshalb Probleme entstanden: Projekte kamen ins Stocken, die vorhandenen Teammitglieder fühlten sich mehr als überarbeitet, der Frust nahm zu. »Ich kümmere mich doch schon darum!«, war meine unwirsche Reaktion. Und das tat ich. Es verging kein Tag, an dem ich nicht mit dem Recruiting-Team in Kontakt stand, Kaltakquise betrieb oder Vorstellungsgespräche führte. »Ich möchte aber die richtigen Leute einstellen«, gab ich zu bedenken. »Und das braucht eben seine Zeit.«

Ein paar Wochen später setzte ich mich mit meinem Chef Chris zu unserem üblichen 1:1-Gespräch zusammen. Prompt kamen wir auf die offenen Stellen in meiner Abteilung zu sprechen. »Meinst du, du widmest dem Thema genug Zeit?«, fragte er mich. »Ja«, entgegnete ich und spulte meine übliche Litanei herunter, dass kein Tag verging, an dem ich mich nicht damit befasste. Er schwieg eine ganze Weile. Dann sah er mich an und fragte: »Wenn ich dir sagen würde, dass es nur *eine* Priorität gibt – nämlich gute Leute einzustellen –, würdest du dann etwas anders machen?«

Ich stutzte. Nun, *so* betrachtet natürlich. Ich befasste mich zwar jeden Tag mit unserem Personalproblem, aber die meiste Zeit über war ich mit anderen Dingen beschäftigt: mit der Überprüfung von Roadmaps, mit der Beurteilung von Prototypen, mit Teammeetings und dergleichen mehr. Betrachtete ich die Anwerbung neuer Leute als *einzigen* Bereich, in dem ich brillieren musste, kamen mir sofort Dutzende neuer Ideen. Ich konnte in meinem Netzwerk mehr Empfehlungen einholen. Ich konnte mehr potenzielle Fachkräfte zum Kaffeetrinken einladen. Ich konnte meine Argumentation mithilfe vertrauenswürdiger Kollegen und Kolleginnen feinjustieren.

Ich war selten so produktiv wie in den anschließenden vier Monaten. Ich besetzte alle offenen Führungspositionen, und wir konnten viele fähige Neuzugänge in unserer Belegschaft begrüßen.

Ich lernte daraus, dass man Personalbeschaffung ganz ähnlich angehen kann wie jedes kreative Problem. Am Anfang weiß man noch nicht, wie die Lösung aussieht oder wie lange es dauern wird, sie zu finden. Doch man vertraut auf den Prozess. Investiert man Zeit und Energie – ob man sich nun zehn verschiedene Vorschläge überlegt oder mit zehn Bewerberinnen und Bewerbern spricht –, so steht am Ende die optimale Lösung. Immer.

Wir haben bereits darüber gesprochen, dass Personalbeschaffung zu den entscheidenden Aufgaben einer Führungskraft gehört. Wächst Ihr Team gerade besonders dynamisch, wird diese Disziplin schnell zur wichtigsten Kompetenz überhaupt. Müssen Sie ein großes Team noch vergrößern und haben keine gut besetzte Reservebank in petto, wird das rasch zum echten Problem. Gute Ergebnisse lassen sich nur erzielen, wenn Sie selbst laufend fähige Leute anwerben und sicherstellen, dass sich diese ebenfalls auf diese Kunst verstehen.

Hier das Wichtigste, was ich über Personalbeschaffung im großen Stil gelernt habe.

Sorgfältige Ausführung ist der Schlüssel zum Erfolg

Je nachdem, wie viel Glück Sie haben, kann es zwei Wochen oder auch zwei Monate dauern, bis eine bestimmte Position besetzt ist. Im größeren Rahmen – wenn Sie also gleich 20 oder 200 neue Leute brauchen, nicht nur 2 – fallen vereinzelte Unwägbarkeiten im Durchschnitt nicht mehr so ins Gewicht. Wenn in Ihrem Team einer Zusage zwei Angebote, acht Vorstellungsgespräche, 20 Erstkontakte und 40 E-Mails vorausgehen, müssen Sie, um 20 Leute anzuwerben, etwa 800 E-Mails pro Jahr versenden. Das ist nicht gerade wenig, aber sich darüber im Klaren zu sein, ist schon mal beruhigend..

Ihre Aufgabe besteht nun darin, eine gut geölte Maschinerie in Gang zu setzen, in der alle Schritte im Personalbeschaffungstrichter reibungslos und effizient ablaufen. Nehmen wir an, in Ihrem Team gibt es acht Führungskräfte. Damit Sie Ihre Personalziele erreichen können, muss jede von Ihnen rund 200 E-Mails pro Jahr verschicken, also etwa vier pro Woche. Das ist zumutbar. Sollen am Ende 160 Vorstellungsgespräche stehen, muss Ihr Ziel lauten, jede Woche drei Bewerberinnen und Bewerber einzuladen. Sie brauchen genügend Leute, um diese einheitlich und objektiv zu bewerten – das bedeutet, Sie benötigen ein Schulungsprogramm für alle, die Vorstellungsgespräche führen.

Achten Sie auch auf Möglichkeiten, Ihren Trichter effizienter zu gestalten. Können Sie Ihre erste E-Mail überzeugender formulieren, damit sie auf größere Resonanz stößt? Können Sie Veranstaltungen organisieren, damit potenzielle Bewerberinnen und Bewerber voraussichtlich mehr Interesse an einem Vorstellungsgespräch haben? Fallen Ihnen bessere Fragen ein, um mehr über sie zu erfahren?

Ihr Erfolg hängt ganz davon ab, wie gut Ihnen das gelingt. Brechen Sie das Problem auf immer kleinere Bestandteile herunter und bitten Sie alle Mitarbeiter, dazu beizutragen, dass das Team wachsen und gedeihen kann.

Machen Sie Ihre Hausaufgaben, wenn Sie Führungskräfte einstellen

Leute einzustellen, die in Ihrem Team eine leitende Funktion übernehmen oder zum Leistungsträger werden sollen, ist eine große Investition. Fehlentscheidungen bei der Einstellung von Führungskräften verursachen unverhältnismäßig große Verwerfungen, weil davon mehr Menschen betroffen sind. Entscheiden Sie sich für eine neue Führungskraft, deren Werte sich nicht mit Ihren Werten decken, wird sie ihrerseits Menschen einstellen, die Ihrer Ansicht nach womöglich nicht ins Team passen. Stellt sich heraus, dass der Neue nicht teamfähig ist, stehen Ihnen etliche Beschwerden ins Haus.

Es ist daher unklug, wichtige Positionen übereilt zu besetzen. Stattdessen sollten Sie ein genaues Bild davon haben, wie Ihre Idealbesetzung aussieht. Das erreichen Sie am leichtesten, indem Sie mit so vielen Anwärterinnen und Anwärtern sprechen wie möglich – auch solchen, die an dem Job vielleicht gar kein Interesse haben, aber die Rolle gut kennen. Vor allem, wenn Sie jemanden für eine Ihnen nicht vertraute Position suchen, sollten Sie Ihre Hausaufgaben machen, damit Sie wissen, wie hoch Sie die Messlatte hängen sollten.

Stellen Sie sich vor, ein cleverer weiblicher CEO mit Vertriebshintergrund sucht zum ersten Mal einen technischen Leiter. Woher weiß sie, wer der Richtige sein könnte? Sie könnte zunächst über ihr Netzwerk versuchen, Kontakte zu herausragenden technischen Führungskräften aufzunehmen. Selbst wenn diese kein Interesse an der ausgeschriebenen Position haben, lädt sie sie auf einen Kaffee ein, um mehr von ihnen zu erfahren: Worauf muss sie in den Bewerbungsunterlagen achten? Welche Fragen sollte sie im Vorstellungsgespräch stellen? Welche Antworten wären vielversprechend? Außerdem kann sie sich bei dieser Gelegenheit nach Empfehlungen für aussichtsreiche Bewerber umhören.

Im Anschluss spricht unsere CEO mit den Technikern aus ihrem Team, um zu erfahren, was ihnen an einer Führungskraft wichtig ist. Sie bittet ein paar von ihnen, ihr bei der Bewertung der technischen Kompetenzen eines potenziellen Bewerbers zur Hand zu gehen. Sie sorgt dafür, dass verschiedene Bewerber zum Vorstellungsgespräch eingeladen werden, um ein besseres Gespür dafür zu bekommen, worauf sie besonders achten muss. Im

Ergebnis trifft sie die Personalentscheidung mit sicherer Hand und stellt einen erstklassigen technischen Leiter ein.

Der richtige Mensch an der Spitze kann auf ein Team jahrelang enorme Auswirkungen haben. Gehen Sie eine solche Entscheidung daher nie halbherzig an. Es lohnt sich, in diesem Fach Ihre Hausaufgaben gründlich zu machen.

Denken Sie langfristig, wenn es um Spitzenkräfte geht

Es passiert so oft, dass es fast schon ein Klischee ist: Ich suche eine herausragende Führungskraft. Ich finde eine Frau, die mich beeindruckt, und sehe auf Anhieb faszinierende Möglichkeiten. Ich stelle mir vor, wie wir anstehende Probleme gemeinsam anpacken und Erfolge feiern. Ich habe sogar schon vor Augen, wie ich diese Person an ihrem ersten Arbeitstag dem Team vorstelle.

In freudiger Erwartung unterbreite ich ihr unser Angebot und bin in Hochstimmung … bis der gefürchtete Anruf kommt: »Ich habe mich doch anders entschieden …« Am Boden zerstört wünsche ich der Betreffenden alles Gute und falle desillusioniert in meinen Stuhl zurück. Ich streiche ihren Namen von der Liste. Und weiter geht die Suche.

Aber ein Happy End hat diese Story trotzdem. Denn Monate oder Jahre später flattert mir aus heiterem Himmel eine E-Mail ins Haus – von der damaligen Bewerberin. Die Situation habe sich verändert, berichtet sie, und sie sei jetzt bereit für etwas ganz Neues. Ob ich in meinem Team Verwendung für sie hätte?

Die Erkenntnis: Beim Anwerben von Spitzenkräften sind Beziehungen das A und O. Gute, erfahrene Leute sind gefragt und haben entsprechend viele Möglichkeiten. Auf der Suche nach ihrer nächsten Aufgabe entscheiden sie sich in aller Regel für Optionen, deren Potenzial sie sicher einschätzen können. Vielleicht arbeitet bei Unternehmen Y bereits ein guter Freund und ist begeistert. Oder unter den Spitzenmanagern von Unternehmen X sind ein paar Bekannte. Warum sollte jemand, der überall einen Job finden kann, ein Team verstärken, in dem er keinen kennt?

Deshalb ist die Anwerbung der besten Leute eine langfristige Investition. Behalten Sie die aufgehenden Sterne in Ihrer Branche im Auge und nehmen Sie auf Tagungen, Arbeitsessen und anderen Veranstaltungen Kontakt auf. Bauen Sie Ihr Netzwerk fortlaufend aus. Und arbeiten Sie auch am Ruf Ihres Teams, ob durch Beiträge zur Community, durch Bereitstellung neuer Erkenntnisse auf Ihrem Gebiet, durch Äußerungen in den Medien oder einfach dadurch, dass Sie sich als besonders leistungsstark hervortun.

Trotz der vielen, vielen Absagen, die ich über die Jahre kassiert habe, bin ich zu der Überzeugung gelangt, dass sie nicht vergebens waren. Viele Führungskräfte in meinem Team sind erst zu uns gewechselt, nachdem sie das vorher ein- oder auch zweimal abgelehnt hatten. Heute sage ich jedem, der unser Angebot zurückweist, dass ich hoffe, unsere Wege werden sich erneut kreuzen. So eine Anstellung ist manchmal nur ein kurzes Zwischenspiel, doch Karrieren dauern ein Leben lang. Vielleicht gab es bei uns ja gerade nicht die passende Stelle oder sie waren noch nicht bereit für einen radikalen Wechsel. Das könnte sich aber eines Tages ändern – und dann möchten wir, dass solche Leute an uns denken.

Eine erstklassige Ersatzbank aufbauen

Eines der Testszenarien, die ich mit den Führungskräften meines Teams durchspiele, nennen wir den »längeren Urlaub«. (Andere sagen dazu auch »vom Bus überfahren werden«, aber das ist mir zu makaber.) Der Test geht so: Wenn Sie ein paar Monate lang auf einer abgelegenen Insel wandern gehen würden – wie sehr müsste Ihr Vorgesetzter dann in die Bresche springen, um zu gewährleisten, dass alles rundläuft?

Lautet die Antwort »nicht so sehr«, dann kann ich Ihnen nur gratulieren! In diesem Fall verfügen Sie über eine gut bestückte Ersatzbank. Ist die Antwort aber: »Hmm, also mein Chef müsste sich schon ordentlich ins Zeug legen«, ist das ein Zeichen, dass Sie die Führungsebene unter Ihnen dringend aufstocken sollten.

Eine gute Ersatzbank bedeutet, dass andere für Sie einspringen können, wenn Sie unerwartet ausfallen. Sie bedeutet, dass Sie nicht der »Single Point of Failure« sind – die Achillesferse des gesamten Systems. Auch wenn Sie nicht da sind, brennt es nicht gleich überall. Es wird kein Chaos ausbrechen, und der Betrieb wird auch nicht zum Stillstand kommen. Eine gute Ersatzbank gehört zu den aussagekräftigsten Indikatoren für herausragende Leadership, denn damit kann das von Ihnen aufgebaute Team das Schiff auch dann erfolgreich steuern, wenn Sie nicht selbst am Ruder stehen.

»Moment mal«, höre ich da den einen oder anderen sagen, »in der Theorie klingt das ja gut und schön, aber wenn Ihr Team auch ohne Sie erfolgreich arbeiten kann, heißt das doch, dass Sie eigentlich gar nicht so dringend gebraucht werden, oder?«

Guter Einwand. Aber fragen Sie sich doch: Kann man mit dem richtigen Coaching auch aus den besten Führungskräften noch mehr herausholen? Auf jeden Fall. Sie sollten Ihre Aufgabe daher weiterhin darin sehen, Multiplikator für Ihr Team zu sein.

Vor allem anderen gibt eine gute Ersatzbank einer Führungskraft den nötigen Spielraum, um die nächste große Hürde anzugehen, die sich am Horizont abzeichnet. Als Amazon als Online-Buchhändler anfing, verpackte und versandte Jeff Bezos noch höchstpersönlich bestellte Bücher aus seiner Garage. Als er seine ersten Mitarbeiterinnen und Mitarbeiter einstellte, wurde er deshalb keinesfalls überflüssig – er konnte sich auf wichtigere Dinge konzentrieren: auf die Erschließung neuer Produktkategorien, die Optimierung der Logistik und den Aufbau der Grundlagen für die späteren Amazon Web Services.

Amazon würde genauso gut laufen, wenn sich Jeff längere Zeit freinähme. Den Nachweis dafür erbrachte er selbst, als er 2021 als CEO zurücktrat und diese Funktion auf Andy Jassy übertrug. Doch als er die Firma noch selbst leitete, trug seine Fähigkeit, kühne Ziele zu setzen und Grenzen zu verschieben, dazu bei, dass sich Amazon zu dem globalen Schwergewicht entwickeln konnte, das es heute ist.

Eine Kultur schaffen, in der gute Personalentscheidungen Priorität haben

Wächst Ihr Team so stark, dass Sie mehr Führungskräfte benötigen, sollte die Verantwortung für deren Einstellung auf mehreren Schultern liegen. Letztlich können Sie nicht an jedem Vorstellungsgespräch persönlich teilnehmen oder bei jeder Abschlussbesprechung die entscheidende Stimme abgeben. Das ist schlicht nicht durchführbar, wenn Sie im Jahr zig neue Leute einstellen.

Andererseits entsteht dadurch bei Ihnen womöglich der Eindruck, dass Ihnen die Dinge entgleiten – dass Sie »Ihre LEGO-Steine aus der Hand geben«,[44] wie das meine Freundin Molly Graham nennt. Molly ist aus ihrer Zeit bei Google, Facebook und anderen Start-ups sehr vertraut mit Hyperwachstum. Sie vergleicht die Ängste, die Sie womöglich beschleichen, mit den Gefühlen eines Kindes, das erst allein bauen durfte und seine Bausteine plötzlich mit anderen teilen soll.

Andererseits haben Sie Gelegenheit, eine Unternehmenskultur zu begründen, die Sie überdauert und Ihre Werte im größeren Stil weiterträgt. Wollen Sie das erreichen, sollten Sie vor allem darauf achten, wie Sie die Einstellungspolitik prägen. Bringen Sie Ihrer Führungsmannschaft bei, für die Teambildung besondere Sorgfalt aufzuwenden, und stellen Sie sicher, dass Sie der Vernetzung mit besonders aussichtsreichen Bewerberinnen und Bewerbern auch genügend Zeit und Aufmerksamkeit widmen. Sprechen Sie immer wieder über Ihre Werte, damit jeder weiß, was besonders fähige Köpfe auszeichnet. Und machen Sie vor allen Dingen klar, dass der Aufbau des Teams eine Aufgabe ist, die nicht nur einen angeht, sondern alle.

Auf unseren Personalversammlungen pflegen wir seit Langem die Tradition, dass Neuzugänge der Reihe nach vorgestellt werden. Dabei kam ich mir anfangs vor wie die Gastgeberin einer Dinnerparty, auf der ich alten Freunden meine neuen Bekanntschaften präsentierte. Mit der Zeit stellten andere Führungskräfte ihre neuen Leute selbst vor.

Als wir dieses Ritual einmal in einem großen Raum voller Menschen durchführten, musterte ich all die neuen Gesichter und merkte, dass mir nicht eines davon bekannt vorkam! Das war für mich eine überraschende Erkenntnis, aber auch einer meiner stolzesten Momente. Als die Neulinge einer nach dem anderen vorgestellt wurden, wurde deutlich: Sie alle waren etwas ganz Besonderes. Obwohl ich sie nicht selbst eingestellt hatte, freute ich mich schon darauf, mit ihnen zu arbeiten.

Achtes Kapitel

Wie man Arbeit erledigt

SO NICHT …

… SONDERN LIEBER SO

Es war einmal ein Mann namens Kevin, der Whiskey aus Kentucky mochte und gern etwas erfinden wollte, das es den Menschen erleichterte, mit Freunden Pläne zu schmieden, sich an verschiedenen Orten zu treffen und Bilder von diesen Treffen online zu stellen. Schnell zimmerte er eine App namens Burbn zusammen und beglückte die Welt damit. Er überredete seinen Freund Mike, in das Vorhaben einzusteigen. Zusammen verfolgten sie genau, wie die Menschen ihre App einsetzten.

Wie sich zeigen sollte, war das Produkt der beiden kompliziert und nur bedingt brauchbar. Die Nutzer waren nicht so oft online – eine Grundvoraussetzung für den Dienst. Ein Feature wurde aber offensichtlich gut angenommen, nämlich die Bilderplattform. Die Nutzer stellten Schnappschüsse aus ihrem Alltag ein – von Straßen und Restaurants, Kaffee und Bier, ihren Freunden und sich selbst. Fasziniert befassten sich Kevin und Mike genauer mit dieser Anwendungsmöglichkeit. Sie untersuchten, wie die Leute ihre Smartphones nutzten, um Fotos zu teilen. Ein paar Monate später beschlossen die beiden, den Schwerpunkt ihrer App zu verschieben. Sie nahmen die Planungs- und Standortfunktionen heraus und fokussierten sich auf einfache, elegante Funktionen zum Foto-Sharing. Oh, und den Namen änderten sie ebenfalls: von Burbn in Instagram.

Heute wird Instagram von über zwei Milliarden Menschen aus aller Welt genutzt.

Die Entstehungsgeschichte jedes großen Unternehmens hat bei näherem Hinsehen ein gemeinsames Thema: Der Weg zum Erfolg verläuft nie linear. Es ist nicht der eine geniale Geistesblitz, der das Spiel entscheidet. Es kommt vielmehr auf die laufende Planung und Ausführung an. Sie haben eine gute Idee und testen sie zügig aus. Sie bleiben aufgeschlossen und neugierig. Sie lernen dazu. Dann verwerfen Sie, was nicht so gut klappt, und konzentrieren sich mit doppelter Kraft auf das, was funktioniert. Wieder und wieder. Auf diese Weise können Sie Dinge wirklich erledigen und Ziele erreichen.

Prozesse, und damit sind Arbeitsprozesse gemeint, also Verfahren zur Erledigung von Arbeit, sind für viele ein Wort, das nichts Gutes bedeutet, weil es Bilder von Papierkrieg und Warteschlangen heraufbeschwört. Dabei ist ein Prozess an sich wertfrei. Er ist schlicht die Antwort auf die Frage: »Was tun wir, um unsere Ziele zu erreichen?« Selbst wenn die Antwort nirgendwo schriftlich fixiert ist, es gibt sie doch.

Ein schlechter Prozess ist schwergängig und willkürlich. Er fühlt sich an wie eine Reihe von Reifen, durch die man zu springen hat. Ein guter Prozess verhilft uns dagegen zu bestmöglicher Ausführung. Wir lernen aus unseren Fehlern, reagieren schnell und treffen klügere Entscheidungen für die Zukunft.

Wie können Sie für Ihr Team effektive Prozesse etablieren? In diesem Kapitel werden manche der Voraussetzungen dafür erörtert, Dinge ins Rollen zu bringen.

AM ANFANG STEHT EINE KONKRETE VISION

Ich saß gerade an einer auf sechs Monate angelegten Roadmap für das Facebook-Produkt »Gruppen«. Mein Ausgangspunkt sollte das Ziel unserer Arbeit sein, also schrieb ich: *Menschen hel-*

fen, sich über gemeinsame Interessen mit anderen zu vernetzen. Im Anschluss beschrieb ich unsere Strategie und die anstehenden Meilensteine.

Bei meinem nächsten 1:1-Gespräch mit meinem Chef Chris legte ich ihm das Dokument vor und bat ihn um sein Feedback. Er las den ersten Satz, griff zum Stift und unterstrich: *Menschen helfen, sich über gemeinsame Interessen mit anderen zu vernetzen.* »Das ist zu schwammig«, murmelte er. »Was meinst du damit?«, hakte ich nach. Für mich war das eine absolut zutreffende Beschreibung unseres Vorhabens. Er versuchte es anders: »Es ist nur – na ja, es ist nichts Konkretes. Es beschreibt nicht wirklich, was künftig anders ist.«

Da begriff ich. Formulierungen wie *helfen, verbessern* oder *optimieren* werden zwar häufig verwendet, um Ziele zu beschreiben, zeichnen aber kein klares Bild. Gelingt es einem Teammitglied, einen Fehler auszubügeln, »verbessert« das dann das Ergebnis? Natürlich. Trägt es dazu bei, *Menschen zu helfen, sich über gemeinsame Interessen mit anderen zu vernetzen*? Sicher. Aber wäre unser Team zufrieden, wenn das alles wäre, was wir in den nächsten sechs Monaten erreichen würden? Auf keinen Fall. Weil Wörter wie *helfen* oder *verbessern* so subjektiv sind, tragen sie wenig zur Ausrichtung auf ein gemeinsames Ziel bei.

Dabei haben konkrete Visionen die größte Wirkung. Erinnern Sie sich nur an Herbert Hoovers eingängigen Wahlkampfslogan: »Ein Huhn in jedem Topf.« Der war alles andere als schwammig. Er versprach nicht, dass »Amerika wohlhabender wird« oder »der wirtschaftliche Wohlstand der Menschen zunimmt«. »Ein Huhn in jedem Topf« erzeugte das Bild von Millionen Haushalten, in denen ein herzhaftes, nahrhaftes Essen auf dem Tisch steht.

Herbert Hoover hat das übrigens nie gesagt.[45] Der Satz stammt von einem Wahlkampfflugblatt der Republikaner, das kurz vor der Wahl kursierte. Doch diese bescheidene Zusage blieb allen im Gedächtnis und wird seit fast 100 Jahren irrtümlich Hoover zugeschrieben. So viel kann eine konkrete Vision bewirken.

Ein weiteres Beispiel ist John F. Kennedys berühmtes Mondversprechen: »Wir bringen einen Menschen auf den Mond.« Das Ziel war nicht etwa vage, die Weltraumtechnologie voranzutreiben oder die wissenschaftlichen Erkenntnisse zu erweitern – nein, ein Mensch sollte den Mond betreten und sicher wieder zur Erde zurückgebracht werden. Ganz konkret.

Oder denken Sie an die Vision von Patrick und John Collison für Stripe: »Das BIP des Internets steigern.« Die beiden wollten nicht nur Online-Zahlungen erleichtern oder das Zahlungserlebnis verbessern. Sie stellten sich eine Welt vor, in der die Gründung und Hochskalierung eines Online-Unternehmens einen maßgeblichen wirtschaftlichen Beitrag leistete.

Eine inspirierende Vision ist stets kühn. Sie zieht kein Sicherheitsnetz. Man weiß genau, ob man sie realisiert hat oder nicht, weil das messbar ist. Und sie lässt sich leicht von einer auf jede weitere Person übertragen. Sie beschreibt nicht, *wie* etwas zu erreichen ist – das wird Ihr Team schon selbst herausfinden –, sie beschreibt lediglich, was am Ende herauskommt. Ich sage meinem Team immer, dass es seine Vision dann gut formuliert hat, wenn ich von zufällig ausgewählten fünf Leuten, die davon gehört haben, auf Rückfrage immer die gleiche Antwort bekomme.

Als Vorgesetzte müssen Sie für Ihr Team unbedingt eine konkrete Vision festlegen und allen mitteilen, aus der hervorgeht, was Sie gemeinsam erreichen wollen. So könnte ein Dienst zur Vorbereitung auf den SAT-Test für die Bewerbung um Studienplätze in den USA als Ziel angeben, dass alle Teilnehmenden mindestens 200 Punkte erreichen sollen. Ein Labor könnte sich zum Ziel setzen, die Fehlerquote innerhalb von zwei Jahren um mindestens 50 Prozent zu verringern. Die Fundraising-Sparte einer gemeinnützigen Organisation könnte anstreben, innerhalb von drei Jahren 50 Millionen Dollar einzuwerben. Für »Gruppen« kristallisierte sich letztlich als Mission heraus, einer Milliarde Menschen zu ermöglichen, auf Facebook eine für sie interessante Community zu finden.

Für den Anfang sollten Sie sich folgende Fragen stellen:

- Nehmen wir an, Sie könnten wie durch Zauberei dafür sorgen, dass in Ihrem Team alles perfekt läuft. Welche Veränderungen würden Sie in den nächsten zwei bis drei Jahren gern erreichen?
- Wie sollte jemand, der in einem angrenzenden Team arbeitet, Ihrer Ansicht nach beschreiben, was Ihr Team tut? Welchen Ruf soll Ihr Team in ein paar Jahren genießen? Wie weit sind Sie heute davon entfernt?
- Welche einzigartige Superkraft hat Ihr Team? Wie läuft bei Ihnen die Wertschöpfung ab, wenn Sie in Bestform sind? Wie würde das aussehen, wenn Ihr Team doppelt so gut wäre? Oder fünfmal so gut?
- Wenn Sie einen schnellen, von jedem einsetzbaren Lackmustest erfinden müssten, um zu beurteilen, ob Ihr Team schlechte, mittelmäßige oder herausragende Leistungen bringt, wie sähe dieser Test aus?

Entwickeln Sie eine überzeugende Strategie

Nehmen wir an, Sie haben eine konkrete Vision und wissen, wie der Erfolg aussehen soll. Und nun? Nun müssen Sie sich einen Plan überlegen – also eine Strategie entwickeln –, um dieses Ergebnis zu realisieren.

»Pläne sind nichts, aber Planung ist alles«,[46] sagte Dwight D. Eisenhower, einer der besten Generäle in der Geschichte, der im Zweiten Weltkrieg die Landung in der Normandie orchestrierte. Überraschungen gibt es zwar immer, und wir haben nie alles unter Kontrolle, doch durch den Prozess der Planung begreifen wir, wo wir stehen, und überlegen uns die Strategie mit den besten Aussichten auf Erfolg. Im Krisenfall liefert uns eine tragfähige Strategie die Grundlage dafür, unsere Pläne rasch anzupassen, statt wieder chaotisch bei null anzufangen.

Was macht eine gute Strategie aus? Erstens muss sie realistische Erfolgschancen haben. Fragt Sie jemand, wie Ihre Strategie aussieht, um »einen Limostand an jeder Ecke« aufzuziehen, und Sie entgegnen, dass Sie alle großen Stars der Welt dazu bringen wollen, dafür zu werben, werden Sie Skepsis ernten. Dafür bräuchten Sie entweder so viel Geld, dass das eher keine gute Investition wäre, oder ein so spektakuläres Produkt, dass die Travis Kelces und Taylor Swifts dieser Welt alle *unbedingt* damit in Verbindung gebracht werden wollen, selbst wenn sie keinerlei Geld dafür bekommen – ebenfalls äußerst unwahrscheinlich.

Eine gute Strategie erkennt den Kern des Problems, das sie lösen soll. Sie fokussiert die einzigartigen Stärken, Ressourcen und Kräfte eines Teams darauf, was am wichtigsten ist, um seine Ziele zu erreichen.

Sind Sie als Führungskraft für einen kleineren Teil eines größeren Unternehmens verantwortlich, sollten die Pläne Ihres Teams unmittelbar auf die übergeordnete Strategie des Unternehmens ausgerichtet sein. Ein Beispiel dafür ist Nikes Mission, für jeden Sportler auf der Welt Inspiration und Innovation zu sein. Diese allgemeine Vision liegt allem zugrunde, von Sportschuhen bis hin zu digitalen Erlebnissen.

Innerhalb von Nike könnte sich das für die App Nike Run Club zuständige Team darauf fokussieren, Läufer durch personalisiertes Coaching und Community-Features zu motivieren, während das Nachhaltigkeitsteam an der Entwicklung umweltfreundlicher Werkstoffe arbeitet, um Nikes übergreifendes Engagement zur Verringerung seines ökologischen Fußabdrucks zu unterstützen. Die Strategie eines jeden Teams ist absolut einzigartig, doch sie alle tragen zur übergeordneten Unternehmensmission bei.

Bei Ihrer Planung für die Zukunft sollten Sie folgende Aspekte berücksichtigen.

Planungsgrundlage sollten die Stärken Ihres Teams sein

Genauso wie aus Ihrem Führungsstil hervorgeht, wer Sie sind und was Sie können, so sollten auch Ihre Pläne die einzigartigen Fähigkeiten Ihres Teams berücksichtigen. So sind die Mitglieder meines Produktdesigner-Teams in aller Regel Experten für Interaktionsdesign für Desktop- und mobile Interaktionen. Das sind die Kompetenzen, auf die Softwareschmieden bei Neueinstellungen und Fortbildung Wert legen, weil sie die wichtigsten Anforderungen ans Produktdesign erfüllen. Erfordert ein Projekt ein geschliffenes Marketingvideo oder eine größere Zahl von Illustrationen, greift das Unternehmen oft auf eine spezialisierte externe Designagentur zurück.

Diese unterschiedliche Vorgehensweise finden manche verwirrend. Ich wurde von Kolleginnen und Kollegen aus der Technik schon gefragt: »Aber Produktdesigner können doch zeichnen und animieren, oder? Wozu brauchen wir da noch ein anderes Team?« Ich erkläre dann immer, dass das viele aus dem Team durchaus *könnten* – was aber noch lange nicht heißt, dass sie es auch *sollten*. Es sei schließlich nicht ihre Kernkompetenz, und daher würden sie vermutlich doppelt so viel Zeit brauchen, um 80 Prozent der Qualität zu erreichen, die ein darauf spezialisiertes Team liefern kann.

Sie würden ja auch nicht die Kavallerie schicken, um einen Spionageauftrag auszuführen. Genauso wenig sollten Sie Pläne machen, die sich nicht mit den ureigenen Fähigkeiten Ihres Teams decken. Es gibt gewöhnlich ein Dutzend Wege von A nach B. Wollen Sie den Land-, See- oder Luftweg nehmen? Möchten Sie auf dem Landweg durch den Dschungel marschieren oder über die Berge? Eine Patentantwort gibt es darauf nicht. Der klügste Plan für Ihr Team ist immer der, der Ihre relativen Stärken und Schwächen berücksichtigt.

Konzentrieren Sie sich darauf, ein paar wenige Dinge richtig gut zu machen

Schon mal vom Pareto-Prinzip gehört? Das ist nach einem italienischen Ökonomen benannt, der im Italien des 19. Jahrhunderts ein interessantes Muster der Wohlstandsverteilung beobachtete, das heute dank eines Bestsellers von Richard Koch aus dem Jahr 1998 meist als 80/20-Prinzip bezeichnet wird. Grundidee ist, dass der größte Teil des Ergebnisses auf eine Minderheit der beitragenden Ursachen zurückgeht. Dabei kommt es darauf an, das wirklich Wichtige zu erkennen.

Der gängigen Meinung zufolge beruht Erfolg auf harter Arbeit und Durchhaltevermögen – auch in schwierigen Zeiten. Das ist ein weiser Rat, der aber übersieht, wie wichtig es ist, die richtigen Schwerpunkte zu setzen. Wie Koch schreibt: »Wenige Menschen nehmen Ziele wirklich ernst. Sie wenden für zu viele Dinge durchschnittliche Energie auf, statt alle Gedanken und Kräfte auf einige wenige Hauptbereiche zu richten. Menschen, die am meisten erreichen, gehen selektiv und entschlossen vor.«[47]

Produktentwickler müssen bei ihrer Arbeit bestimmen, welche Features wesentlich sind und welche lediglich schmückendes Beiwerk. Soll ein neues Team aufgebaut werden, versuchen die zuständigen Führungskräfte, zunächst die leitenden »Anker«-Funktionen zu besetzen, dann die übrigen. Bei der Entscheidung, welche Patienten in der Notaufnahme angenommen werden, entscheiden Ärzte nach Dringlichkeit. Das nennt man auch Triage. Es kommt immer darauf an, die richtigen Prioritäten zu setzen. Das ist eine grundlegende Führungskompetenz.

Die richtigen Prioritäten zu setzen, üben Sie am besten, indem Sie grundsätzlich alle Punkte auf einer Liste nach ihrer Bedeutung ordnen. Arbeiten Sie die Liste dann unbedingt von oben nach unten ab. Stehen beispielsweise auf Ihrer To-do-Liste für heute fünf Aufgaben, sollten Sie diese nach Priorität einstufen und dann der Reihe nach angehen. Haben Sie für dieses Halbjahr drei Ziele für Ihr Team, sollten Sie sich unbedingt folgende Frage beantworten: »Welches davon würde ich auswählen, wenn ich nur eines erreichen könnte?« Müssen Sie fünf offene Stellen besetzen, sollten Sie Ihre Energie darauf konzentrieren, zunächst jemanden für die allerwichtigste zu finden. (Mehr über Systeme zum Setzen von Prioritäten erfahren Sie im elften Kapitel über Personalführung in der Krise.)

Sich bemühen zählt nicht. Nur auf die Ergebnisse kommt es an. Das habe ich aus der Entstehungsgeschichte eines der transformativsten Produkte der jüngeren Geschichte gelernt: des iPod von Apple.

In den frühen 2000er-Jahren wurde der Markt mit digitalen Musikabspielgeräten überschwemmt. Unternehmen wie Sony, Creative und Rio hatten ihre Produkte über Jahre verbessert, die Speicherkapazitäten vergrößert, die Tonqualität optimiert und individuelle Gestaltungsoptionen ermöglicht. Viele waren technisch überlegen – mit Features wie erweiterbaren Speichern, UKW-Radio und Unterstützung mehrerer Audio-Formate.

Dann kam der iPod von Apple. Bei der Einführung fehlten ihm viele der Funktionen, die die Konkurrenzprodukte boten.

Er war weder der erste digitale Player, noch wartete er mit der besten Audioqualität oder dem größten Speicher auf. Doch er besaß zwei Alleinstellungsmerkmale: Er war einfach und cool.

Statt die Nutzer mit Dutzenden von Knöpfen und Menüoptionen zu überfordern, führte der iPod einen runden Drehregler ein, das »Click Wheel« – eine nahtlose, intuitive Möglichkeit, sich mühelos durch Tausende von Songs zu scrollen. Außerdem kombinierte Apple das Gerät mit iTunes, einem Dienst, der es unglaublich einfach machte, Musik zu kaufen, zu organisieren und zu übertragen. Während sich die Konkurrenten auf technische Spezifikationen konzentrierten, fokussierte sich Apple ganz auf das Nutzererlebnis.

Das Ergebnis? Der iPod deklassierte die Mitbewerber und errang letztlich einen Marktanteil von 70 Prozent. Warum? Weil es den Menschen nicht in erster Linie auf ein Extra wie einen UKW-Tuner oder besseren Bitrate-Support ankam, sondern darauf, mühelos ihre Lieblingsmusik abzuspielen und dabei auch noch cool auszusehen.

Mit den Worten von Apple-Visionär Steve Jobs: »Die Menschen glauben, sich zu fokussieren bedeutet, dass man Ja zu den Dingen sagen muss, auf die man sich fokussiert. Das stimmt aber nicht. Es bedeutet, Nein zu den 100 anderen guten Ideen zu sagen, die es gibt. Man muss sorgfältig auswählen. Ich bin tatsächlich genauso stolz auf die Dinge, die wir unterlassen haben, wie auf die Dinge, die wir umgesetzt haben. Innovation bedeutet, zu 1000 Dingen Nein zu sagen.«[48]

Zuständigkeiten klären

Stellen Sie sich folgendes Szenario vor: Fünf Menschen setzen sich zum Brainstorming zusammen, um herauszufinden, wie man am leichtesten durch eine App navigiert. Es hagelt von allen

Seiten Ideen, die zurückprallen und Diskussionen auslösen.

»Wir sollten ein Feature für eine KI-Zusammenfassung hinzufügen!«, schlägt jemand begeistert vor.

»Aber werden die Leute einer KI-Zusammenfassung vertrauen?«, fragt jemand anderes.

»Testen wir es doch mit einer kleinen Gruppe und schauen uns an, wie es verwendet wird«, schlägt jemand vor.

»Gute Idee. Wir können auch prüfen, wie viele die Zusammenfassung anschließend noch bearbeiten.«

»Ich habe da kein so gutes Gefühl, was KI-Zusammenfassungen angeht. Sie könnten nützlich sein, aber warum fokussieren wir uns stattdessen nicht auf KI-Editierung?«

Und so wird endlos diskutiert.

Was wohl aus der Idee von der KI-Zusammenfassung wird?

Die wahrscheinlichste Antwort darauf: gar nichts. Es wurde zwar vorgeschlagen, einen Test durchzuführen und ein paar Daten zu überprüfen, aber niemand erklärte sich ausdrücklich dafür zuständig. Die Idee hängt in der Luft. Wenn keiner die Verantwortung übernimmt, verlaufen die Dinge im Sand. Das ist nicht nur in Meetings so. Jedes Mal, wenn Sie eine E-Mail zu einer Frage, die Anschlussschritte verlangt, an mehrere Empfänger senden, weiß am Ende womöglich keiner genau, von wem Sie welche Reaktionen erwarten. Jeder könnte annehmen, es sei ein anderer zuständig.

Mir ist es ein bisschen peinlich zuzugeben, wie lange ich gebraucht habe, um zu merken, wie wichtig es ist, klare Zuständigkeiten zu schaffen. Selbst wenn alle in bester Absicht handeln, können unklare Vorgaben zu den Aufgaben Probleme verursachen. Einmal saß ich mit zwei meiner fähigsten Teammitglieder zusammen und erzählte ihnen von einem heiklen neuen Problem. Ich bat sie, sich gemeinsam eine Lösung zu überlegen. Ich ging davon aus, dass sich ihre Stärken gut ergänzen würden.

Leider hatten sie aber ganz unterschiedliche Ansichten dazu, was unternommen werden sollte. Weil ich nicht klargemacht hatte, wie sie zusammenarbeiten sollten oder bei wem letztlich die Entscheidungsbefugnis lag, drehten sie sich im Kreis in dem Versuch, den anderen zu überzeugen. Es ging nicht voran. Daraus lernte ich: Je klarer ich formuliere, wer für mich wofür in der Verantwortung steht, desto geringer das Risiko von Unklarheiten und Verwirrung.

Rückblickend hätte ich meine Erwartungen von vornherein folgendermaßen klarstellen sollen: »Dan, ich hätte gern, dass du federführend die verschiedenen Optionen formulierst. Sarah, könntest du dich um einen Personalplan dafür kümmern?« Oder: »Macht doch bitte jeder einen Lösungsanlauf. Zu den Punkten, an denen ihr unterschiedlicher Meinung seid, setzen wir uns zu dritt zusammen und treffen eine Entscheidung.«

Ehrgeizige Ambitionen auf Teilziele herunterbrechen

Haben Sie schon mal von den Parkinson'schen Gesetzen gehört? Sie gehen auf Cyril Parkinson zurück, einen britischen Historiker und Gelehrten aus dem 20. Jahrhundert. Eine dieser Gesetzmäßigkeiten besagt, dass sich Arbeit genau in dem Maße ausdehnt, wie Zeit für ihre Erledigung zur Verfügung steht.[49]

Als mein Verlagsteam und ich zum ersten Mal über den Zeitplan für dieses Buch sprachen, einigten wir uns darauf, dass ein Jahr für die Fertigstellung der ersten Entwurfsfassung eine vernünftige Frist sei. Ich legte den Hörer auf und hatte keinerlei Bedenken. *Ein Jahr ist mehr als genug Zeit. Ich kriege die Erstfassung auch in sechs Monaten hin*, dachte ich.

Sie ahnen sicher schon, was dann kam. Kleinlaut reichte ich nach einem Jahr einen ersten Entwurf ein, der noch gar nicht vollständig war. In den ersten neun Monaten hatte ich das Gefühl, noch reichlich Zeit zu haben. Stand eine andere dringliche Aufgabe an oder mir war nicht nach Schreiben, sagte ich mir: *Ein Tag weniger ist sicher kein Weltuntergang.*

Beim zweiten Entwurf war ich klüger. Statt das ganze Buch als ein großes Projekt mit einem Termin in ferner Zukunft zu betrachten, unterteilte ich es und versprach der Redaktion, ich würde ein Kapitel pro Woche überarbeiten.

Schon arbeitete ich deutlich disziplinierter. Wenn ich mein Ziel erreichen wollte, musste ich jeden Abend etwa zwei Seiten redigieren. In diese kleineren Meilensteine zerlegt, war leicht zu erkennen, dass sich jeder geschwänzte Schreibabend bemerkbar machen würde, weil ich die Arbeit nachholen müsste, um im Plan zu bleiben. Ich hielt Wort – bei der Zweitfassung arbeitete ich dreimal so effizient.

Was sich lohnt, braucht seine Zeit. Jeder große Traum setzt sich aus Tausenden kleiner Schritte nach vorn zusammen. Als Netflix gegründet wurde, war es noch kein globaler Streaming-Gigant – es war ein DVD-Verleih, der seinen Kunden Filme per Post schickte. Es gab keine eigenen Serien, keinen Streaming-Dienst und keine Handy-Apps. Doch Woche um Woche fokussierte sich das Team auf gezielte kleine Schritte. Es führte ein Abomodell ein, es optimierte den Empfehlungsalgorithmus und es baute nach und nach einen digitalen Katalog auf. Und schließlich wagte es den Sprung zum Streaming, anschließend zu eigenen Inhalten und letztlich zum globalen Unterhaltungsriesen.

Denkt man bei einem Langstreckenlauf nur an die Ziellinie, kann das entmutigen, weil diese noch meilenweit entfernt ist. Sie fragen sich womöglich, ob überhaupt irgendetwas von dem, was Sie heute tun können, spürbare Auswirkungen hat. Untergliedern Sie Ihren Plan dagegen in kleinere Abschnitte und fokussieren sich auf den nächsten Meilenstein – die anstehende Aufgabe abschließen, das nächste Meeting vorbereiten, zwei Seiten überarbeiten –, scheint der Erfolg plötzlich in Reichweite. Und Sie spüren echten Handlungsdruck.

Gehen Sie große Projekte an, als bestünden sie aus vielen kleineren Projekten. Für einen Architekten, der ein Haus bauen soll, könnte der erste Meilenstein die Begutachtung des Baugrunds sein, um sich genauestens über Topografie, Bodenbeschaffenheit, Überschwemmungsgefahren und anderes mehr zu informieren. Der zweite Meilenstein besteht vielleicht darin, festzulegen, wohin das Haus auf dem Grundstück gebaut werden soll. Der dritte Meilenstein wäre womöglich, die Zahl der benötigten Zimmer zu ermitteln. Und so weiter.

Kümmern Sie sich um das Naheliegende – machen Sie sich noch keine Gedanken darüber, was in Monaten oder Jahren sein wird. Setzen Sie sich dann zusammen mit Ihrem Team realistische, ehrgeizige Zieltermine für jeden Meilenstein. Berücksichtigen Sie dabei den »Planungsfehlschluss«[50] – unsere angeborene Neigung, davon auszugehen, dass alles schneller geht und weniger kostet, als es am Ende der Fall ist. Kalkulieren Sie einen Sicherheitspuffer für unerwartete Probleme ein.

Gehen Sie dann vom Zieltermin aus rückwärts vor und überlegen Sie sich, wer in welcher einzelnen Woche was zu tun hat. Bitten Sie Ihre Leute, sich für jede Woche Ziele zu setzen und diese offiziell zuzusagen. Das schafft Verantwortungsbewusstsein. Regelmäßige Überprüfungen sind eine geeignete Möglichkeit, die Dynamik aufrechtzuerhalten. Ich kenne ein Team, das diese Methode meisterhaft beherrscht – und manchmal sogar zwei Meetings pro Woche veranstaltet, um den Fortschritt zu überwachen und dringende Prioritäten zu besprechen.

Jongliert Ihr Team gleichzeitig mit mehreren verschiedenen Aufträgen, ordnen Sie diese nach Priorität – welche sind »erfolgsentscheidend«, welche lediglich »Sahnehäubchen«? Packen Sie die erfolgsentscheidenden Arbeiten stets zuerst an.

Wie sich zeigt, hat das genannte Parkinson'sche Gesetz viele Ableger. Mein Favorit ist die Variante von Mark Horstman: »Arbeit schrumpft so lange, bis sie in den Zeitraum passt, den wir dafür ansetzen.«[51] Das Unmögliche lässt sich stets irgendwie in eine Reihe von Tagen, Kilometern und letztlich Schritten zerlegen. Indem wir immer wieder einen Fuß vor den anderen setzen, überwinden wir am Ende Berge.

PERFEKTE AUSFÜHRUNG IST WICHTIGER ALS EINE PERFEKTE STRATEGIE

Ich habe mal einen CEO in einem Interview sagen hören, perfekte Ausführung sei ihm stets lieber als eine perfekte Strategie. Was der Unterschied ist? Na ja, wenn Ihre Strategie nichts taugt, machen Sie sich durch Ihren nächsten Schachzug angreifbar. Hapert es dagegen an der Ausführung, wird aus Ihrem beabsichtigten Zug »Turm auf E5« ein »Läufer auf D10«, weil Sie versuchen, mit den Füßen Schach zu spielen statt mit den Händen.

Der beste Plan bringt nichts, wenn Sie ihn nicht richtig oder nicht schnell genug ausführen können, um etwas zu bewirken. Nehmen wir beispielsweise an, Sie hätten eine Kristallkugel, die Ihnen genau sagen könnte, auf welche neue Idee Sie setzen müssen, um die ganze Branche zu revolutionieren. Ist Ihr Endprodukt im Vergleich zum Konkurrenzangebot langsam und fehlerhaft oder bringen Sie es zu spät auf den Markt, haben Sie schon verloren.

Das wurde mir klar, als ich die Gelegenheit hatte, die magischen Ausführungskünste meiner Kollegin Naomi in Aktion zu erleben. Damals legten Naomi und ihr Team ihre Roadmaps so an, dass sie aus kurzen, mehrwöchigen Sprintzyklen bestanden. In der ersten Woche führte Naomi ein dreistündiges Brainstorming durch. Alle Anwesenden mampften Pizza, schlugen Ziele vor und präsentierten Ideen, die auf das Whiteboard notiert wurden. Dann wurde über die favorisierten Konzepte abgestimmt. Die Gruppe einigte sich auf ein paar wenige, die tatsächlich entwickelt werden sollten.

»Augenblick mal«, warf ich ein. Für mich war dieses Prozedere neu, und ich war skeptisch, ob all diese Ideen funktionieren würden. Um manche davon richtig auszuführen, würde man Monate brauchen – viel mehr Zeit, als der vorgesehene Sprint zuließ. Doch Naomi klärte mich auf: »Entweder können wir jetzt die nächsten paar Wochen damit zubringen zu diskutieren, welche Ideen die besten sind, oder wir versuchen, so schnell wie möglich aus der Praxis zu lernen. Unser Ziel ist es, einfache, aussagekräftige Tests zu entwickeln, die uns erkennen lassen, worauf wir uns mit doppelter Kraft konzentrieren und was wir von der Liste streichen sollten. Funktioniert eine Idee, entwickeln wir sie dann im nächsten Sprint weiter.«

Da begriff ich, warum die mehrwöchige Kadenz so wichtig war. Das war kurz genug, um den Zeitverlust zu begrenzen, wenn eine Idee nichts taugte. Und es war ein wiederholbarer Prozess, der auf lange Sicht maximalen Erkenntnisgewinn versprach.

Im Laufe Ihrer Karriere werden Sie unzählige Fehler machen. Die frustrierendsten Fehler sind aber die, aus denen Sie nichts lernen können, weil nicht klar ist, ob es an der Strategie oder an der Ausführung lag.

Jedes Mal, wenn aus einem guten Drehbuch ein schlechter Film wird, wenn ein Branchenpionier Aufträge an einen weniger innovativen Konkurrenten verliert oder ein genialer Professor es nicht schafft, sein Wissen an den Hörsaal weiterzugeben, versagt die Ausführung.

Auch der brillanteste Plan der Welt führt nicht zum Erfolg, wenn Sie ihn nicht mit Leben erfüllen können. Gute Ausführung heißt, Sie entscheiden sich für eine vernünftige Richtung, handeln schnell, um herauszufinden, was gut klappt und was nicht, und nehmen dann Anpassungen vor, um das angestrebte Ergebnis herbeizuführen. Es kommt auf das Tempo an – ein schneller Läufer kann einen langsamen, der den kürzesten Weg kennt, selbst dann noch schlagen, wenn er ein paarmal falsch abbiegt.

Hier ein paar aufschlussreiche Indizien dafür, ob Ihr Team die Ausführung beherrscht:

- Listen mit Projekten oder Aufgaben werden in absteigender Reihenfolge nach Prioritäten geordnet und den Posten ganz oben auf der Liste wird mehr Zeit und Aufmerksamkeit geschenkt.
- Es gibt einen effizienten Entscheidungsprozess, den jeder kennt und auf den sich jeder verlässt.
- Das Team reagiert schnell – vor allem, wenn es sich um reversible Entscheidungen handelt. Wie Amazon-Chef Jeff Bezos sagt: »Die meisten Entscheidungen sollten wohl mit rund 70 Prozent der Informationen getroffen werden, die Sie gern hätten. Wenn Sie warten, bis Ihnen 90 Prozent der Informationen vorliegen, sind Sie vermutlich meist schon zu langsam.«[52]
- Ist eine Entscheidung getroffen, stehen alle dahinter (auch diejenigen, die anderer Meinung waren) und machen sich schnell daran, sie umzusetzen. Solange keine neuen Informationen auf den Tisch kommen, rüttelt keiner an der Entscheidung, erhebt Einwände oder spielt auf Zeit.
- Sobald maßgebliche neue Informationen auftauchen, gibt es einen Prozess, um diese zügig zu analysieren und festzustellen, ob und wie die aktuellen Pläne infolgedessen geändert werden sollten.

- Für jede Aufgabe steht fest, *wer* sie *bis wann* zu erledigen hat. Die Verantwortlichen sagen das zu und halten das zuverlässig ein.
- Das Team ist belastbar und daran interessiert, laufend dazuzulernen. Jeder Fehlschlag macht das Team stärker, weil es nie zweimal denselben Fehler begeht.

Das richtige Verhältnis zwischen kurz- und langfristigen Ergebnissen

Eine gute Umsetzung bedeutet, die pragmatischen Realitäten des nächsten Tages, der nächsten Woche oder des nächsten Monats zu erkennen, aber auch den Kurs, den das Schiff in den nächsten ein, drei oder zehn Jahren nehmen soll.

Eines sollte inzwischen deutlich geworden sein: Führungsqualität steht und fällt mit der Kunst der Ausgewogenheit. Geht es um Planung und Ausführung und Sie haben nur die nächsten drei Monate im Blick, treffen Sie womöglich kurzsichtige Entscheidungen, die später Probleme aufwerfen. Denken Sie dagegen stets gleich mehrere Jahre voraus, könnten Sie Probleme mit einer zügigen Ausführung im Tagesgeschäft bekommen. Hier ein paar gängige Beispiele dafür, was passiert, wenn Sie zu stark in die eine oder andere Richtung tendieren.

PERSONALBESCHAFFUNG

DIE SITUATION: Sie müssen eine wichtige Funktion in Ihrem Team besetzen.

DAS RISIKO, ZU KURZFRISTIG ZU DENKEN: Sie nehmen den Erstbesten, der einigermaßen vernünftig wirkt. Er kann die Aufgabe zwar im Moment erfüllen, hat aber wenig Entwicklungspotenzial, sodass Sie ein Jahr später erneut eine Vakanz im Management füllen müssen.

DAS RISIKO, ZU LANGFRISTIG ZU DENKEN: Ihre Idealbesetzung ist praktisch nicht zu finden, weil Sie die Messlatte so hoch gehängt haben. Sie lehnen eine Bewerberin nach der anderen ab. Sechs Monate später haben Sie immer noch niemanden gefunden, und darunter leidet die Leistung Ihres Teams.

PLANUNG

DIE SITUATION: Sie sind CEO in einer wettbewerbsintensiven Branche. Sie müssen entscheiden, in welche Initiativen investiert werden soll.

DAS RISIKO, ZU KURZFRISTIG ZU DENKEN: Sie verzichten auf Investitionen in die Zukunft (wie die Modernisierung Ihrer Technik), weil das kurzfristig ins Geld geht. Ihre Mitbewerber investieren jedoch und stellen ihre Produkte zwei Jahre später schneller und billiger her als Sie.

DAS RISIKO, ZU LANGFRISTIG ZU DENKEN: Sie segnen eine Reihe auf drei Jahre angelegter Projekte ab und stützen sich dabei auf Ihre aktuellen Marktkenntnisse. Ein Jahr später hat sich der Markt jedoch verändert und Ihre Pläne sind nicht mehr zielführend.

LEISTUNGSMANAGEMENT

DIE SITUATION: Sie befürchten, dass die Leistungen der für Projekt X zuständigen Mitarbeiterin nicht ausreichen.

DAS RISIKO, ZU KURZFRISTIG ZU DENKEN: Sie geben sich mit halbherzigen Lösungen zufrieden, indem Sie alle Fäden selbst in die Hand nehmen oder einspringen, um bestimmte Aspekte des Projekts zu übernehmen. Weder das eine noch das andere ist auf Dauer tragbar.

DAS RISIKO, ZU LANGFRISTIG ZU DENKEN: Sie investieren in einen Coach für Ihre Mitarbeiterin, um deren Leistungen zu steigern. Das bringt jedoch nicht schnell genug Erfolg, und das Projekt scheitert.

Wie diese Beispiele deutlich machen, kann man nicht pauschal sagen, ob ein kurz- oder ein langfristiger Ansatz richtig ist. Bei Ihren Entscheidungen müssen Sie zwischen beiden Möglichkeiten abwägen und das richtige Verhältnis finden.

Legen Sie eine langfristige Vision fest und gehen Sie dann rückwärts vor

Yogi Berra hat einmal gesagt: »Wer nicht weiß, wo er hinwill, kommt vielleicht ganz woanders an.«[53]

Das gilt grundsätzlich immer, wenn man etwas von Wert aufbaut – ohne klare Vision werden keine zielführenden Entscheidungen getroffen und Teams verzetteln sich.

Ein Beispiel dafür ist Slack, das eigentlich die Mission verfolgte, die Arbeitswelt einfacher, angenehmer und produktiver zu gestalten. Diese Vision prägte die Unternehmensentwicklung tausendfach, im Großen wie im Kleinen – vom Schnittstellendesign bis hin zu den Funktionen, die Priorität haben.

Zunächst hatte man bei Slack gar kein universelles Werkzeug für den Arbeitsplatz im Sinn. Der Fokus lag ganz und gar auf den Technikteams. Für diese wurden alle Voraussetzungen für eine nahtlose Kommunikation geschaffen. Leichtgängige Chat-Threads, schnelle Suche und problemlose Integration in Tools wie GitHub hatten Vorrang, um Early Adopters zu gewinnen und Slack zum unverzichtbaren Instrument für Entwickler zu machen.

Als Slack dann größer wurde, begannen auch Teams aus dem Marketing, dem Vertrieb und der Kundenbetreuung, das Produkt einzusetzen, und forderten neue Funktionen. Doch statt auf jede solche Forderung einzugehen, hielt sich Slack strikt an seine Mission. Als Nutzer vorschlugen, man könne doch Möglichkeiten einführen, Konversationen komplett *stumm* zu schalten, zögerte das Team. Sein Ziel war ja nicht, Menschen dabei zu helfen, andere zu ignorieren – es wollte vielmehr die Zusammenarbeit erleichtern. Anstelle einer Stumm-Taste wurden daher Features eingebaut wie »Bitte nicht stören«, Channel-Highlights und intelligente Benachrichtigungen, die dafür sorgten, dass Menschen einbezogen blieben, ohne sich überfordert zu fühlen.

Mein Chef Chris mahnte mich oft: »Es ist keine gute Idee, in der Küche schon die Abflüsse zu planen, wenn ihr euch noch gar nicht auf den Grundriss geeinigt habt.« Man könnte auch sagen, ohne das Gesamtbild zu kennen. Welche Probleme wollen Sie eigentlich lösen? Was macht aus Ihrer Sicht Ihre Arbeit für Menschen wertvoll? Was sind demnach für das Team gerade die wichtigsten Prioritäten?

Wählen Sie einen Portfolio-Ansatz

Eine der Fragen, die mir andere Führungskräfte am häufigsten stellen, lautet: »Wie schaffe ich es, mir Zeit aus den Rippen zu schneiden, um mich auf langfristige Arbeiten zu konzentrieren, wenn im laufenden Betrieb gerade so viel zu tun ist?«

Der Formulierung dieser Frage liegt die Annahme zugrunde, dass es auf Kosten der erfolgreichen kurzfristigen Ausführung geht, wenn Sie sich der Planung für die nächsten Monate oder Jahre widmen.

So muss es gar nicht sein. Meine ehemalige Kollegin Fidji leitete ihr Team mit einer ähnlichen Strategie wie ein Investor. Kein Finanzberater würde Ihnen empfehlen, Ihr gesamtes Kapital auf eine Karte zu setzen. Ebenso wenig sollten Sie nur Projekte mit ein und demselben Zeithorizont angehen.

Fidji sorgte dafür, dass ein Drittel ihres Teams an Projekten arbeitete, die innerhalb weniger Wochen abgeschlossen werden konnten, ein Drittel an mittelfristigen Projekten, die mehrere Monate in Anspruch nehmen konnten, und das letzte Drittel schließlich widmete sich innovativen Ideen, die noch ganz am Anfang standen und wohl erst nach Jahren Wirkung zeigen würden.

Mit diesem Portfolio-Ansatz hielt ihr Team das Gleichgewicht zwischen laufenden Verbesserungen an zentralen Features, ohne dabei den Horizont aus den Augen zu verlieren. In zehn Jahren hat sich gezeigt, dass diese Strategie wunderbar funktioniert: Ihr Team brillierte mit einer herausragenden Erfolgsbilanz bei der Ermittlung neuer Chancen und deren Skalierung zu großen Geschäftsbereichen im Verlauf von drei Jahren.

Sprechen Sie darüber, wie alles mit der Vision zusammenhängt

Als Teil einer größeren Organisation haben Sie vermutlich eine übergeordnete Vision, ob »Ein Huhn in jedem Topf«, »das kundenorientierteste Unternehmen der Welt zu sein«[54] (Amazon) oder das »erfolgreichste und angesehenste Autounternehmen Amerikas zu sein«[55] (Toyota USA). Um das zu erreichen, muss Ihr Team eine bestimmte Rolle übernehmen – ob das die Entwicklung einer neuen Steuerstrategie ist, die Gewährleistung der besten Kundenbetreuung in der Branche oder das Ziel, Produktionsfehler auf das absolute Minimum zu reduzieren. Bis Ihr Team seine ehrgeizigen Ziele erreicht hat, werden Monate oder Jahre vergehen. Das übergeordnete Ziel der Organisation zu realisieren, kann sogar Jahrzehnte dauern. Doch wenn alle verinnerlichen, was sie letztlich erreichen wollen, und sich davon überzeugen lassen, werden die taktischen Entscheidungen im Tagesgeschäft einfacher, weil wir sie dann unter dem Aspekt betrachten können, welche Option uns näher an die Zukunft heranbringt, die wir anstreben. Wissen die Leute nicht, worauf es am Ende ankommt und warum, dann brechen Konflikte auf.

Ein Beispiel ist OpenAI, das ChatGPT entwickelt. Zu Anfang war das Unternehmen ein gemeinnütziges Forschungslabor, getragen von der Mission, dass künstliche Intelligenz der gesamten Menschheit zugutekommen soll. Doch mit dem KI-Bereich entwickelten sich auch die Herausforderungen weiter. Das Team stand vor einer zentralen Entscheidung: Sollte es gemeinnützig bleiben und riskieren, in der rechenintensiven KI-Forschung zurückzufallen, oder sollte es Investoren ins Boot holen, sich auf Gewinnerzielung umstellen und den Fortschritt bei der Entwicklung einer starken künstlichen Intelligenz vorantreiben?

Die Entscheidung war durchaus umstritten. Manche befürchteten, die Einwerbung von Investitionskapital könne das Engagement von OpenAI für Sicherheit und Offenheit gefährden. Andere sahen darin die einzige Möglichkeit, die nötigen finanziellen Mittel zu beschaffen, um mit Tech-Riesen mitzuhalten, die Milliarden in KI steckten. Am Ende beschloss das Führungsteam, eine neue gewinnorientierte Struktur zu schaffen, die die Einwerbung von Kapital ermöglichte und gleichzeitig dafür sorgte, dass die Mission weiter im Mittelpunkt aller Entscheidungsprozesse stand – ein prägender Moment in der Geschichte des Unternehmens als KI-Pionier seiner Generation.

Gleichzeitig müssen Sie aber aufpassen, dass Ihr Ziel nicht mit den stellvertretenden Größen verwechselt wird, die Sie zur Fortschrittsmessung heranziehen. Geht es Ihnen beispielsweise um die beste Kundenbetreuung der Branche, achten Sie möglicherweise auf Daten dazu, wie lange es dauert, bis eine Kundenbeschwerde bearbeitet ist. Natürlich hängt guter Kundenservice damit zusammen, dass Probleme rasch gelöst werden. Auf dieser Grundlage könnten Sie Ihrem Team etwa ein Ziel setzen wie: »Es darf höchstens drei Tage dauern, bis Kundenbeschwerden beigelegt sind.«

Dieses Ziel können Sie sich natürlich setzen, doch Sie dürfen dabei nicht aus den Augen verlieren, dass es sich nur näherungsweise mit Ihrem eigentlichen Anliegen deckt, nämlich: *den Kunden den besten Service zu bieten*. Fokussiert sich Ihr Team zu stark auf dieses eine spezifische Ziel, führt das am Ende möglicherweise dazu, dass Kundenbetreuer in der Kürze der Zeit Entscheidungen treffen, die nicht im Interesse der Kunden liegen. Steigt die Geschwindigkeit bei der Bearbeitung von Beschwerden, doch die Servicequalität nimmt ab, kommen Sie Ihrer Vision dadurch nicht näher.

Aus diesem Grund ist es so wichtig, darauf hinzuweisen, worum es eigentlich geht. Schildern Sie der Welt immer wieder, was Ihnen vorschwebt. Versuchen Sie, jede Aufgabe, jedes Projekt, jede Entscheidung und jedes Ziel mit dem übergeordneten Anliegen der Organisation zu verknüpfen. Erst wenn wirklich jeder den Traum kennt, richtet sich das Handeln des Teams darauf, ihn zu verwirklichen.

GUTE PROZESSE ENTWICKELN SICH STÄNDIG WEITER

Die Entwicklung von Produkten – vor allem digitalen – ist nie wirklich »abgeschlossen«, wie ich sehr früh kapierte. Man setzt eine Version 1.0 in die Welt. Dann lernt man dazu, wiederholt Vorgänge und erstellt eine verbesserte Version 2.0 oder 3.0. Seit meinem ersten kleinen blauen Nokia 3310, das ich bekam, als ich noch auf der Highschool war, habe ich zahllose Handys besessen. Ich habe die Homepage für meine Produkte schon Dutzende Male geändert. Nur unsere Fantasie setzt unserer Leistung Grenzen. Haben wir schönere Träume, können wir mehr erreichen.

Das gilt jedoch nicht nur für Produkte, sondern ebenso für Prozesse. Der Fortschritt sollte ebenfalls ein nie enden wollender Prozess sein.

Eines der nützlichsten Hilfsmittel, um Prozesse zu optimieren, ist die Praxis der Nachbereitung (auch als Retrospektive bezeichnet). Das kann nach Abschluss eines Projekts geschehen, in regelmäßigen Abständen oder jederzeit, wenn ein unerwartetes Ereignis oder ein Fehler auftritt. Und so geht's: Bitten Sie Ihr Team, sich eine oder zwei Stunden zusammenzusetzen, um genau zu analysieren, was passiert ist. Was lief gut, was nicht, und was kann das Team beim nächsten Mal anders machen?

Der Prozess ist ebenso reinigend wie aufschlussreich. Auch aus Erfolgen kann man etwas lernen (beispielsweise, wie sich bewährte Praktiken auf andere Projekte übertragen lassen). War das Ergebnis dagegen weniger erfreulich, hilft Ihnen die Nachbereitung, dieselben Fehler künftig zu vermeiden.

Dabei geht es nicht um Urteilsfindung. Gehen Sie die abschließende Analyse also nicht an wie einen Gerichtsprozess –

sonst wird diese Praxis ganz schnell wieder abgeschafft. Betrachten Sie sie vielmehr als Chance, aus der Erfahrung Lehren für die Zukunft zu ziehen. Zu diesem Zweck müssen Sie eine Atmosphäre schaffen, in der sich jeder traut, offen und ehrlich zu sprechen. Stellen Sie die Fakten so objektiv wie möglich dar. (»Hier haben wir den zeitlichen Ablauf: Am 20. Oktober sprachen Brian und Janice erstmals über die Möglichkeit, dieses Projekt durchzuführen. Am 16. November legten sie einen Vorschlag vor und bekamen grünes Licht, ein neues Team aufzubauen ... «) Formulieren Sie so, dass alle in die Verantwortung genommen werden, und vermeiden Sie Schuldzuweisungen (»unser Prozess hat versagt ...« statt »Leslie hat einen Fehler gemacht ...«). Und machen Sie klar, dass alle über Fehler sprechen dürfen und daraus lernen sollten.

Nach so einem Rückblick sollten alle Erkenntnisse schriftlich festgehalten und möglichst breit kommuniziert werden. Es ist toll, wenn ein Team aus den eigenen Erfolgen und Fehlschlägen lernt und daran wächst, doch noch besser ist, wenn es auch anderen Teams helfen kann, besser zu werden oder ähnliche Fehler zu vermeiden. Letztlich ist eine robuste Organisation keine, in der niemals Fehler passieren, sondern vielmehr eine, die durch ihre Fehler stärker wird.

Widerstandsfähige Prozesse zielen auch darauf ab, wiederholbare, bewährte Praktiken zu entwickeln. Was in der modernen Welt getan werden muss, um Dinge in die Realität umzusetzen, ist unglaublich komplex. Denken Sie nur daran, wie viele Schritte vor dem Start eines Flugzeugs erforderlich sind – die Kabine muss nach dem vorausgegangenen Flug gereinigt werden, die Maschine muss aufgetankt und die Passagiere müssen eingecheckt werden, das Gepäck muss eingeladen werden und alle Sicherheitschecks müssen durchgeführt werden. All diese Schritte im Kopf zu behalten, ist nahezu unmöglich. Schon gar nicht lassen sie sich spontan improvisieren.

Jeder einigermaßen komplexe Vorgang – ob der Start eines Flugzeugs, die Entbindung eines Frühchens oder der Versuch, einen Football über das Spielfeld zu bringen – erfordert ein Drehbuch, das klar vorgibt, welcher Schritt in Anbetracht der vorliegenden Variablen jeweils der richtige ist.

Zu Ihren Aufgaben als Führungskraft gehört auch, solche Drehbücher zu erstellen: dazu, wie man ein Teammeeting durchführt, Vakanzen besetzt oder ein Projekt termin- und budgetgerecht abschließt. Stellen Sie fest, dass Sie bestimmte Dinge immer wieder tun, lassen sich diese sehr wahrscheinlich in einem Handbuch oder einer Checkliste festschreiben, sodass solche Aufgaben künftig flotter von der Hand gehen. Ein weiterer Vorteil dieses Verfahrens: Man kann das Drehbuch an andere weitergeben, die daraus lernen und es umsetzen können.

Vor ein paar Jahren gewöhnte ich mir an, meinem Team unsere Fortschritte in einer wöchentlichen E-Mail zusammenzufassen. Anfangs fiel es mir noch leicht, mich hinzusetzen, im Kopf alle laufenden Projekte durchzugehen und die wesentlichen Punkte festzuhalten.

Das ging etwa ein Jahr lang gut – doch als sich die Zahl der Projekte verdoppelte und verdreifachte, geriet mein Prozess an seine Grenzen. Ich hatte keinen Überblick mehr darüber, woran jeder Einzelne gerade arbeitete. Prompt meldeten sich am Montagmorgen Teammitglieder bei mir und wollten wissen: »Warum hast du im Wochen-Update nichts über mein Projekt geschrieben? Ist es dir nicht wichtig?«

Ich wurde zum Engpass für das korrekte Aktualisieren unserer Fortschritte. Da kam mir eine neue Idee: Ich bat alle Teammitglieder, mir zuzusenden, was ich ihrer Ansicht nach in den Bericht aufnehmen sollte. Wir probierten das aus, und ich empfand sofort Erleichterung, weil ich nicht mehr an alles denken musste. Mit meiner neuen Crowdsourcing-Methode konnte ich mich zurücklehnen, entspannen und zusehen, wie sich die E-Mail von allein schrieb.

Ganz so funktionierte das nur leider nicht. Es trudelten zwar genügend Anregungen ein, doch weil sie von vielen verschiedenen Leuten verfasst worden waren, unterschieden sie sich stark – stilistisch ebenso wie in ihrer Ausführlichkeit. Ich musste die Rolle einer Redakteurin übernehmen, die Versatzstücke hernehmen und so zusammenfügen, dass es so klang, als stamme alles aus einer Feder. War ein vorgeschlagener Inhalt zu wenig ausführlich, reklamierte ich das beim Verfasser, und wir schrieben hin und her, bis alles passte. Mein neuer Prozess löste zwar ein paar größere Probleme, schuf aber gleichzeitig neue – insbesondere, dass ich immer noch eine Menge Zeit brauchte, um die wöchentliche E-Mail abzufassen.

Dann kam die dritte Phase: Weil ich merkte, dass es immer wieder dieselben Punkte waren, die ich monierte, erstellte ich ein Dokument mit dem Titel *Wie ich ein Highlight meiner Arbeit für den Wochenüberblick aufbereite*. Darin führte ich auf, worum es dabei eigentlich ging und wodurch sich ein guter Beitrag auszeichnete. Außerdem gab ich Tipps, worauf beim Schreiben geachtet werden sollte. Dieses Dokument leitete ich an alle Mitglieder meines Teams und jeden Neuzugang weiter. Ich rechne aber damit, dass sich auch so nebensächliche Prozesse wie dieser weiterentwickeln werden, da nichts bleibt, wie es ist.

Das folgende Kapitel geht näher darauf ein, wie man ein wachsendes Team richtig leitet. Dieses ganze Buch stellt im Grunde die neueste Fassung meines persönlichen Drehbuchs dar – sozusagen die Quintessenz aus Jahren von Fehlschlägen, Erfolgen und Versuchen, alles in dem Bestreben, eine gute Führungskraft zu sein. Ich schreibe es ebenso für Sie wie für mich selbst – damit ich mich an meine Fehler erinnere und an all das, was ich für die Zukunft daraus lernen kann.

Der griechische Philosoph Heraklit sagte einst sinngemäß: Niemand kann zweimal in denselben Fluss steigen, denn alles fließt und nichts bleibt.[56] Jede neue Herausforderung ist wie die Überquerung eines solchen Flusses. Man sucht sich Trittsteine, achtet auf Strömungen und verborgene Strudel. Steht der Plan, wagt man den ersten Schritt, um ans andere Ufer zu gelangen.

Beim Versuch, den Fluss zu durchwaten, können Sie ausrutschen. Sie können ins Wasser fallen. Vielleicht müssen Sie noch einmal ans Ufer zurück. Doch hoffentlich sind Sie hinterher klüger. Nehmen Sie sich einen Moment Zeit, um darüber nachzudenken, was Sie gelernt haben und wie Sie die nächste Flussüberquerung angehen könnten. Vielleicht werden Sie den nächsten Wasserlauf schon deutlich forscher durchschreiten.

Neuntes Kapitel

Wie Sie ein wachsendes Team leiten

SO NICHT …

… SONDERN LIEBER SO

Als mein Team noch an einen Besprechungstisch passte, war es immer eine große Sache, wenn unsere muntere Truppe von einer neuen Kraft verstärkt wurde. Wir setzten uns gern zusammen und zeigten ihr, wie wir arbeiteten – wo wir unsere Dateien führten, welche Tools sie sich herunterladen konnte und an welchen Meetings sie teilnehmen sollte. Wir freuten uns, dass uns noch jemand dabei unterstützen würde, mehr zu erreichen. Obendrein brachte so ein Neuzugang zusätzliche Superkräfte mit – vielleicht ein scharfes Auge für handwerkliche Elemente, besonders fundierte Kenntnisse über menschliche Motivation oder die unheimliche Fähigkeit, unkonventionelle Ideen aus dem Hut zu ziehen. Unsere Manöverkritikgruppe holte noch einen Stuhl an den Tisch und erweiterte ihre Perspektiven. Zwei Pizzas reichten damals noch, um alle satt zu kriegen.

Ein paar Monate später kam wieder jemand Neues dazu. Und noch jemand und noch jemand. Jedes Mal wiederholte sich der Prozess – neue Gesichter und Superkräfte wurden mit dem bestehenden Team und unseren bisherigen Prozessen vertraut gemacht.

Bis ich eines Tages wach wurde und merkte, dass es so nicht mehr ging.

Dieser Wendepunkt kam für mich, als ich mich eines Tages zu einem Kritik-Meeting einfand und feststellte: In dem Raum, in dem wir uns gewöhnlich trafen, gab es nicht genug Sitzplätze für alle. Das war an sich kein großes Problem – mehrere hilfsbereite Zeitgenossen holten eilfertig noch ein paar Stühle dazu. Doch als wir dann auflisteten, wer etwas sagen wollte, waren das zehn Leute. Dabei konnten wir bisher auf einem Meeting, wenn es hochkam, nur fünf oder sechs Projekte durchsprechen.

Das bedeutete, die Hälfte derjenigen, die sich gern zu Wort gemeldet hätten, würde an diesem Tag nicht mehr an die Reihe kommen. Da diese Sitzung einzig dem Zweck diente, ein verlässliches Forum für Feedback zu bieten, musste sich dringend etwas ändern.

Das galt nicht nur für dieses Meeting. Mein eigener Arbeitstag war zunehmend damit ausgefüllt, das Wachstum unseres Teams zu begleiten. Immer wieder gab es unerwartete Probleme, es mussten mehr Mitteilungen kommuniziert und mehr Entscheidungen im Blick behalten werden. Dieses Muster wiederholte sich. Sobald ich einen Prozess optimiert hatte, kamen wieder neue Leute dazu, und schon geriet erneut Sand ins Getriebe. Die einzige Möglichkeit, auch weiterhin effektiv zu arbeiten, bestand darin, alles laufend zu verändern und anzupassen.

Als ich erstmals Führungsverantwortung übernahm, bestand mein Team aus einer Handvoll Leuten. Dann verdoppelte es sich. Und alle paar Jahre verdoppelte es sich erneut. Jedes Mal kam es mir so vor, als hätte ich plötzlich einen ganz anderen Job. Die zentralen Grundsätze meiner Arbeit blieben zwar die gleichen, doch das Tagesgeschäft veränderte sich gewaltig.

Weiß man anfangs noch aus erster Hand, wie ein Team arbeitet, bekommt man nach und nach eine Makroperspektive. Zu den wesentlichen Kompetenzen, um diese Grätsche zu meistern, gehören die Vorgabe einer Vision, das Einstellen von Führungskräften und das Delegieren von Aufgaben. Im vorliegenden Kapitel wollen wir uns genauer anschauen, was sich für Sie dadurch ändert und wie Sie den Sprung schaffen können.

WAS GROSSE TEAMS VON KLEINEN UNTERSCHEIDET

Im Silicon Valley ist exponentielles Wachstum beinahe ein Lebensstil. Die Sirenengesänge eines ehrgeizigen Traums können dazu führen, dass Teams in atemberaubendem Tempo immer größer werden. Es werden dutzendfach neue Stellen geschaffen, und auf wöchentlichen Orientierungsmeetings mehren sich die neuen Gesichter. Da muss förmlich der Eindruck entstehen, Veränderung und Chaos seien die einzigen Konstanten und ansonsten sei Improvisation angesagt. Das ist einer der Hauptgründe, aus denen ich meinen Job liebe, wie ich allen Interessierten gern erzähle: dass sich, wohin ich auch blicke, täglich neue Herausforderungen und Gelegenheiten ergeben, dazuzulernen.

Ich werde oft gefragt, wie sich mein Job seit meiner Anfangszeit verändert hat. Im Rückblick unterscheidet sich die Arbeit mit kleinen und großen Teams in erster Linie durch folgende Aspekte.

Vom direkten zum indirekten Management

Wer ein fünfköpfiges Team leitet, kann zu jedem Mitglied eine persönliche Beziehung aufbauen und detailliert über dessen Arbeit, Anliegen und Stärken Bescheid wissen – vielleicht sogar über seine Hobbys.

Ein 30-köpfiges Team kann man nicht mehr direkt leiten – zumindest nicht mehr in diesem Maße. Wenn Sie mit jedem Teammitglied jede Woche ein 30-minütiges 1:1 führen, würde das allein 15 Stunden beanspruchen – fast eine halbe Arbeitswoche! Berücksichtigen Sie dann noch die Zeit für die Nachbereitung aller Punkte aus diesen Gesprächen, auf die Sie reagieren müssen, kommen Sie kaum noch zu anderen Dingen. Als mein Team auf über acht Personen anwuchs, fühlte ich mich, als hätte mein Tag nicht genug Stunden, um allen gerecht zu werden und mich auch noch darum zu kümmern, neue Leute einzustellen, eine hochwertige Designarbeit zu gewährleisten oder zur Produktstrategie beizutragen.

Aus diesem Grund stellen Führungskräfte, deren Teams laufend größer werden, früher oder später andere Führungskräfte ein, die eine Hierarchiestufe unter ihnen angesiedelt sind. Das bedeutet aber, dass noch mehr Distanz zu Ihren Leuten und der Arbeit an der Basis entsteht. Sie sind nach wie vor für die Ergebnisse Ihres Teams verantwortlich, können aber unmöglich jedes einzelne Detail begutachten. Es werden Entscheidungen getroffen, auf die Sie keinen Einfluss haben, und Dinge werden anders gehandhabt, als Sie das getan hätten.

Das kann sich zunächst verwirrend anfühlen – als würden Sie die Kontrolle verlieren. Doch den Ihnen unterstellten Führungskräften Kompetenzen zu übertragen, ist unabdingbar. Eine der schwierigsten Herausforderungen bei der Leitung eines größeren Teams ist, das richtige Verhältnis zu finden, wie weit man in ein Problem eintaucht oder sich zurücknimmt und darauf vertraut, dass sich andere darum kümmern werden. Dazu später noch mehr.

Die Menschen begegnen Ihnen anders

Vor ein paar Jahren, als mein Team so angewachsen war, dass ich nicht mehr jedes Mitglied persönlich kannte, nahm ich an einem Meeting teil, auf dem drei Mitarbeiter, die an mich berichteten, ihre aktuelle Arbeit präsentierten. Ich gab ihnen mein Feedback und bat um ein Nachbereitungstreffen in der Folgewoche. Bevor wir uns verabschiedeten, fragte ich noch, ob es irgendwelche Gedanken oder Fragen zu dem gab, was ich gesagt hatte. Alle schüttelten die Köpfe. Ich verließ das Meeting in dem Gefühl, es sei insgesamt gut verlaufen und produktiv gewesen.

Am selben Tag traf ich mit einem mir direkt unterstellten Mitarbeiter zusammen, der zufällig ebenfalls an dem Meeting teilgenommen hatte. Er machte ein bedenkliches Gesicht. »Ich habe mit dem Team gesprochen. Die Leute waren mit dem Meeting heute Morgen nicht glücklich«, erzählte er mir. Ich hielt das zunächst für einen Scherz. »Was? Aber warum denn?« »Sie waren mit deinem Feedback nicht einverstanden«, meinte er. »Aber warum haben sie mir das denn nicht gesagt?«, fragte ich entgeistert. Mein Mitarbeiter zögerte. »Na ja, Julie, du bist in gewisser Weise ein hohes Tier – deshalb haben sie sich nicht getraut.«

Es war das erste Mal, dass jemand äußerte, ich sei »in gewisser Weise ein hohes Tier«. Damit konnte ich schlecht umgehen. Wann war ich denn zu einem Menschen geworden, der andere einschüchterte? Ich hatte immer großen Wert darauf gelegt, für alle ansprechbar zu sein.

Doch ich musste erkennen: Es kommt nicht darauf an, wie man sich selbst sieht. Andere, die Sie nicht so gut kennen, aber wissen, dass Sie eine Autoritätsposition bekleiden, haben mit größerer Wahrscheinlichkeit Skrupel, Ihnen unangenehme Wahrheiten ins Gesicht zu sagen oder Ihnen zu widersprechen, wenn sie anderer Meinung sind – selbst wenn Sie sie dazu auffordern. Vielleicht denken sie, es sei Ihr gutes Recht, zu bestimmen. Oder sie möchten Ihnen das Leben gern leichter machen, indem sie Sie nicht mit neuen Problemen belästigen oder Ihre Zeit in Anspruch nehmen.

Seien Sie sich dieser Dynamik im Umgang mit anderen bewusst. Werden Ihre Anregungen als Anweisungen verstanden? Wirken Ihre Fragen wie Urteile? Halten Sie die Lage für besser, als sie ist, weil Sie nicht die ganze Wahrheit erfahren?

Zum Glück gibt es ein paar Gegenmaßnahmen, die Sie ergreifen können, um es anderen zu erleichtern, ehrlich zu Ihnen zu sein.

Betonen Sie, dass Sie Wert auf andere Meinungen legen, und honorieren Sie, wenn jemand eine abweichende Ansicht äußert. Stehen Sie für Ihre Fehler ein und machen Sie Ihrem Team bewusst, dass Sie nur ein Mensch sind – wie alle anderen auch. Verwenden Sie gezielt Formulierungen, die zur Diskussion einladen: »Vielleicht liege ich damit ja total falsch, also sagt mir bitte, wenn ihr das anders seht. Meiner Ansicht nach …« Sie können auch direkt um Rat bitten: »Was würdet ihr an meiner Stelle in dieser Situation tun?«

Man muss sich ständig auf einen neuen Kontext einstellen – jeden Tag, von früh bis spät

Als ich noch ein kleines Team leitete, saß ich nachmittags oft mit ein paar Leuten am Whiteboard und spielte mit neuen Ideen. Wir waren so in unsere Gedanken vertieft, dass wir im Eifer des Gefechts gar nicht merkten, wie die Zeit verging.

Als mein Team größer wurde, konnte ich mich immer seltener über längere Zeit auf ein bestimmtes Thema fokussieren. Mehr Leute bedeutete, dass wir mehr Projekte in Angriff nehmen konnten, und das hieß wiederum, dass ich meine Zeit in immer kleinere Blöcke aufteilen musste. In meinen Posteingang flatterten zehn E-Mails zu zehn vollkommen unterschiedlichen Themen. Ein Meeting reihte sich ans andere, und jedes Mal musste ich das vorausgegangene Gespräch unverzüglich abhaken und mich mental auf das nächste einstellen.

Gelang mir das nicht, war ich abgelenkt und überfordert. Dann sprang ich im Kopf von einem Thema zum anderen. Bei Präsentationen verlor ich den Faden und fand, dass sich *jeder Tag anfühlte wie eine ganze Woche.*

Mit der Zeit wurde mir klar, dass genau *das* meine Aufgabe war. Als sich die Anzahl der Projekte, für die ich zuständig war, verdoppelte, verdreifachte und vervierfachte, musste meine Fähigkeit, mich auf den jeweiligen Kontext einzustellen, mitwachsen. Ich entdeckte ein paar Methoden, die mir das erleichterten: So überflog ich jeden Morgen meinen Kalender und bereitete mich auf die einzelnen Meetings vor, ich entwickelte ein belastbares System für Notizentechnik und Aufgabenverwaltung und ich schaufelte mir am Ende jeder Woche etwas Zeit zur Reflexion frei. An manchen Tagen bin ich dennoch unkonzentriert. Doch ich habe mich damit abgefunden, dass immer ein Dutzend verschiedene Themen abzuarbeiten ist – wichtigere, weniger wichtige und so manche gänzlich unerwartet. Als Leiterin eines größeren Teams lernt man, damit umzugehen.

Konzentrieren Sie sich auf das Wesentliche

Als ich noch für ein kleines Team zuständig war, gab es Tage, da klappte ich meinen Laptop zu und verließ das Büro, ohne dass noch Aufgaben unerledigt waren. Mein Posteingang war abgearbeitet, meine To-do-Liste ebenfalls, und nichts verlangte mehr meine Aufmerksamkeit. Mit wachsendem Verantwortungsbereich wurden solche Tage immer seltener, bis es sie irgendwann überhaupt nicht mehr gab.

Es ist schließlich ein Zahlenspiel. Je mehr Sie zu überwachen haben, desto wahrscheinlicher ist, dass irgendetwas, was in Ihre Zuständigkeit fällt, nicht so läuft, wie es sollte. Das können Projekte sein, die sich verzögern, Missverständnisse, die aufgeklärt werden müssen, oder Leute, die nicht bekommen, was sie brauchen. Ich kann inzwischen zu jedem beliebigen Zeitpunkt Dutzende von Bereichen auflisten, an deren Verbesserung ich arbeiten könnte.

Doch letztlich ist jeder nur ein Mensch, dessen Zeit begrenzt ist. Man kann nicht alles auf einmal erledigen, also muss man Prioritäten setzen. Welches sind die wichtigsten Themen, denen

Sie sich zuwenden müssen, und wo ziehen Sie Ihre Grenze? Perfektionismus ist keine Option. Ich habe lange gebraucht, um mich mit einer Welt abzufinden, in der ich mich auf das wirklich Wesentliche beschränken musste – und nicht zulassen durfte, dass mich die schiere Zahl der Möglichkeiten überwältigte.

Es kommt immer mehr auf Kompetenzen an, die den Umgang mit Menschen betreffen

Ich weiß noch, wie ich von einem CEO hörte, der seine Topmanager alle paar Jahre die Rollen tauschen ließ – wie bei der Reise nach Jerusalem. Ich war da skeptisch. Ich hielt das für eine der übertriebenen Geschichten, die deutlich machen sollten, wie wichtig Empathie am Arbeitsplatz ist. Aber alles, was recht war – wie konnte man von einem Vertriebsleiter erwarten, einen technischen Bereich zu verantworten, oder vom Finanzchef, sich als Marketingleiter zu profilieren?

Heute halte ich einen solchen Stellentausch auf Führungsebene nicht mehr für so abwegig. Mit zunehmender Größe Ihres Teams besteht das Tagesgeschäft von Führungskräften immer weniger in ihrem eigentlichen Handwerk. Es kommt viel mehr darauf an, aus einer Gruppe das Beste herauszuholen. So ist ja auch kein CEO Experte für Vertrieb und Design, Technik und Marketing, Finanzen und Personalwesen, Rechtsfragen und Facility Management. Dennoch wird er mit dem Aufbau und der Leitung einer Organisation betraut, die all dies leistet.

Auf höherer Führungsebene gleichen sich die Funktionen an – ungeachtet des persönlichen Hintergrunds. Der Erfolg hängt immer mehr davon ab, ein paar zentrale Kompetenzen zu beherrschen: herausragende Führungskräfte einzustellen, eigenständige Teams aufzubauen, eine klare Vision vorzugeben und gut zu kommunizieren.

DER DRAHTSEILAKT, RICHTIG ZU DELEGIEREN

Mit größtem Stolz erfüllte mich beim Ausbau meines Teams, wenn ich beobachten konnte, wie unsere kollektiven Fähigkeiten weit mehr bewirkten, als ein Einzelner je hätte erreichen können. Andererseits war für mich das Schwierigste, effektiv delegieren zu lernen. Ich bezeichne das auch als »die Kunst, zu wissen, wann man selbst ins Wasser springen muss und wann man besser anderen den Vortritt gibt und sich auf sie verlässt«. Es ist wie ein Drahtseilakt mit einer Augenbinde – es ist schwer, das Gleichgewicht zu halten.

Beide Extreme machen Sie zum Sitcom-Klischee: Mischen Sie sich zu sehr ein, werden Sie zum Mikromanager. Dann verlangen Sie von Ihren Leuten, sich jede Entscheidung von Ihnen absegnen zu lassen. Sie schauen anderen ständig über die Schulter, wollen auf dem Laufenden gehalten werden und verzetteln sich mit Nebensächlichkeiten. *Hat John die letzte Aussage schon korrigiert? Wann kommt die Lieferung aus China? Der Blauton dieser Verpackung gefällt mir nicht.* Sie geraten in den Ruf, am Schreibtisch Ihrer Leute aufzutauchen und alles zu kommentieren, was gerade auf dem Bildschirm ist.

Selbst wenn Sie damit Ergebnisse erzielen, wirkt dieser Stil erdrückend. Fähige Leute wandern ab, weil sie es nicht ertragen, für Sie zu arbeiten. Sie spüren, dass Sie ihnen nicht vertrauen und ihnen keine Handlungsfreiheit lassen. Und sie lernen nichts, weil sie gar keine Chance bekommen, Probleme auf eigene Faust zu lösen. Bald dürfte das Gerücht umgehen, dass Sie eigentlich am liebsten eine Armee von Robotern befehligen würden, die jede Ihrer Anweisungen befolgt.

Das andere Extrem – wenn Sie sich zu sehr zurückhalten – ist der abwesende Chef. Manche Ihrer Leute wissen so viel Unabhängigkeit zu schätzen, doch die meisten wünschen sich mehr

Unterstützung. Wenn es hoch hergeht, kommt sich Ihr Team vor wie im Wilden Westen – an einem gesetzlosen Ort, weil der Sheriff nicht in der Stadt ist.

Ihre Hände bleiben sauber, weil Sie selten die Ärmel hochkrempeln und zupacken. Sie treffen weder heikle Entscheidungen, noch treiben Sie die Dinge proaktiv voran. Mit der Zeit verlieren Sie als Vorgesetzter oder Vorgesetzte an Glaubwürdigkeit, weil Sie ... im Grunde nicht viel tun. Und Ihre Leute lernen nichts, weil Sie sie nicht coachen oder vor neue Herausforderungen stellen. Es heißt, womöglich seien Sie gar nicht richtig präsent, sondern würden sozusagen in höheren Sphären schweben.

In der wirklichen Welt sind Extreme eher selten. Je nach unseren Werten tendieren wir aber meist in die eine oder andere Richtung. So war ich beispielsweise in meiner Anfangszeit eher am absenten Ende des Spektrums zu finden, weil ich es persönlich hasste, wenn mir in alles hineingeredet wurde. Als ich dann das Feedback bekam, dass sich meine Leute mehr Präsenz wünschten, übersteuerte ich ein bisschen und hörte daraufhin: »Okay, jetzt wird's zu viel des Guten.«

Es ist auch durchaus üblich, in verschiedenen Aspekten des eigenen Aufgabenbereichs in unterschiedliche Richtungen zu gehen – je nachdem, wo Sie Ihr Team abholen müssen. So erhielt ich einmal innerhalb einer Woche von einem Mitarbeiter das Feedback, ich würde mich zu stark in ein bestimmtes Designdetail einmischen, während ein anderer mich aufforderte, mich stärker in die Strategie eines anderen Projekts einzubringen. Die beiden hatten unterschiedliche Bedürfnisse – der eine war überzeugt von seiner Arbeit und fühlte sich bevormundet, der andere nicht und suchte mehr Rückhalt.

Man weiß nie genau, wo man per saldo steht. Ich habe schon erlebt, dass ich mich in einem Bereich zurücknahm, weil ich dachte, *das läuft gut, also fokussiere ich mich auf etwas anderes*. Ein paar

Wochen später merkte ich, dass ich die Arbeit nicht gut vorbereitet hatte und wohl besser etwas genauer hingeschaut hätte.

Zu delegieren ist alles andere als eine exakte Wissenschaft, doch es gibt ein paar Grundsätze, an die man sich halten kann – und die sind unser nächstes Thema.

ANDEREN DIE LÖSUNG VON KOMPLEXEN PROBLEMEN ZU ÜBERLASSEN, ZEUGT VON VERTRAUEN

Als ich klein war, war meine Großmutter eine Oma, die alles getan hätte, um mir das Leben leichter zu machen. Ging ich im Winter nach draußen zum Spielen, kam sie mit einem warmen Pullover angelaufen und rief nach mir. Wenn ich aus der Schule kam, wartete schon ein appetitlich angerichteter Imbiss auf mich. Hatte ich Probleme mit einfachen Aufgaben – eine Schachtel Stifte zu öffnen, herauszufinden, wo das nächste Puzzleteilchen hingehörte, oder mir ein Buch aus dem obersten Regal zu holen –, ließ sie alles liegen und stehen und sagte: »Ich mach das schon.«

Einerseits wusste ich natürlich, dass sie all diese Dinge tat, weil sie mich abgöttisch liebte. Sie wollte mir alle Probleme abnehmen. Andererseits wünschte ich mir oft, sie würde das lassen. Heute lachen wir darüber, dass ich sie regelmäßig anschrie: »Geh weg! Lass mich das allein machen!«, wenn sie wie eine gute Fee aus dem Nichts auftauchte – mit etwas zum Knabbern, einem Kleidungsstück oder einer helfenden Hand. Ich wollte, dass sie mich liebte und mich unterstützte, aber wie alle Kinder wollte ich es allein schaffen. Ich wünschte mir die Freiheit, selbst auf meine Weise mit meinen Problemen fertigzuwerden.

Angesichts dieser Erfahrungen sollte man meinen, ich hätte eine klare Einstellung zum Delegieren. Doch weit gefehlt – ich dachte, nur ein *schlechter* Chef halst seinen Leuten schwierige Probleme auf. Ich wollte sie lieber entlasten und ihnen Freiraum für die schönen Dinge des Lebens verschaffen. Gute Chefs, so dachte ich, waren wie meine Großmutter – sie übernahmen selbst die größte Last des Teams, um ihre Leute zu schonen.

Diese Haltung beruht gleich auf zwei gewaltigen Denkfehlern. Der erste: Man überschätzt sich selbst. Möglicherweise haben Sie es in der Hand, viele verschiedene Probleme zu lösen, doch *so viele* können Sie allein auch wieder nicht bewältigen. Und die besten Ergebnisse erzielen immer die, die Zeit haben, ganz in einem Problem und der bestmöglichen Lösung dafür aufzugehen.

Der zweite Denkfehler ist, davon auszugehen, dass keiner sich eines schwierigen Problems annehmen möchte. Tatsächlich wollen die fähigsten Leute gar keine Sonderbehandlung und keine »leichten« Projekte. Sie *genießen* die Herausforderung. Es gibt kein größeres Zeichen für Vertrauen, als einer Mitarbeiterin einen gordischen Knoten zu überlassen, weil Sie ihr zutrauen, ihn zu durchschlagen – auch wenn Sie keine genaue Vorstellung davon haben, wie sie das schafft.

Voraussetzung dafür ist natürlich, dass Sie *wirklich* daran glauben. Ist das der Fall, überlassen Sie ihr das Problem und halten Sie sich zurück, damit sie Handlungsfreiheit hat. Sagen Sie auch allen anderen, dass sie jetzt für das Problem zuständig ist. Das schafft Verantwortungsgefühl. Vor allem aber überträgt eine solche öffentliche Erklärung Befugnisse auf die Betreffende. Stellen Sie sich vor, der CEO bittet seine Mitarbeiterin Elaine, die Finanzleitung im Unternehmen zu übernehmen. Damit Elaine effektiv arbeiten kann, müssen sich alle an ihre Budgetplanung halten und ihr die Finanzdaten liefern, die sie benötigt. Fragen Sie sich: Wird Elaine ihre Arbeit leichterfallen, wenn der CEO dem ganzen Unternehmen mitteilt: »Elaine ist unsere Finanzchefin«? Oder wenn er sie im Stillen bittet, die Aufgabe zu übernehmen, ohne dass andere davon erfahren?

Ein schwieriges Problem zu delegieren, bedeutet nicht, sich nicht mehr dafür zu interessieren. Sie überlassen Ihr Team nicht einfach sich selbst – Sie übergeben ihm zwar das Ruder, bleiben aber an Bord. Ihre Aufgabe ist es, Ihr Team zu unterstützen, ihm Orientierung zu geben, wenn nötig, und dafür sorgen, dass Ihre Leute alles haben, was sie brauchen, um direkten Kurs auf den nächsten Erfolg zu nehmen.

ZWEI KÖPFE, EINE GEMEINSAME VISION

In meiner Anfangszeit dachte ich noch, eine Vorgesetzte kann nur effektiv arbeiten, wenn sie über alles informiert ist, was vor sich geht. Wie sollte sie sonst fundierte Entscheidungen treffen oder stichhaltiges Feedback geben? In den 1:1-Gesprächen bat ich meine Leute um aktuelle Statusinformationen. Wir gingen die letzten Designarbeiten durch, die aktuellen Produktdebatten und die Termine und Erwartungen für die nächste Woche.

Die Zeit reichte nie, um auf alle Punkte einzugehen. Wie sich zeigen sollte, ist diese Art des Wissenstransfers bei 1:1-Gesprächen gleich aus mehreren Gründen keine gute Führungspraxis. Solche Gespräche sollten nicht den Vorgesetzten nutzen, sondern den Personalmitgliedern. Außerdem ist es unrealistisch, zu erwarten, über jedes Detail des Tagesgeschäfts Ihrer Leute ins Bild gesetzt zu werden – vor allem, wenn Ihr Team wächst und Ihre Leute selbst Führungsverantwortung tragen und mit eigenen langen Listen voller Aufgaben jonglieren.

Was Sie aber erwarten *sollten*: dass Sie in wichtigen Dingen einer Meinung sind. Der Historiker Yuval Noah Harari stellt in seinem Bestseller *Eine kurze Geschichte der Menschheit* die These auf, dass der eine Wesenszug, der den Menschen zur erfolgreichsten Spezies der Welt werden ließ, darin besteht, eine gemeinsame Vision zu verfolgen, sodass auch Wildfremde effektiv zusammenarbeiten können. »Wir beherrschen die Welt im Grunde deshalb, weil wir die einzigen Wesen sind, die auch in sehr großer Anzahl flexibel zusammenarbeiten können«,[57] so Harari.

Um eine gemeinsame Vision davon zu erzeugen, worauf es ankommt, sollten Sie sich zwei Fragen stellen. Erstens: *Was hat für unser Team gerade oberste Priorität?* Über diese Prioritäten sollten Sie mit Ihren Leuten sprechen und erörtern, welche Rolle Sie darin spielen könnten. Ist das Unternehmen beispielsweise gerade dabei, eine neue Strategie umzusetzen, sollten Sie darüber reden, warum das passiert und wie sich das auf Ihr Team auswirkt. Raubt Ihnen eine bevorstehende Produkteinführung den Schlaf, sollten Sie mit Ihren Leuten ebenfalls darüber sprechen, was der oder die Einzelne beitragen kann, damit alles glattläuft.

Sind die wichtigsten Prioritäten geklärt, können Sie sich die zweite Frage stellen: *Sind wir uns einig, was Menschen, Mission und Methoden angeht?*

Um noch einen Schritt weiterzugehen: Weiß Ihr Mitarbeiter, worauf es Ihnen bei der Teambildung ankommt? Ist ihm klar, was Sie von ihm als Coach für andere erwarten, die ihm unterstellt sind? Sind Sie der gleichen Meinung darüber, welche seiner Teammitglieder überragende Leistungen bringen und welche hinter den Erwartungen zurückbleiben?

Einmal sollten ein paar Kollegen und ich meinen Chef Chris auf einem Meeting über den aktuellen Stand eines Projekts informieren. Wir hatten keine guten Nachrichten – zuletzt waren ein paar Produkteinführungen nicht so gut gelaufen wie erhofft, und das Team war am Ende seiner Kräfte. Wir betraten den Raum und stellten uns auf ernste Worte zum Stand der Dinge ein. Stattdessen sagte Chris: »Es passiert also einiges, doch am meisten interessiert mich das Team. Sind wir sicher, dass wir die richtigen Leute auf die richtigen Probleme angesetzt haben?« Seine Frage zielte auf den Kern der Sache und führte uns vor Augen, worum es eigentlich ging. Menschen sind wichtiger als Projekte – ein großartiges Team ist die Voraussetzung für herausragende Leistungen.

Abgesehen davon sollten Sie und Ihre Mitarbeiter auf einer Linie sein in Bezug auf den Sinn Ihrer Arbeit und Ihre Vorstellungen von Erfolg. Wie Antoine de Saint-Exupéry gesagt haben soll: »Wenn Sie ein Schiff bauen wollen, setzen Sie bei Ihren Leuten den Fokus nicht darauf, Holz zu sammeln, Arbeitsaufträge zu vergeben und Anweisungen zu erteilen. Wecken Sie in ihnen lieber die Sehnsucht nach dem weiten, endlosen Ozean.«

Die anstehenden Aufgaben, Meetings und E-Mails dieser Woche werden im Sand der Zeit untergehen. Welchen tieferen Sinn haben sie? Warum stehen Sie jeden Morgen auf und gehen zur Arbeit? Wie verändert sich die Welt, wenn Ihr Team seine Ziele erreicht? Wenn Sie mit Ihren Leuten laufend über Ziele sprechen, sind diese allen Beteiligten präsenter. Ist die Vision klar, ergreifen die Beteiligten in aller Regel schon die richtigen Maßnahmen.

Abschließend ist zu klären: Richten Ihre Leute solide Prozesse für ihre Teams ein? Ob das Ratschläge dazu sind, wie sich neue Ideen besser verkaufen, bewährte Praktiken für die Kommunikation wichtiger aktueller Informationen, Gespräche darüber, was man auf Meetings tun oder lassen sollte – meine Leute sagen mir, dass sie jede Minute, die wir darüber sprechen, wie sich Dinge am besten erledigen lassen, stets als sinnvoll genutzte Zeit empfinden.

WAS TUN, WENN EINE FÜHRUNGSKRAFT PROBLEME HAT?

Was sollten Sie tun, wenn eine der Führungskräfte in Ihrem Team die Erwartungen nicht erfüllt, die in dieser Funktion an sie gestellt werden? Sie könnten auf den Gedanken kommen: *Es ist meine*

Aufgabe, sie zu unterstützen und ihr da durchzuhelfen. Ganz falsch ist das nicht. Immerhin haben wir ja gerade angesprochen, wie wichtig es ist, Ihre Führungskräfte in die Lage zu versetzen, schwierige Probleme zu lösen. Verlangen Sie Perfektion, wird es niemanden geben, der sich daran auch nur versucht. Zum Delegieren gehört auch das Bewusstsein, dass Ihre Leute – wie Sie selbst – Fehler machen und an sich zweifeln werden. Das Beste, was Sie tun können, ist oft, einfach an sie zu glauben.

Das ist aber nicht die ganze Antwort, denn die fällt nuancierter aus. Eine Vorgesetzte muss ein positiver Multiplikator für ihr Team sein. Das ist ihre Aufgabe. Ist das nicht der Fall, bringt das hohe Kosten mit sich: Projekte dauern länger, weil sich die Betreffende zum falschen Zeitpunkt einmischt, die Ergebnisse leiden, weil sie schlechte Entscheidungen trifft, oder die Beschwerden häufen sich, weil ihre Leute nicht kriegen, was sie brauchen.

Selbst wenn eine Führungskraft nicht aktiv dazu beiträgt, dass es schlecht läuft, bremst sie ihr Team womöglich. Vielleicht versteht sie es zwar, Feuer auszutreten, ist aber nicht in der Lage, den Brandschutz im Team zu verbessern. Oder sie erfüllt zwar ihre Funktion, versagt aber bei der Personalbeschaffung. Vielleicht braucht sie, um effektiv zu arbeiten, mehr Coaching, als Sie es ihr zeitlich ermöglichen können.

Bei rasch skalierenden Organisationen werden häufig über Nacht neue Teams gebildet, um neue Herausforderungen anzupacken. Solche Teams sind anfangs klein und unter Zeitdruck zusammengewürfelt. Von jeder neu eingestellten Führungskraft wird erwartet, dass sie ein paar Leute und ein paar spekulative Projekte beaufsichtigt.

Zwei oder drei Jahre später sieht das schon anders aus: Durch eine Mischung aus guten Ideen, harter Arbeit und Glück hatten manche dieser spekulativen Projekte durchschlagenden Erfolg.

Die dafür verantwortlichen Teams wachsen rasch, um mit dem Erfolg Schritt zu halten. Der ursprüngliche Teamleiter, der in der Anfangszeit genau der richtige Mann war – oder die richtige Frau –, hat inzwischen mit den Herausforderungen zu kämpfen, vor die ihn die Leitung einer deutlich größeren Gruppe stellt. Das ruhige Fahrwasser hat sich in stürmische See verwandelt, in der das Schiff ins Schlingern kommt.

Solche Situationen empfinde ich immer als Scheideweg. Natürlich glaube ich an den Teamleiter. Vielleicht muss er ja nur bestimmte Kompetenzen ausbauen, dann wird das schon. Ich selbst habe ja auch schon kabbeliges Wasser erlebt. Ich glaube an persönliche Entwicklung und gehe deshalb davon aus, dass sich jeder in jeder Beziehung verbessern kann, wenn er nur will, sich bemüht und etwas Zeit bekommt. Die Frage ist nur, wie lange das dauert. Und wie es sich auf das Team auswirkt.

Einmal stellte mich einer meiner Teamleiter – nennen wir in Raphael – vor diese Fragen. Ich dachte an die Worte von Andy Grove über einen Mitarbeiter, der schlechte Leistungen brachte: »Die Reaktion meines Kollegen: ›Er muss seine eigenen Fehler machen, nur so lernt er!‹ Das Problem dabei ist allerdings, dass die Unterweisung des Mitarbeiters von seinen Kunden bezahlt wird, und das darf nun wirklich nicht sein.«[58]

Andy erinnerte mich daran, dass eine Führungskraft letztlich *bessere Ergebnisse herbeiführen muss.* Passt jemand nicht in die Rolle, die er spielen soll, verursacht das Kosten. Wollen Sie diese Kosten übernehmen, indem Sie sich zu einer harten Entscheidung durchringen? Oder reichen Sie sie lieber an die anderen Teammitglieder und die Kunden durch?

Ein Freund stellte mir eine weitere klärende Frage, die mir weiterhalf: »Nehmen wir an, du müsstest diese Stelle besetzen. Würdest du dafür lieber den derzeitigen Teamleiter einstellen oder jemand anderen – mit allen damit verbundenen Risiken?«

Diese Frage half mir, mich auf den entscheidenden Punkt zu fokussieren. Da stand ich und zerbrach mir den Kopf über so viele Details – wie sich Raphael fühlen würde, ob ich ihm genug Feedback gab, die Prügel, die alle anderen einstecken würden –, wenn doch die allerwichtigste Frage war: *Wie kann das Team in den nächsten Jahren erfolgreicher werden?*

Eine Woche später setzte ich mich mit Raphael zusammen und erklärte ihm, dass er meiner Ansicht nach in seiner aktuellen Rolle nicht gut aufgehoben war. Es war kein einfaches Gespräch, doch im Rückblick kann ich sagen, dass es die richtige Entscheidung war. Der neue Mann, der ihn ablöste, hatte viel Erfahrung mit der Leitung größerer Teams. Wie ein bewährter Kapitän, der schon alle Weltmeere bereist hatte, stellte er sich ans Ruder und steuerte das Schiff in ruhigere Gewässer. Nach ein paar Monaten der Umstellung blühte das Team förmlich auf und die Arbeit lief besser.

Veränderungen sind schmerzhaft. Vertrauen Sie auf Ihre Instinkte. Würden Sie den Betreffenden wieder einstellen, wenn der Posten frei wäre? Wenn nicht, sollten Sie sich von ihm trennen.

ARBEITEN SIE DARAUF HIN, SICH SELBST WEGZURATIONALISIEREN

Die besten Führungskräfte, die ich kenne, sind sich in einer Sache einig: Ein gutes Team weiterzuentwickeln, bedeutet, ständig neue Wege zu finden, sich selbst in der Funktion zu ersetzen, die man derzeit ausfüllt.

Sind Sie beispielsweise dafür zuständig, Problem X zu lösen, und Sie können jemanden finden oder dazu ausbilden, das ebenso gut (oder im Idealfall sogar *besser*) zu machen als Sie, wird Ihr Team insgesamt leistungsfähiger und Sie selbst können sich mehr zumuten. Eine Freundin formulierte dazu folgende einfache

Faustregel: »Versuche, deine Führungskapazitäten jedes Jahr zu verdoppeln.«

Das ist leichter gesagt als getan, denn in aller Regel hängen wir an dem, was wir tun. Vielleicht gefällt uns die Aufgabe als solche – oder das Gefühl, sie gut zu beherrschen und alles im Griff zu haben, was sie uns gibt.

Als ich noch die Designabteilung leitete, setzte ich jeden Montag ein unternehmensweites Designmeeting an. Auf diese Idee war ich gekommen, als das Team noch klein war. Damals bestimmte ich die Tagesordnung und agierte als eine Art Zeremonienmeisterin. Dieses wöchentliche Ritual erfüllte mich mit Stolz. Dann fanden sich alle Designer ein, um aktuelle Informationen auszutauschen, sich von Arbeitsproben inspirieren zu lassen und die neuesten Teammitglieder kennenzulernen. Um ehrlich zu sein, fühlte es sich gut an, das Sagen zu haben und die Früchte meiner Arbeit zu sehen.

Es ist aber nicht die Aufgabe einer Führungskraft, das eigene Ego zu befriedigen. Sie muss das Ergebnis ihres Teams verbessern. Anfangs sah ich die Notwendigkeit, Wissen auszutauschen und Gemeinschaftsgefühl entstehen zu lassen. Deshalb initiierte ich dieses Meeting. Sonst hätte das vermutlich keiner getan. Jahre später lagen die Dinge aber anders. Wir hatten jede Menge neuer Führungskräfte, die solche Meetings leiten konnten.

Am Ende war es ein Zufall, der mich dazu brachte, das Ganze zu delegieren. Während meiner Elternzeit bat ich ein paar meiner Teammitglieder, mich zu vertreten. Als ich wiederkam, lief das Meeting besser als zuvor. Die Präsentationen waren besser vorbereitet, der Inhalt besser strukturiert, und selbst die Vorstellungsrunde machte mehr Spaß.

Da erkannte ich meinen Fehler. Ich hätte das Meeting schon längst anderen überlassen sollen. Aber ich hing daran, weil es mir zur lieben Gewohnheit geworden war – quasi zu einem Teil meiner

Identität. Und doch hatten ihm die zuständigen Leute in meiner Abwesenheit neues Leben eingehaucht. Sie freuten sich über die Herausforderung, und ich konnte mich auf andere Prioritäten fokussieren. Win-win-Situation.

Die Faustregel zum Delegieren lautet: Widmen Sie Ihre Zeit und Kraft der Schnittstelle von 1) dem Wichtigsten für die Organisation und 2) den Aufgaben, die Sie besser ausführen können als jeder andere.

Daraus ergibt sich: Alles, was ein anderes Teammitglied ebenso gut oder besser kann als Sie, sollten Sie delegieren.

Vor einiger Zeit schlugen ein paar meiner Leute vor, wir sollten mehr tun, um die Beziehungen im Team zu stärken. Ihnen war aufgefallen, dass viele nur noch von Meeting zu Meeting und von zu Hause zur Arbeit hetzten, ohne sich wirklich kennenzulernen. Konnten wir nicht mehr tun, um ein Gemeinschaftsgefühl zu erzeugen? Wie wäre es mit gemeinsamen Mahlzeiten, Show-and-Tell-Sitzungen oder einem Mentorenzirkel? Ich fand die Vorschläge gut. Leider war das aber nicht meine Stärke. (Nach unserer Verlobung merkte auch mein zukünftiger Ehemann schnell, dass die Planung gesellschaftlicher Ereignisse wie einer Hochzeit so ziemlich das Letzte ist, was ich auf dieser Welt tun möchte.)

Glücklicherweise war das bei anderen Mitgliedern meines Teams genau umgekehrt – auch bei demjenigen, der das Thema auf den Tisch gebracht hatte. Er tat nichts lieber, als neue Leute kennenzulernen und Gruppen zu organisieren. Deshalb betraute ich ihn damit, sich zu überlegen, wie wir vorgehen sollten. Eine seiner Ideen, ein zwangloses Zusammensein einmal im Monat am Mittwochabend, erfreute sich solcher Beliebtheit, dass es über unser Team hinauswuchs und zu einem regelmäßigen Treffpunkt der lokalen Designer-Community wurde.

Auch bei den Dingen, die Sie besser können als Ihre Leute, sollten Sie – sofern es sich nicht gerade um die »obersten Prioritäten« handelt oder Sie es ihnen gar nicht zutrauen – dennoch versuchen, so viel wie möglich an andere zu delegieren und diesen dabei als Coach zur Hand zu gehen. Weil ich mehr Erfahrung habe, fällt es mir beispielsweise leichter als neueren Führungskräften in meinem Team, unangenehme Gespräche zu führen. Doch heißt das, dass ich jede schlechte Nachricht selbst überbringen sollte? Auf keinen Fall. Viel besser ist es, wenn jeder seine Feedback-Kompetenzen mit der Zeit und mit vereinten Kräften erweitert.

Das ist ein klassisches Beispiel für den Zielkonflikt zwischen kurz- und langfristiger Orientierung. Spricht Sie einer Ihrer Leute auf ein Problem an, das Sie ohne Weiteres lösen könnten, ist die Versuchung groß, zu sagen: »Überlass das mir.« Doch wie sagt man so schön? Gib jemandem einen Fisch, und du ernährst ihn für einen Tag. Bring ihm Fischen bei, und du ernährst ihn ein ganzes Leben.

Um herauszufinden, was Sie nicht delegieren sollten, müssen Sie sich überlegen, welchen unersetzlichen Wertbeitrag Sie zu den obersten Prioritäten der Organisation leisten. Dabei spielen Ihre persönlichen Stärken eine Rolle. Ich zum Beispiel kann ganz gut schreiben. Also habe ich diese Fähigkeit im Laufe der Jahre eingesetzt, um unserem Team zu helfen, seinen Wert zu dokumentieren und zu teilen – etwa durch Leitlinien für die Karriereentwicklung und Strategien für Vorstellungsgespräche, bis hin zu internen Anmerkungen über Erkenntnisse, die wir aus der Produktentwicklung gewonnen haben. Einer meiner Kollegen hat unglaubliche operative Fähigkeiten. Daher ist er in unserem Team für die Steuerung der komplexesten Prozesse zuständig – etwa für die Personalbeschaffung. Mein Mitgründer Chandra gehört zu den vertrauenswürdigsten Menschen, die ich kenne – deshalb versteht er es besser als jeder andere, im Vertrieb und im Geschäft solide Beziehungen aufzubauen.

Neben Ihren persönlichen Superkräften gibt es noch andere Muster, die an der Schnittstelle von »wichtig für die Organisation« und »einzigartiger persönlicher Wertbeitrag« angesiedelt sind.

Ermitteln und kommunizieren, worauf es ankommt. Sie haben einen größeren Aufgabenbereich. Das bedeutet, Sie haben den besseren Überblick und können Muster erkennen, die sich den Ihnen unterstellten Teammitgliedern entziehen.
Vor ein paar Jahren stellte ich zum Beispiel fest, dass sich in unsere letzten Produkteinführungen Elemente eingeschlichen hatten, die zwar dieselbe Funktion erfüllen sollten, aber anders aussahen und sich anders verhielten. So hieß ein Feature bei einem Team »Saved Items«, ein anderes bezeichnete dieselbe Funktionalität als »Bookmarks«. Innerhalb ein und desselben Produkts vervollständigte die Suchzeile in einem Bereich Ergebnisse automatisch, während Nutzer in einem anderen Bereich erst die Enter-Taste drücken mussten, damit ihnen drei Vorschläge angezeigt wurden. Selbst etwas so Einfaches wie die Schaltfläche »Zurück« kam in ganz vielen Variationen vor – manchmal als Text-Link oben links, ein andermal als Pfeil ganz unten auf der Seite.
Solche Unstimmigkeiten beeinträchtigten die Benutzerfreundlichkeit, denn sie störten vorhersehbare Muster, auf die sich die Nutzer verlassen konnten. Als ich das bemerkte, trommelte ich unser Team zusammen, um ein gemeinsames Musterarchiv anzulegen, damit wir künftig alle mit denselben Bausteinen arbeiteten. Komponenten wurden vereinheitlicht und Konventionen und interaktives Verhalten klar benannt, um sicherzustellen, dass Features produktübergreifend gleich aussahen und funktionierten.

Dadurch verbesserte sich nicht nur die Nutzbarkeit für unsere Kunden, auch das Entwicklungstempo beschleunigte sich, da unsere Teams das Rad nicht bei jeder Produkteinführung neu erfinden mussten. Als wir hochskalierten, entwickelte sich dieses

Archiv zu einem immer wichtigeren Tool, da es uns ermöglichte, schneller und einheitlicher zu arbeiten und gleichzeitig für ein nahtloses Nutzererlebnis zu sorgen.

Die besten Leute einstellen. Weil Interessenten im Allgemeinen am liebsten mit leitenden Führungskräften sprechen, genießen Sie bei der Suche und Anwerbung fähiger Leute einen Vorteil. Ich gehe auf Branchenveranstaltungen und spreche auf Konferenzen, um die richtigen Leute auf unser Team aufmerksam zu machen. Ich sage meinen Teammitgliedern, dass ich gerne bereit bin, Kandidaten, an denen sie besonders interessiert sind, eine Nachricht zu schicken oder sie anzurufen. Dasselbe tut mein Chef für mich. Ob als CEO oder als Teamleiter im Kundenkontakt – ein gutes Team aufzubauen, gehört für Sie zu den allerwichtigsten Leistungen.

Konflikte in meiner Gruppe beilegen. Stellen Sie sich vor, zwei Leute aus Ihrem Team leiten zwei eigene Projekte, die beide unter Personalmangel leiden. Jemand würde Ihr Team gern verstärken. Auf welches Projekt sollten Sie ihn setzen?

In diesem Fall können Sie nicht Ihre Leute bitten, das zu klären und eine Empfehlung auszusprechen, denn sie haben nicht den vollständigen Überblick über alle Prioritäten. Sie werden Zeit verschwenden, um den anderen davon zu überzeugen, dass der Neuzugang unbedingt ihr Projekt unterstützen sollte. Diese Entscheidung müssen Sie schon selbst treffen. Sorgen Sie dafür, dass die Führungskräfte in Ihrem Team wissen, dass Entscheidungen bei Zielkonflikten oder unklaren Prioritäten an Sie zu übertragen sind.

Als ich einmal davon sprach, dass man stets versuchen sollte, sich selbst wegzurationalisieren, fragte mich ein Teammitglied: »Na gut, aber wenn du *tatsächlich* alle Aufgaben an andere delegierst, heißt das dann nicht, dass du überflüssig wirst? Wo liegt dann noch dein Wertbeitrag?«

Eine gute Frage, die ich mir auch schon gestellt hatte. Darauf sagte ich: »Wenn du alles, was du heute erledigt hast, delegiert hättest, wären dann keine Aufgaben mehr da, an deren Lösung du arbeiten könntest?«

Mein Job hat sich stark verändert, seit ich angefangen habe. Jedes Mal, wenn ich eine Aufgabe abgab, habe ich festgestellt, dass schon mehrere andere auf mich warteten. Solange man motiviert ist, Ziele zu erreichen, und solange man Ambitionen hat, die über das hinausgehen, was das eigene Team derzeit leistet, solange man noch neue Herausforderungen am Horizont erkennt, so lange kann man den eigenen Wirkungskreis auch ausbauen. Das bedeutet allerdings oft, dass man neue Aufgaben übernehmen muss, die man noch nicht so gut beherrscht. Im ersten Moment – und im Vergleich zu der Erfahrung, die man in den Bereichen hatte, die man delegiert hat – kann sich das unbehaglich anfühlen.

Und dennoch: Wenn Ihr Team wächst und größer und fähiger wird, müssen Sie mitwachsen, um als Teamleiter Schritt zu halten. Dass man laufend versucht, sich selbst wegzurationalisieren, bedeutet, dass man Entwicklungschancen eröffnet – für die Führungskräfte im Team und für sich selbst. Vor Ihnen liegt ein neuer Berg – noch größer und ehrfurchtgebietender als der eben überwundene. Doch alle klettern weiter – und gemeinsam erreichen sie mehr.

Zehntes Kapitel

Pflegen Sie die Kultur

SO NICHT …

… SONDERN LIEBER SO

Erkundige ich mich im Bewerbungsgespräch, ob es noch Fragen gibt, kommt die Sprache unweigerlich auf die Unternehmenskultur: »Was ist das Besondere an Ihrem Team?«, »Was sind Ihre schönsten, was Ihre unangenehmsten Aufgaben?«, »Wie werden Entscheidungen getroffen?«, »Wenn Sie einen Aspekt an den Abläufen in Ihrem Unternehmen ändern könnten, welcher wäre das?«.

Ein Kollege, den ich sehr bewundere, hat mir einmal gesagt, den besten Einblick in die Kultur eines Unternehmens gibt nicht, was darüber auf seiner Website steht, sondern, was es offensichtlich für seine Werte aufzugeben bereit ist. Viele Unternehmen behaupten beispielsweise, dass Wert darauf gelegt wird, dass ihre Angestellten vollumfänglich für die Problembewältigung in ihrem Arbeitsbereich zuständig sind. Es sei ihre Verantwortung. Niemand würde sagen: »Eigentlich drücken wir uns vor Verantwortung und schieben Fehler gern anderen in die Schuhe.«

Doch Verantwortung zu übertragen, hat auch Nachteile. Sind Sie bereit, das Chaos auszuhalten, das entstehen kann, wenn jeder das zu tun versucht, was er für richtig hält? Können Sie würdigen, wenn andere Ihre Entscheidungen infrage stellen? Sind Sie bereit, die Verantwortung für Fehler zu übernehmen, die Sie nicht selbst begangen haben? Bei Meta gibt es einen Spruch, der auf dem gesamten Firmengelände auf Postern verewigt wurde: *Hier gibt es kein Problem, das nicht auch dein Problem ist.*

Einmal im Sommer brachte ein neuer Praktikant die Facebook-Dienste zum Zusammenbruch, weil er versehentlich einen bösen Fehler in die Codebasis eingeschleust hatte. Während alle hektisch daran arbeiteten, den Fehler zu beheben, fiel mein Blick auf sein aschfahles Gesicht. Ich bin mir sicher, er rechnete damit, hochkant rauszufliegen.

Doch es kam anders. Stattdessen entschuldigte sich sein Vorgesetzter, weil er ihn nicht besser vorbereitet hatte. Andere Techniker erklärten sich verantwortlich, weil sie den Fehler nicht eher bemerkt hatten. Das ganze Team nahm an einer Nachbesprechung teil, um herauszufinden, wie die Panne passiert war und wie sich ähnliche Probleme für die Zukunft vermeiden ließen.

Eine *Unternehmenskultur* ebenso wie eine *Teamkultur* beschreiben die Normen und Werte, die vorgeben, wie gearbeitet wird. Ein Nachwuchsmanager, dessen Mentorin ich war, verriet mir, welche Offenbarung er nach drei Jahren im Job erlebt hatte. »Erst dachte ich, als Führungskraft müsse ich die Menschen unterstützen, die mir unterstellt sind«, erklärte er. »Ich tat alles, um zu jedem Einzelnen eine möglichst gute persönliche Beziehung aufzubauen. Inzwischen weiß ich: Das reicht nicht. Es geht nämlich nicht nur um *meine* Beziehung zum Team, sondern auch um die Beziehungen der Teammitglieder untereinander und innerhalb der Gruppe als Ganzes.«

Je größer das Team, das man leitet, desto mehr prägt man diese Kultur. Unterschätzen Sie nicht, welchen Einfluss Sie ausüben können. Selbst wenn Sie nicht CEO sind, machen Sie mit Ihren Handlungen deutlich, worauf das Unternehmen Wert legt. Auf den nächsten Seiten erfahren Sie, wie Sie eine Kultur aufbauen können, die Sie mit Stolz erfüllt.

WIE SOLL EIN TEAM AUSSEHEN, VON DEM SIE WIRKLICH EIN TEIL SEIN WOLLEN?

Die Kultur eines Teams ist quasi seine Persönlichkeit. Sie ist da, auch wenn Sie gerade nicht daran denken. Gefällt Ihnen nicht, wie Ihr Team zusammenarbeitet – weil vielleicht eine feindselige Atmosphäre herrscht anstelle einer produktiven, weil es zu lange dauert, bis Ergebnisse erzielt werden, oder weil sich ständig Dramen abspielen –, lohnt sich ein genauerer Blick auf die Ursachen und die möglichen Abhilfemaßnahmen.

Erinnern Sie sich an die Übungen aus dem fünften Kapitel, Selbstmanagement, als Sie Ihre persönlichen Stärken, ausbaufähigen Bereiche und Ambitionen festhielten? Nun sollten Sie dasselbe auch für Ihr Team tun. Dabei geht es darum, die Schnittstelle zu finden zwischen allem, was Ihr Team gut macht, und dem, worauf Ihr Team Wert legen soll. Wenn Sie gerade ein Stündchen Zeit haben, schnappen Sie sich einen Stift und notieren Sie Ihre Antworten auf die folgenden Fragen:

WO IHR TEAM AKTUELL STEHT

- Welche drei Adjektive fallen Ihnen spontan ein, wenn Sie die Persönlichkeit Ihres Teams beschreiben sollen?
- Wann sind Sie besonders stolz, Teil Ihres Teams zu sein? Warum?
- Was macht Ihr Team besser als die meisten anderen Teams da draußen?
- Wenn Sie nach dem Zufallsprinzip fünf Mitglieder Ihres Teams auswählen und einzeln fragen würden, worauf Ihr Team Wert legt – was würden Sie zu hören bekommen?
- Wie stark deckt sich die Kultur Ihres Teams mit der Kultur der gesamten Organisation?

- Stellen Sie sich vor, eine Journalistin schreibt einen investigativen Artikel über Ihr Team. Welche Stärken und Schwächen würde sie nennen?
- Welche drei Punkte kommen in Beschwerden über Abläufe am häufigsten vor?

WO SIE ES HABEN WOLLEN

- Geben Sie die fünf Adjektive an, mit denen ein außenstehender Beobachter Ihrer Ansicht nach die Kultur Ihres Teams im Idealfall beschreiben sollte. Warum diese?
- Nun stellen Sie sich vor, jedes dieser fünf Adjektive säße auf einem zweischneidigen Schwert. Wo sehen Sie die Schattenseiten, die sich aus einem gedankenlosen Festhalten an diesen Eigenschaften ergeben? Halten Sie diese für tragbar?
- Listen Sie die kulturellen Aspekte auf, die Sie an anderen Teams oder Organisationen bewundern. Was spricht Sie daran so an? Welche Nachteile nimmt das Team deretwegen in Kauf?
- Listen Sie die kulturellen Aspekte auf, die Sie von anderen Teams oder Organisationen nicht übernehmen würden. Warum nicht?

DEN UNTERSCHIED KENNEN

- Auf einer Skala von eins bis neun, auf der neun bedeutet: »Wir haben es zu 100 Prozent geschafft«, und eins: »Das ist das genaue Gegenbild unseres Teamideals« – wie weit ist Ihr Team derzeit vom angestrebten Wert entfernt?
- Welche Stärken Ihres Teams sind gleichzeitig Eigenschaften, auf die Sie großen Wert legen?
- Wo tun sich die größten Lücken zwischen der aktuellen Kultur Ihres Teams und Ihrer Idealvorstellung auf?

- Welche Hindernisse könnten Ihnen beim Erreichen Ihrer Ziele im Wege stehen?
- Überlegen Sie sich, wie Ihr Team in einem Jahr arbeiten soll. Wie würden Sie einem Teammitglied beschreiben, was sich im Vergleich zu heute bis dahin ändern soll?

Da sich manche Aspekte Ihrer Kontrolle entziehen, sind manche Ihrer Ambitionen womöglich realistisch, andere nicht. Möchten Sie beispielsweise, dass Ihr Team ohne jede Ablenkung absolut fokussiert arbeitet, würden Sie es am liebsten in einem entlegenen Gebäudeflügel unterbringen und Interaktionen mit anderen Gruppen möglichst vermeiden. Legt das Unternehmen insgesamt aber Wert auf Offenheit und Teamgeist, könnten Ihre Wünsche schwer durchsetzbar sein.

Abgesehen davon können innerhalb größerer Organisationen Subkulturen entstehen und gedeihen. So legen beispielsweise die für Finanzen und Markteinführungen zuständigen Teams großen Wert auf umfassende Daten und Infos von anderen Teams. Teams für die technische Infrastruktur sind dagegen für ihren langfristigen Fokus bekannt. Wachstumsteams wollen unbedingt schnell reagieren.

Haben Sie ermittelt, welche Werte Sie innerhalb Ihres Teams fördern möchten, besteht der nächste Schritt in der Entwicklung einer Strategie, die diesen Werten zuträglich ist.

SPRECHEN SIE IMMER WIEDER DARÜBER, WAS WICHTIG IST

In meiner Anfangszeit als Führungskraft hielt ich es für schlechten Stil, mich zu wiederholen. Ich dachte, mein Team würde es nervig und womöglich herablassend finden, wenn ich immer wieder dasselbe erzählte.

Sheryl Sandberg belehrte mich eines Besseren. Sie sprach oft über die Bedeutung schwieriger Gespräche. Sie forderte uns auf, wenn es bei uns Spannungen mit Kolleginnen und Kollegen gab – weil sie eine Angewohnheit hatten, die uns auf die Nerven fiel, weil wir zu einer wichtigen Entscheidung unterschiedlicher Ansicht waren oder weil sie sich scheinbar gedankenlos verhielten –, uns mit den Betreffenden zusammenzusetzen und diese Spannungen offen anzusprechen. Sonst ändere sich nämlich nichts, und die Stimmung würde immer schlechter.

Ich weiß nicht mehr genau, wann Sheryl anfing, über schwierige Gespräche zu sprechen, doch genau darum geht es. Es kann auf einer Vollversammlung oder bei einer Fragestunde oder einem Essen bei ihr zu Hause gewesen sein. Sie fragte die Anwesenden, ob sie im vergangenen Monat ein unangenehmes Gespräch gehabt hätten. Dann erzählte sie uns von einem derartigen Gespräch, das sie selbst unlängst geführt hatte.

»Schwierige Gespräche« wurde im Büro zum geflügelten Wort, weil Sheryl so überzeugt war, dass sie eine wichtige Voraussetzung für eine gesunde Unternehmenskultur bilden. Bis heute denke ich jedes Mal an Sheryl, wenn sich mein Magen verkrampft, weil ein Missverständnis noch immer nicht ausgeräumt ist, mir eine Strategie Sorgen bereitet oder ich das Gefühl habe, dass eine Kollegin sauer auf mich ist. Dann fasse ich mir ein Herz und bitte die Betreffenden um ein vertrauliches Gespräch.

Ist Ihnen etwas wichtig, sollten Sie keine Scheu haben, es auch anzusprechen. Gewöhnen Sie sich stattdessen an, anderen zu erklären, warum Ihnen das so wichtig ist.

Gehen Sie davon aus, dass solche Botschaften zehn Mal auf zehn verschiedene Arten gehört werden müssen, damit sie haften bleiben. Je stärker Sie andere einspannen können, um Ihre Botschaft zu verbreiten, desto wahrscheinlicher wird sie Wirkung zeigen.

Heute mache ich mir viele Gedanken darüber, wie ich kommuniziere, was mir wichtig ist. Ich probiere verschiedene Ansätze aus – 1 : 1-Gespräche über meine Bedenken, E-Mails an mein Führungsteam, aus denen hervorgeht, was mich diese Woche beschäftigt, Nachrichten an mein gesamtes Team über unsere wichtigsten Prioritäten sowie Präsenz-Fragerunden mit Schwerpunkt auf unserer Arbeitsweise.

Ich habe festgestellt: Je häufiger und leidenschaftlicher ich über etwas spreche, was mir wichtig ist – meine Fehlentscheidungen und die Erkenntnisse, die ich daraus gewonnen habe, eingeschlossen –, desto positiver reagiert mein Team. Kollegen schreiben mir: »Das liegt mir ebenfalls am Herzen. Wie kann ich helfen?« Ich höre, wie andere dieselben Botschaften bekräftigen und sich gegenseitig unterstützen, um ihr Verhalten entsprechend zu ändern. Und selbst wenn manche anderer Meinung sind – wenn offen über ein Thema gesprochen wird, bekommen alle einen klareren Blick darauf.

Seit ich deutlicher äußere, worauf es mir ankommt, habe ich nicht ein einziges Mal gehört, dass das nervt oder anmaßend klingt. Ganz im Gegenteil – mir wird mitgeteilt, dass ich als Chefin authentischer und inspirierender wirke, wenn ich über meine Werte spreche.

WORTE SIND GUT, TATEN SIND BESSER

Wer mehr über die Werte und Normen wissen will, die in einem Team gelten, entwickelt einen scharfen Blick für das Verhalten von Vorgesetzten. Unser Radar reagiert sehr empfindlich auf jede Situation, in der eine Autoritätsperson das eine sagt und das andere tut. Das ist der schnellste Weg, um Vertrauen zu verlieren. Dazu ein paar Beispiele:

- Ein Chef fordert sein Team auf, mit Firmengeldern sparsam umzugehen, leistet sich aber kurz darauf einen extravaganten Schreibtisch und ein Designersofa für sein Büro.
- Eine Vorgesetzte rüffelt eine Mitarbeiterin, weil diese nicht pünktlich zu einem Meeting erscheint, verspätet sich aber selbst grundsätzlich um fünf Minuten.
- Ein Teamleiter erklärt, er lege Wert auf unterschiedliche Perspektiven im Team, befördert aber nur Leute, die so denken wie er.
- Eine Chefin gibt als vordringliches Ziel an, ein förderliches Arbeitsumfeld zu schaffen, verliert aber selbst schnell die Nerven und staucht ihre Leute zusammen.
- Ein CEO bezeichnet eine soziale Aufgabe als Unternehmensmission, doch bei jeder seiner Entscheidungen steht der kurzfristige Gewinn im Vordergrund.

Sind Sie selbst nicht bereit, Ihr Verhalten so zu verändern, dass es einem erklärten Wert oder Werte-Kanon im Unternehmen entspricht, sollten Sie am besten gar nicht erst damit anfangen.

Ich habe das auf die harte Tour gelernt, als mich eine Mitarbeiterin in einem 1:1-Gespräch fragte, wie sie meiner Meinung nach ihren Lernprozess am besten beschleunigen könnte. Sie war aufgeweckt und entschlossen – ein Mensch, dem keine Hürde zu hoch war. Erfreut über die Frage, entgegnete ich: »Bitte um Feedback.« Während des gesamten Gesprächs schilderte ich ihr in aller Ausführlichkeit, wie wichtig ich Feedback fand, und gab ihr verschiedene Anregungen dazu, wie sie sich proaktiv Rückmeldungen einholen konnte. Vielleicht konnte sie ihre Designs vertrauenswürdigen Kollegen vorlegen, die nicht an den Kritikmeetings teilnahmen, oder sich nach einer Sitzung beiläufig erkundigen, wie ihre Präsentation angekommen war. Die Mitarbeiterin nickte eifrig dazu.

Weil sie so motiviert wirkte, hatte ich erwartet, sie würde diese Taktik umgehend in die Tat umsetzen und mich und andere häufiger um Feedback bitten. Ich nahm aber keine Veränderung wahr.

Ein paar Wochen später standen unsere 360-Grad-Beurteilungen an. Die betreffende Mitarbeiterin gab mir direkt Feedback. Sie machte ein paar brauchbare Vorschläge zu Themen wie Kommunikation und Prioritäten. Am Ende ließ sie die Bombe platzen: »Du bittest mich oder andere aus dem Team nur selten um Feedback. Das solltest du ruhig häufiger tun.«

Das öffnete mir die Augen. Mir wurde klar: Ich sprach zwar ständig darüber, wie wichtig es sei, sich Feedback einzuholen, lebte das aber nicht vor. Und sie hatte das gemerkt! Ernüchtert beschloss ich, daran zu arbeiten, bis es mir in Fleisch und Blut überging.

Bezeichnen Sie etwas als besonders wichtig und verlangen von Ihrem Team, sich darum zu bemühen, müssen Sie mit gutem Vorbild vorangehen. Andernfalls sollten Sie sich nicht wundern, wenn es sonst auch keiner tut.

DIE RICHTIGEN ANREIZE GEBEN

Nehmen wir an, bei Ihnen stimmen Theorie und Praxis. Dann werden sich Ihre Ambitionen zur Unternehmenskultur doch sicherlich von allein verwirklichen, oder? Nicht ganz. Das letzte Puzzleteil ist nämlich, sicherzustellen, dass in Ihrem Umfeld Menschen belohnt werden, die sich an den Werten Ihres Teams orientieren, und zur Verantwortung gezogen werden, wenn sie es nicht tun.

Stimmen die Anreize nicht – weil Sie zwar viel über Transparenz sprechen, Ihr Team aber überzeugt ist, dass es besser fährt, wenn es Informationen vor Ihnen zurückhält –, müssen Sie herausfinden, woher dieser Eindruck kommt. Welche Aktionen oder Ergebnisse feiert Ihr Team? Was geht gar nicht?

Manchmal führen die besten Absichten zu falschen Anreizen. Vor ein paar Jahren stellte ich fest, dass bei einer Designkritik fast alle Anwesenden für ein beliebiges Problem nur einen einzigen Designvorschlag vorlegten. Das war nicht ideal, denn die besten Lösungen ergeben sich in der Regel, wenn man viele verschiedene Ideen antestet. Wer gleich den ersten Gedanken, der ihm durch den Kopf schießt, »gut genug« findet, lässt wahrscheinlich bessere Optionen links liegen.

In der darauffolgenden Woche bat ich alle, mindestens drei Vorschläge zu jedem Projekt mitzubringen, an dem sie arbeiteten. Ich hielt das für eine geniale Methode, die Kreativität zu fördern, und war schon sehr gespannt auf die nächste Sitzung.

Der erste Designer präsentierte der Gruppe ein Werbekonzept für ein neues Feature, das wir in Kürze einführen wollten. »Mir ist dazu Folgendes eingefallen«, sagte er und zeigte eine Grafik mit etwas Text und einer blauen Schaltfläche für alle, die mehr erfahren wollten. Wir nickten beifällig – das war solide Arbeit. »Und hier noch ein paar Varianten, weil wir ja mindestens drei Optionen vorlegen sollten.« Er klickte sich durch weitere Bilder, auf denen er Text und Grafik anders platziert und der Schaltfläche eine andere Farbe gegeben hatte. Jede weitere Version war deutlich schlechter als die erste. »Warum sollten wir hier eine orange Schaltfläche einfügen, wenn alle anderen Schaltflächen auf der Seite blau sind?«, wollte jemand wissen. »Das ist doch eigentlich nicht sinnvoll.«

Die Sitzung ging weiter, und es wurde deutlich, dass meine Vorgabe, drei Varianten vorzulegen, ebenfalls nicht sinnvoll war. Ein paar wenige präsentierten letztlich zwar mehr interessante Ideen, doch die meisten hatten nur pflichtschuldig ein paar Änderungen vorgenommen, nur, um etwas zu verändern – nicht, weil sie von den neuen Optionen besonders begeistert gewesen wären. Das war Fleißarbeit, die letztlich unser aller Zeit verschwendete.

Aus anderen Bereichen höre ich ähnliche Geschichten über falsche Anreize. Ein bekanntes Beispiel aus der Technik ist, die Zahl der Code-Zeilen zu verfolgen und die Programmierer zu honorieren, die am meisten Code schreiben. Auf den ersten Blick erscheint das durchaus logisch – *das animiert doch alle, härter zu arbeiten und schneller zu programmieren!* – doch in der Praxis liefert es lediglich aufgeblähten, durch Kopieren und Einfügen produzierten Code anstelle schöner, eleganter Funktionen. Beim Schreiben wäre das, als würde man Autoren nach Wortzahl bezahlen – was nur sinnvoll wäre, wenn längere Romane grundsätzlich die besseren Bücher wären. Hemingway könnte da anderer Ansicht sein.

Ich bin inzwischen sehr skeptisch in Bezug auf scheinbar einfache Anreizregeln, die erstaunliche Ergebnisse versprechen. In Wirklichkeit sind sie selten einfach und führen oft zu Kollateralschäden. Die bessere Option ist gewöhnlich, offen darüber zu sprechen, worauf wir Wert legen sollten, und *warum*. Warum sollten wir anfangs ruhig mehr Designvarianten ausloten? Warum sollten wir in der Technik auf mehr Tempo abzielen? Sobald die Betroffenen diese Werte verstanden und verinnerlicht haben, können sie selbst am besten entscheiden, was sie daraus machen.

Hier ein paar häufige Anreizfallen, die Sie vermeiden sollten:

Persönliche Leistung stärker zu honorieren als alles andere. Denken Sie an ein Vertriebsteam, das die Vorgabe bekommt: »Nichts ist wichtiger, als die persönliche Quote zu erreichen.« Wenn ein Mitglied des Teams vor der Wahl steht, bei einem Kunden entweder einen Kollegen zu unterbieten – was ganz leicht geht – oder zu versuchen, einen neuen Abschluss zu machen – was nicht ganz so leicht ist –, ist es in Anbetracht dieser Anreize besser beraten, den leichteren Weg zu gehen.

Kurzfristigen Gewinn höher zu belohnen als langfristige Investitionen. Stellen Sie sich ein Technikteam vor, dessen Prämien alle sechs Monate danach festgelegt werden, wie viele neue Features es herausgebracht hat. Die Teamleiterin muss entscheiden, ob an etlichen Features mit geringerer Wirkung gearbeitet werden soll oder aber an dem von Kunden am dringlichsten nachgefragten Feature, dessen Entwicklung aber ein ganzes Jahr in Anspruch nimmt. Die Anreize lassen vermuten, dass sie den weniger effektiven Features Vorrang gibt.

Zu belohnen, wenn keine Probleme oder Konflikte wahrgenommen werden. Ein Beispiel wäre ein Vorgesetzter, der ständig davon spricht, wie froh er ist, dass sich in seinem Team alle so gut verstehen. Weist ihn jemand auf eine Unstimmigkeit hin, tut er diese als »Bagatelle« ab oder zeigt sich unzufrieden, weil das Problem überhaupt besteht. Mit der Zeit gewöhnt sich sein Team an, Konflikte von ihm fernzuhalten. Dabei nehmen Unmut und passiv-aggressives Verhalten zu.

Das quietschende Rädchen zu belohnen. Was, wenn sich eine Mitarbeiterin bei einem anderen Unternehmen bewirbt und ein besseres Angebot bekommt? Sie erklärt ihrem Chef, dass sie kündigt, wenn er ihr Gehalt nicht entsprechend anhebt. Der Chef lässt sich darauf ein. Die Geschichte sickert durch, und plötzlich haben alle Teammitglieder einen Anreiz, sich woanders zu bewerben.

Anreizfallen können Sie erkennen und vermeiden, wenn Sie regelmäßig prüfen, wie gut sich Ihre erklärten Werte mit dem tatsächlichen Verhalten in Ihrem Team decken. Was veranlasst Ihre

Leute, sich so zu entscheiden und nicht anders? Wenn Sie das nicht wissen, fragen Sie nach. *Wieso habt ihr beschlossen, diese fünf Features zu entwickeln – nicht das eine, das von den Kunden nachgefragt wird?* Finden Sie heraus, dass das in erster Linie strukturelle Gründe hat, sollten Sie Ihre Anreize so anpassen, dass erwünschtes Verhalten belohnt wird.

Hat es keine strukturellen Gründe, doch jemand handelt trotzdem anders, als es Ihren Werten entspricht, müssen Sie dennoch eingreifen. So legen Sie vielleicht viel Wert darauf, in Ihrem Team eine von Respekt geprägte Atmosphäre zu schaffen. Eines Tages hören Sie, wie ein Teammitglied grob und laut wird. Unternehmen Sie nichts, riskieren Sie, dass der Eindruck entsteht, Sie tolerieren solches Verhalten. Stattdessen sollten Sie deeskalieren, indem Sie den Schreihals bitten, sich zu beruhigen, oder es ihm ermöglichen, sich zurückzuziehen. Sagen Sie ihm später unter vier Augen, dass sein Verhalten inakzeptabel war.

Trifft eine Mitarbeiterin eine heikle Entscheidung, die mit den Werten Ihres Teams in Einklang steht – indem sie aufgrund moralischer Bedenken auf einen lukrativen Abschluss verzichtet, einen Leistungsträger entlässt, weil er die Arbeitsatmosphäre vergiftet, oder einen Fehler offen zugibt –, sollten Sie ihr das anrechnen. Erkennen Sie an, dass das schwierig war, und bedanken Sie sich, weil sie sich richtig entschieden hat.

DENKEN SIE SICH TRADITIONEN AUS, DIE IHREN WERTEN EHRE MACHEN

Kurz nach meinem Einstieg bei Facebook wollte ich mich beim Lunch zu einer Technikergruppe setzen. Als ich näher kam, merkte ich, dass sie in eine lebhafte Diskussion vertieft waren. Einer hatte eine Idee zu einem neuen Feature und war sicher, dieses könne die Welt verändern. Andere waren davon nicht überzeugt. »In einer Million Jahren würde ich das nicht verwenden«, wandte einer ein. Er winkte mich heran, und als ich mich setzte, fragte er: »Was sagst du dazu, Julie?« Ein halbes Dutzend Köpfe wandte sich in meine Richtung. »Hmm …« Ich nippte an meiner Suppe und überlegte fieberhaft, wie ich mich elegant aus der Affäre ziehen könnte, ohne in einer Frage zum Zünglein an der Waage zu werden, zu der mir der Kontext fehlte.

Zum Glück warf da ein anderer ein: »Warum entwickelst du das Feature nicht einfach? Dann werden wir ja sehen.« »Genau!«, pflichtete ein anderer bei. »Das wäre doch was für den nächsten Hackathon!«

Da erfuhr ich, dass ein Hackathon eine berühmte Unternehmenstradition war. Es ging darum, sich zusammenzusetzen und ein paar Stunden lang gezielt am Prototyp einer Idee zu arbeiten, die man faszinierend fand. Ob allein oder mit ein paar anderen – man war aufgefordert, etwas zu entwickeln, was man als vielversprechend für das Unternehmen erachtete. Hackathons waren berühmt für die dynamische Energie, die sie entwickelten, und dauerten oft bis in die Morgenstunden – bis man die Kollegen zusammenrufen und ihnen eine aktive, funktionierende Version der Idee präsentieren konnte.

Hackathons hatten schon bekannte und erfolgreiche Produkte für den Service von Facebook hervorgebracht – unter anderem Chat- und Video-Funktionen. Darüber hinaus boten sie aber auch eine zwanglose Möglichkeit, Menschen zusammenzubringen und Werte zu realisieren, die im Unternehmen schon ganz am Anfang im Mittelpunkt standen: »Be Bold« und »Move Fast«.

Rituale können enorme Wirkung haben. Neben Slogans oder Reden bilden sie Maßnahmen zur Teambildung. Und sie können ebenso einzigartig, eigen und aufregend sein wie Ihr Team.

Ich erfahre immer gern mehr über die verschiedenen Traditionen, die Teams entwickelt haben, um ihre Werte zu zelebrieren. Hier ein paar Beispiele:

- Persönliche Informationen (etwa über »den Lieblingsfilm in der Kindheit« oder »Ihr schönstes Weihnachtsgeschenk«) an den Anfang eines Meetings stellen, sodass sich die Teammitglieder besser kennenlernen können.
- Monatliche Kursabende im Bereich »Wie lerne ich malen/zeichnen/formen/handwerklich fertigen«, um Kreativität und Einsteigermentalität zu fördern.
- Einen »Customer Love«-Riesenteddy an jemanden verleihen, der sich im letzten Monat außergewöhnlich für einen Kunden eingesetzt hat.
- Jährliche Auszeichnungen im Stil einer Oscarverleihung vergeben, damit alle sehen können, auf welche Weise sich Kolleginnen und Kollegen hervortun.
- Yogastunden am Montagmorgen einführen, um Achtsamkeit zu fördern.
- »Die Panne der Woche« als Forum einrichten, wo sich das Team in einem geschützten Raum über Fehler austauschen kann, um Authentizität und Lernprozesse zu fördern.

Eines meiner Lieblingsbeispiele stammt aus der Anfangszeit von Google, wurde aber später auch von vielen anderen Unternehmen aus dem Silicon Valley eingeführt. Damals stellten sich Larry Page und Sergey Brin jede Woche vor die versammelte Belegschaft, die ihnen Fragen stellen konnte.

Das waren keine sorgfältig durchorchestrierten PR-Veranstaltungen. Auf diesen legendären Versammlungen konnten Beschäftigte wirklich alles fragen – und zwar ganz unverblümt. So fragte vielleicht jemand: »Warum geben wir Millionen für selbstfahrende

Autos aus, wenn doch eigentlich die Suchmaschine in Ordnung gebracht werden muss?« Oder: »Dieses neue Feature ist doch furchtbar – was soll das?« Und von Larry oder Sergey kamen ungefilterte Antworten.

Das war mehr als eine versponnene Tradition – es war ein Signal. Obwohl Google jedes Jahr Milliarden verdiente und so vieles andere auf die Gründer einstürmte, war es ihnen wichtig, sich die Zeit für ehrliche, offene Gespräche zu nehmen. Sie bekannten sich nicht nur zu Transparenz als Unternehmenswert, sie lebten sie. Und weil sie den Ton vorgaben, trauten sich Google-Beschäftigte, heikle Fragen zu stellen, Entscheidungen zu kritisieren und groß zu denken. Wenn die Leute an der Spitze keine Angst vor harten Gesprächen hatten – warum sollte dann irgendjemand sonst sie haben?

Als Führungskraft ist die Pflege der Unternehmenskultur oder der Teamkultur für Sie möglicherweise kein vordringliches Anliegen. Vielleicht träumen Sie davon, wie Sie die Welt verändern möchten, oder arbeiten an dem Masterplan, der Ihnen das ermöglichen soll. Doch ob Sie Erfolg haben oder scheitern, ist in aller Regel nicht die Folge weniger weitreichender Entscheidungen. Wie weit Sie kommen, richtet sich vielmehr nach der Summe aus den Millionen Maßnahmen, die Ihr Team in jedem unmaßgeblichen Alltagsmoment ergreift. Wie gehen die Menschen miteinander um? Wie lösen sie gemeinsam Probleme? Wie groß ist ihre Bereitschaft, zu verzichten, um im Einklang mit ihren Werten zu handeln?

Achten Sie auf Ihr eigenes Verhalten – auf die kleinen Dinge, die Sie sagen und tun –, aber auch darauf, zu welchen Verhaltensweisen Sie andere animieren und von welchen Sie sie abbringen. Im Zusammenspiel ergibt sich daraus, worauf es Ihnen wirklich ankommt und wie ein großartiges Team Ihrer Ansicht nach zusammenarbeiten sollte.

Elftes Kapitel

Personalführung in der Krise

SO NICHT …

… SONDERN LIEBER SO

Es gibt da einen Satz, den ich immer wieder von altgedienten Topmanagern gehört habe: »Mit Wachstum lassen sich Probleme übertünchen.«

Das äußerten die Betreffenden meist leise kopfschüttelnd, während sie auf einer ausgelassenen Meilenstein-Feier an ihrem Drink nippten. Jüngere Teammitglieder (wie ich) rollten dann genervt die Augen und suchten schnell das Weite, damit wir uns nicht *noch* eine dieser Geschichten anhören mussten, die mit »zu meiner Zeit« anfangen. In guten Zeiten, wenn jeder Pfeil ins Schwarze trifft oder das Bulls Eye nur knapp verfehlt, ist die Versuchung groß, sich selbstzufrieden auf die Schulter zu klopfen. Mann, sind wir gut! Lasst uns noch eine Runde bestellen, ein paar Dartpfeile werfen und in unseren Great-Gatsby-Fantasien schwelgen.

Das geht so lange, bis die guten Zeiten vorüber sind. Und sie gehen vorüber, da können Sie sicher sein. Das weiß jeder Starregisseur (kein Held ohne persönliche Tragödie) und jeder Geschichtsstudent (kein Rom ohne seinen Niedergang), und Sie wissen das auch, wenn Sie schon lange genug in leitender Funktion tätig sind (kein Bullenmarkt ohne Rücksetzer).

Es ist aber ein großer Unterschied, ob man das vom Kopf her weiß oder ob man es am eigenen Leib erfährt. Wachstum bringt immer auch Probleme mit sich – das Chaos, das durch neue Leute und neue Ideen entsteht, die täglich wechselnden »Prioritäten«, die JETZT erledigt werden müssen, der gnadenlose Druck, das Flugzeug fertigzustellen, obwohl es bereits in der Luft ist.

Doch bleibt das Wachstum aus, gibt es noch ganz andere, erdrückendere Schwierigkeiten. Mangelndes – oder schlimmer noch, rückläufiges – Wachstum bringt Verlust, in all seinen verheerenden Formen. Man verliert geschätzte Kollegen, man verliert den Boden unter den Füßen, man verliert den eigenen Ehrgeiz, das Vertrauen in die Vorgesetzten und zuletzt auch die Hoffnung.

Ob infolge von Pandemien oder Machtpoker, weil irgendein Ausschuss die Zinsen erhöht oder ein anderer den Krieg erklärt, wegen einer Veränderung des kulturellen Zeitgeists oder weil ein Schmetterling am anderen Ende der Welt mit den Flügeln geschlagen hat – welches Blatt uns zugeteilt wird, hatten und haben wir nie so ganz in der Hand.

Aus den Assen in der Hinterhand werden Zweien und Siebenen, der Weg in die Zukunft wird steinig und verschlammt und die Champagnertrauben verwandeln sich in Zitronen.

Dann ist es unsere Aufgabe, daraus Limonade zu machen.

ACHTEN SIE AUF IHRE MENTALE VERFASSUNG

Ihr Unternehmen wird gerade gesundgeschrumpft? Dann weiß ich genau, was in Ihnen vorgeht.

Das ist nicht schön, und Sie haben mein Mitgefühl.

Doch es ist wichtig, sich über die eigene psychische Verfassung im Klaren zu sein. Sie tragen vielleicht mehr mit sich herum, als Ihnen bewusst ist. Das lastet auf Ihren Schultern, liegt Ihnen im Magen und raubt Ihnen den Schlaf. Ob Sie im mittleren Management zwischen die Fronten geraten oder als Spitzenmanager das Unternehmen auf Kurs halten müssen – Sie sind derjenige, von dem sich andere Antworten versprechen. Sie sind deren emotionaler Rückhalt, ihr verlässlicher Anker – auch wenn Sie sich gar nicht so vorkommen.

Schauen wir uns genauer an, wie sich solche Gefühle bei Ihnen manifestieren können.

CEOs und Topmanager: Die Last der Verantwortung

Für Spitzenmanager besteht die emotionale Belastung oft in dem Bewusstsein, dass man die Verantwortung nicht abwälzen kann. Man leitet nicht nur ein Team – man entscheidet über die Zukunft des Unternehmens und weiß, dass sich jede Entscheidung auf das Leben anderer Menschen und auf den Fortbestand des Betriebs auswirkt.

Diese Verantwortung ruft verstärkt bestimmte Emotionen hervor:

- **Schuldgefühle:** Sie sind es, der über Entlassungen, Budgetkürzungen und strategische Kehrtwendungen entscheidet. Selbst wenn diese Entscheidungen richtig sind, wirken sie spürbar auf Sie ein.
- **Angstgefühle:** Der Druck, es hinkriegen zu müssen, kann zu groß werden. Von Ihnen werden auch dann Antworten erwartet, wenn keiner weiß, wie es weitergeht.
- **Einsamkeit:** An der Spitze kann es einsam sein. Im mittleren Management gibt es Kollegen, mit denen man sich solidarisieren kann. Topmanager fühlen sich oft sehr allein und tragen schwer an wichtigen Entscheidungen.

Linienmanager: Zwischen allen Fronten

Linienmanager, also die Führungskräfte zwischen der Unternehmensleitung und den operativen Mitarbeitenden, fühlen sich oft wie in einem Tauziehen zwischen dem Führungsteam und ihren direkten Untergebenen. Auf der einen Seite sollen sie die Strategie des Unternehmens repräsentieren und ausführen, auf der anderen verkörpern sie für ihr Team die Unternehmensleitung und müssen Entscheidungen erklären, mit denen sie nicht unbedingt einverstanden sind oder die sie manchmal selbst nicht verstehen.

Daraus kann eine ganz eigentümliche Mischung von Emotionen entstehen:

- **Verwirrung:** Unter Zeitdruck gefällte Entscheidungen können zusammenhanglos über die Befehlskette nach unten durchgereicht werden, sodass Sie Ihrem Team dann nach Kräften die Gründe dafür auseinandersetzen müssen – oft, ohne diese selbst zu kennen.
- **Ohnmacht:** Sie sehen vielleicht Verbesserungsmöglichkeiten, haben aber den Eindruck, dass man nicht auf Sie hört und Ihr Einfluss begrenzt ist.
- **Frust:** Die Grätsche zwischen den Anweisungen von oben und den Bedürfnissen Ihres Teams kann sich anfühlen wie der Versuch, zwei Herren zu dienen, die am Ende beide unzufrieden sind.

SEHEN SIE'S MAL ANDERS

Sie mögen sich einsam fühlen, aber Sie sind nicht allein. Befindlichkeiten wie Schuld- oder Angstgefühle, Traurigkeit, Verwirrung und Frust sind schwer erträglich, zeugen aber auch von Ihrer Fürsorglichkeit und Ihrem Engagement als Führungskraft. Sie zuzulassen, ist der erste Schritt.

Nun müssen Sie mit diesen Gefühlen nur noch richtig umgehen. Da habe ich eine gute und eine schlechte Nachricht.

Fangen wir mit der schlechten an: Vieles können Sie im Moment schlicht und einfach *nicht* ändern. Sie können die gesamtwirtschaftlichen Rahmenbedingungen nicht beeinflussen, die daran schuld sind, dass Ihre Kunden Ihrem Unternehmen weniger Einnahmen bringen. Sie können auch nichts dagegen tun, dass Ihr CEO Sie anweist, Leute zu entlassen. Sie können noch nicht einmal etwas daran ändern, dass Sie – und alle anderen – so fühlen, wie sie fühlen.

Doch nun die gute Nachricht: Trotzdem können Sie etwas tun. Sie haben in diesem Moment unglaublich viel Einfluss, vor allem anderen darauf, was es für Sie bedeutet, in dieser Lage zu sein.

Lassen Sie uns vorab eines klarstellen: *Schuldzuweisungen bringen nichts.*

Ein Gründer, der sein Team durch eine Entlassungswelle führen musste, gestand mir einmal: »Ich fühle mich wie ein Versager. Ich hätte es kommen sehen müssen.« In Wahrheit hatten ihn seine Investoren in den fetten Jahren gedrängt, aggressiver um neue Nutzer zu werben. Er hatte in aller Eile ein fähiges Team zusammengestellt, eine ehrgeizige Vision vorgegeben und mit doppeltem Einsatz Wachstum und Marketing vorangetrieben. Er hatte alles »richtig« gemacht und war am Ende trotzdem der Dumme. Was bringt es ihm, sich wegen seiner Entscheidungen selbst zu zerfleischen? Niemand weiß, was die Zukunft bringt. Man kann nicht immer vorhersagen, wie der Wind weht. Doch indem er sich immer wieder vorhielt, er *hätte* es besser machen müssen, versank er nur noch tiefer in der depressiven Stimmung. Und das half seinem Team nicht weiter.

Ich habe auch mit Gründern gesprochen, die in so einer Situation ganz anders reagierten – nämlich so: »Das ist so verdammt unfair, was da passiert ist!« Sie schimpfen über die schlechte Regierungspolitik, die erbärmlichen Fehlentscheidungen von Banken oder die unvernünftigen Ratschläge der Investoren. Sie können gar nicht fassen, dass sie sich mit diesem ganzen Mist herumschlagen müssen, weshalb sie unbedingt einen Schuldigen finden wollen. Das ist aber auch nicht effektiver. Wer sich zum Opfer stilisiert, übertönt damit vielleicht vorübergehend seine Schuldgefühle, doch dem Team flößt das auch nicht mehr Zuversicht für die Zukunft ein.

Die Zeiten ändern sich. Das Leben wäre nur halb so schön, wenn es nicht so unberechenbar wäre. Sagen Sie sich Folgendes: Sie haben die Krise nicht herbeigeführt. Aber Sie können sehr wohl beeinflussen, wie Sie sie meistern. Sie können die Dinge immer auch anders sehen – nämlich so, dass Sie und Ihr Team auf die Zukunft Einfluss nehmen können.

Szenario	Das Opfer	Der Perfektionist	Die effektive Führungskraft
Leute müssen entlassen werden.	*»Die Wirtschaftslage hat mich dazu gezwungen.«*	*»Ich hätte bei der Einstellung strategischer vorgehen müssen, dann wäre ich jetzt nicht in dieser Lage.«*	*»Ich tue das nicht gern, aber ich kann zumindest versuchen, diesen Prozess so fair und verständnisvoll wie möglich zu gestalten.«*
Nach dem Personalabbau verdoppelt sich die Arbeitsbelastung.	*»Das schaffe ich nicht. Die haben es darauf angelegt, dass ich versage.«*	*»Ich hätte von vornherein mehr Reserven vorhalten müssen, dann wäre das Team jetzt besser aufgestellt.«*	*»Wir müssen gemeinsam Prioritäten setzen.«*

Szenario	Das Opfer	Der Perfektionist	Die effektive Führungskraft
Ein Teammitglied verleiht seinem Frust Ausdruck.	*»Warum macht man mir Vorwürfe? Ich bin doch nicht schuld an der Misere.«*	*»Wäre ich ein besserer Vorgesetzter, wäre die Stimmung jetzt nicht so schlecht.«*	*»Ich höre mir an, was er oder sie zu sagen hat, und biete meine Unterstützung an. Gleichzeitig sage ich offen und ehrlich, was Sache ist.«*
Ein Projekt verzögert sich, weil Mittel gekürzt wurden.	*»Was hat es für einen Sinn, dass wir uns anstrengen, wenn uns niemand Zeit oder Geld gibt?«*	*»Ich hätte schon vorher alle Eventualitäten einplanen müssen, dann wäre es nicht dazu gekommen.«*	*»Verzögerungen sind ärgerlich, aber wir werden den Zeitplan anpassen und uns auf das konzentrieren, was noch erreichbar ist.«*
Der CEO nimmt unerwartet Änderungen an der Strategie vor.	*»Der CEO hatte schon früher unrecht, wieso sollten wir ihm diesmal vertrauen?«*	*»Ich hätte diese Änderung vorhersehen und das Team besser vorbereiten müssen.«*	*»Das ist eine große Veränderung, aber ich werde dem Team helfen, sie zu verstehen und sich darauf einzustellen.«*

Wenn es bergab geht, bedeutet Führungsqualität nicht, dass alles perfekt ist – sondern, dass es vorangeht. Entscheidungen, selbst kleinste Entscheidungen, müssen getroffen werden, die das Team – und das Unternehmen – vorwärtsbringen. Eine Entscheidung, ein Gespräch, eine Maßnahme nach der anderen.

Noch sind Sie da. Und deshalb können Sie die Zukunft mitgestalten. Vielleicht empfinden Sie diesen Abschwung als prägenden Moment Ihrer Karriere. Dann sollten Sie sich vor Augen halten, dass er nur ein Kapitel ist. Atmen Sie tief durch. Machen Sie sich klar, welche Faktoren Sie beeinflussen können, und konzentrieren Sie sich ganz darauf. Sie haben das Heft in der Hand.

TEAMFÜHRUNG AUF EMOTIONALER EBENE

Wenn Sie der Kapitän sind, der ein Schiff durch einen Hurrikan steuert, dann ist Ihr Team Ihre Mannschaft – dazu gehören jene Seeleute, die alles tun, um das Schiff auf Kurs zu halten, aber auch die anderen, die sich verzweifelt an der Reling festklammern, um nicht über Bord zu gehen. Vielleicht können sie den Horizont nicht mehr erkennen, auf den Sie zusteuern. Sie sehen nur noch den Sturm. Sprechen wir darüber, wie sich Ihre Leute fühlen, denn nur wenn Sie das wissen, können Sie den ersten Schritt tun, um ihnen zu helfen.

Die lähmende Angst

Wenn die Erde unter uns bebt – weil das Team sein Ziel verfehlt, weil eine Entlassungswelle durch die Branche rollt oder das billige Geld versiegt –, reagieren wir darauf zunächst mit Angst.

Angst ist aber mehr als ein Gefühl – sie befällt den ganzen Organismus. Sie kapert das Gehirn und verändert, wie wir denken, kommunizieren und entscheiden. Setzt Angst ein, wird unser logisches, analytisches Denken, das im präfrontalen Cortex angesiedelt ist, von der eher urweltlichen Flucht-oder-Kampf-Reaktion verdrängt, die von der Amygdala ausgelöst wird. Das war für unsere Vorfahren sinnvoll, als sich diese noch vor Säbelzahntigern retten mussten. An einem modernen Arbeitsplatz arbeitet die Angst aber oft gegen uns.

Stellen Sie sich Folgendes vor: Ein Teammitglied hört, dass in einem Meeting erstmals von »Personalabbau« die Rede ist. Prompt schlägt sein Herz schneller. Der Adrenalinspiegel steigt. Das Gehirn fokussiert sich ganz auf einen Gedanken: *Verliere ich meinen Job?*

Von diesem Moment an verengt sich der Fokus. Die Angst ist stärker als unsere Fähigkeit zur kreativen Problemlösung. Statt darüber nachzudenken, wie wir die Teamziele erreichen könnten, sind wir abgelenkt, checken zwischen Meetings wie besessen Stellenangebote auf LinkedIn oder lesen aus vagen Äußerungen von Kollegen Anzeichen für den bevorstehenden Weltuntergang heraus.

Angst lähmt nicht nur – sie macht auch einsam. Menschen, die sich bedroht fühlen, ziehen sich zurück. Sie meiden es, sich auf Meetings zu äußern – aus der Befürchtung heraus, ein falscher Schritt könnte sie in die Schusslinie bringen. Sie sprechen lieber nicht über kritische aktuelle Zahlen oder Alarmsignale, weil sie befürchten, sie könnten sich in ein schlechtes Licht setzen. Angst zerstört Transparenz und Vertrauen – zwei der wichtigsten Zutaten für effektives Teamwork.

Außerdem ist Angst ansteckend. Die Ängste Einzelner greifen im Team um sich wie ein Virus. Ein nervös geflüsterter Satz – *Ich habe gehört, die Marketingabteilung ist bei den Kürzungen als Nächstes an der Reihe* – kann einen Dominoeffekt haben, der die gesamte Organisation in Mitleidenschaft zieht. Die Menschen ziehen voreilige Schlüsse, und schon verpufft die kollektive Energie, mit der Probleme gelöst werden könnten, in fruchtlosen Spekulationen. Die Sorgen ersticken jede Kreativität.

Der Schmerz der Trauer

Angst ist der abrupte Adrenalinstoß, wenn sich schlechte Nachrichten abzeichnen. Trauer ist das Gefühl, das nach schwierigen Entscheidungen noch länger anhält. In schwierigen Zeiten wird Trauer im Unternehmen von zwei Faktoren ausgelöst: dem Verlust von Menschen und dem Verlust gemeinsamer rosiger Zukunftsträume.

Wie war das, als das letzte Mal ein Kollege aus Ihrem Team ausgeschieden ist, der Ihnen am Herzen lag? Es geht dabei nicht nur um die Arbeit oder die Aufgaben, die andere erledigt haben – sondern um die *Menschen*. Sie fehlen. Man vermisst sie und leidet darunter, dass man nicht mehr täglich mit ihnen zu tun hat. Beziehungen, die sich entwickelt haben, brechen ab, und das tut weh.

Ein Team ist wie eine Patchwork-Decke. Aus den Charakteren und Beiträgen der einzelnen Mitglieder entsteht ein einzigartiges Gefüge. Fällt ein Element heraus, kann sich das anfühlen, als löse sich alles auf.

Wir verlieren aber nicht nur Menschen, sondern auch Vorstellungen von der Zukunft. Eine Krise zwingt uns, zu rekalibrieren und die großen Ambitionen, die wir einst hatten, zurückzuschrauben.

In einer Kontraktionsphase musste eines meiner Teams eine Initiative aufgeben, an der es monatelang gearbeitet hatte. Es handelte sich dabei um eine innovative neue App, auf die das Team ungeheuer stolz war. Die (vorerst noch wenigen) Nutzer, die sie bereits verwendeten, waren vollauf begeistert. Wir alle sahen darin ein Leuchtfeuer der Innovation. Leider ließ sich die

Investition nicht länger rechtfertigen. Als wir die Entscheidung bekannt gaben, nickte das Team zwar verständnisvoll, doch aus den Mienen aller Beteiligten sprachen ganz andere Gefühle.

Für sie war das nicht nur irgendein Projekt gewesen, sondern sie hatten sich damit identifiziert. Es verkörperte ihre Fähigkeiten. In den darauffolgenden Wochen stellte ich eine Veränderung fest: Auf Meetings kam keine Begeisterung mehr auf, es wurden weniger Ideen beigetragen und es herrschte zunehmend ein Gefühl der Desillusionierung.

In solchen Momenten ist die Trauer nicht immer offensichtlich. Sie geht nicht unbedingt mit Tränen oder dramatischen Abschiedsszenen einher. Oft vollzieht sie sich im Stillen – in einer hintergründigen Schwere oder einem kollektiven Seufzer, der aussagt: *Ursprünglich hatten wir für eine ganz andere Aufgabe unterschrieben.*

Wenn Schuldgefühle und Stress zur Belastung werden

Wenn Menschen oder Projekte die ersten Wellen der Veränderung überlebt haben, sind die emotionalen Herausforderungen oft komplex. Einerseits herrscht Erleichterung – *ich habe noch einen Job.* Doch diese geht mit Schuldgefühlen einher *(Warum mussten andere gehen, und ich nicht?)* und löst Stress aus *(Jetzt muss ich die Arbeit mehrerer anderer erledigen).*

Bei vielen manifestieren sich Schuldgefühle durch Überkompensierung. Sie laden sich mehr Arbeit auf, weil mehr zu tun ist – aber auch, weil sie sich selbst unter Druck setzen. *Ich muss doch zeigen, dass es sich gelohnt hat, mich zu behalten. Ich darf das Team nicht hängenlassen.*

Auf den ersten Blick kann das wie Engagement oder Arbeitseifer wirken, doch der Stress in einem Abschwung ist anders als der Stress einer hektischen Arbeitswoche oder vor einem eng gesetzten Termin. Er kann sich existenziell anfühlen, als wären Sie

Atlas – eine mythische Figur, auf deren Schultern die Last der ganzen Welt ruht. Als hinge das Überleben Ihrer Organisation ganz allein von Ihnen ab. Dann empfindet man jede Aufgabe als absolut erfolgsentscheidend und jeden Fehler als Katastrophe.

Mit der Zeit führt eine solche Arbeitsbelastung in den Burnout. Die Menschen überfordern sich, verlernen es, Nein zu sagen, beantworten auch spätabends noch jede E-Mail und erledigen jede Anfrage, auch wenn das auf Dauer nicht zu schaffen ist.

Auch Schuldgefühle machen einsam. Oft sprechen die Leute nicht darüber, weil sie glauben, sie dürften solche Gefühle nicht haben. Schließlich sind sie doch die »Glücklichen«, die ihre Jobs behalten durften. Sich zu beschweren, wirkt dann undankbar. Sich Schuldgefühle einzugestehen, kommt nicht infrage. Also behalten sie sie für sich und berauben sich so der Unterstützung durch andere.

VERTRAUEN: DER HELD DER HELDENREISE

Wie können Sie erkennen, wann Ihr Team unter Ängsten, Trauer oder Stress leidet, wenn die Zeiten für das Unternehmen hart sind, und wie können Sie Ihr Team in solchen Situationen unterstützen?

Wir kommen auf das Lebensblut jedes Teams zurück: auf das Vertrauen. In guten Zeiten herrscht viel Vertrauen. Meilensteine werden gefeiert, es gibt Prämien, und zusätzliche Chancen liefern Bestätigung. Doch in der Krise wird das Vertrauen auf eine harte Probe gestellt.

Ihre wichtigste Aufgabe als Führungskraft in schweren Zeiten ist es, Vertrauen zu bilden. Wie das geht? Fangen Sie mit Ihrer Authentizität an. Ihr Team muss wissen, dass Sie ehrlich sind und Anteil nehmen. Wenn Sie die Dinge »schönreden« oder sich vor heiklen Wahrheiten drücken, wird alles nur schlimmer. Im von tiefer Skepsis geprägten Umfeld einer Krise haben die Menschen keinerlei Bereitschaft, sich etwas vormachen zu lassen.

Hier im Einzelnen, wie Sie taktisch Vertrauen aufbauen können.

1. Der Blick zurück

Gerät unsere Welt aus den Fugen, brauchen wir ein klares Narrativ, an dem wir uns festhalten können. Sie können Ihrem Team so ein Narrativ liefern – eines, das der Wahrheit entspricht, wie Sie sie zum jeweiligen Zeitpunkt sehen. Scheuen Sie sich nicht, anzusprechen, inwieweit Sie für die Krise verantwortlich sind. Selbst wenn Sie die besten Absichten hatten und Ihr Vorgehen zum damaligen Zeitpunkt absolut folgerichtig war, muss Ihr Team wissen, wie diese Maßnahmen zur aktuellen Lage beigetragen haben. Indem Sie Ihren Teil der Verantwortung dafür übernehmen, erzeugen Sie Glaubwürdigkeit.

- »Rückblickend erkenne ich, dass wir schneller gewachsen sind, als es angesichts unserer Umsätze gut für uns war. Diese Entscheidung erschien im Licht der damals vorliegenden Informationen und Empfehlungen sinnvoll, doch als die Rezession einsetzte, habe ich das Ruder im Team nicht schnell genug herumgerissen.«

2. Verhalten Sie sich nicht wie ein Roboter

Letztlich sind wir alle nur Menschen. Das gilt auch für Führungskräfte. Fragt Sie jemand, wie es Ihnen geht, sollten Sie nicht so tun, als wären Sie »voller Tatendrang« oder sähen »kein Problem«, wenn Sie in Wirklichkeit schlecht schlafen und sich total gestresst fühlen. Das schafft nur Distanz. Sie müssen Ihre Emotionen ja nicht in den Mittelpunkt stellen, doch Sie sitzen im selben Boot wie alle anderen, die versuchen, in ruhigeres Fahrwasser zu kommen. Kameradschaft spendet Trost – lassen Sie das ruhig zu.

- »Wie es mir geht? Ehrlich gesagt stehe ich ganz schön unter Druck, aber ich schaue ganz bewusst nach vorne. Danke der Nachfrage.«
- »Wie ihr alle finde ich unsere Lage auch nicht gut. Ich habe nicht auf alles eine Antwort, aber ich verspreche euch, sobald ich etwas weiß, erfahrt ihr es.«

3. Sprechen Sie die Elefanten im Raum an

Gibt es unausgesprochene Fragen – *Geht uns demnächst das Geld aus? Stehen Entlassungen an?* –, sollten Sie proaktiv darauf eingehen. Schwierige Themen zu meiden, erzeugt nur noch mehr Nervosität. Sie denken vielleicht: »Na ja, ich will keine schlafenden Hunde wecken. Ich warte lieber, bis diese Frage an mich herangetragen wird.« Oder: »Vielleicht mache ich eine Mücke zum Elefanten, wenn ich diesen Punkt anspreche«. In normalen Zeiten mag das zutreffen. In einem Umfeld, in dem das Vertrauen gelitten hat, ist es aber besser, mit offenen Karten zu spielen, damit sich die anderen nicht fragen müssen, ob Sie selbst keine Ahnung haben oder bewusst etwas vor ihnen verbergen. Indem Sie Bedenken vorwegnehmen, schaffen Sie Vertrauen.

- »Ich weiß, viele von euch befürchten, es könnte Entlassungen geben. Ich kann euch so viel sagen: Bisher sind keine solchen Entscheidungen gefallen, aber wir denken uns dazu Folgendes ...«
- »Ich habe gehört, es wird befürchtet, dass [Konkurrenzunternehmen] pleitegeht. Unsere Situation ist zwar anders, doch es stimmt, dass wir vor ähnlichen Heraus-

forderungen stehen. Wir haben noch etwa 18 Monate, bis es kritisch wird, und spielen verschiedene Szenarien durch, wie wir Zeit gewinnen können.«

4. Fragen Sie nach und holen Sie Vorschläge ein

Ein offener Dialog ist wichtig, wenn Vertrauen entstehen soll. Fordern Sie Ihr Team auf, Fragen zu stellen und Bedenken zu äußern. Eine mir bekannte Managerin ging dazu über, ihr Team täglich auf dem Laufenden zu halten und wöchentlich Fragerunden zu veranstalten, als ein größerer Umbruch anstand. Das erwies sich als so nützlich, dass sie es auch beibehielt, als die Krise längst überstanden war. »Bis dahin war mir gar nicht klar, wie sich das anfühlt, mit dem eigenen Team *wirklich* auf gleicher Wellenlänge zu sein. Darauf möchte ich nicht mehr verzichten.«

- »Ihr habt vermutlich Fragen – raus damit. Wenn ich sie nicht sofort beantworten kann, forsche ich nach und komme darauf zurück.«
- »Im Sinne der Transparenz stelle ich alle aktuellen Informationen zu [Thema X] die Woche hindurch in unserem Kanal ein und würde mich wirklich über Rückmeldungen und Fragen freuen. Also nutzt bitte die Kommentarfunktion.«

5. Nehmen Sie die Gefühle anderer ernst

Wenn Sie sich mit den Gefühlen anderer auseinandersetzen, tun Sie schon sehr viel, um Vertrauen aufzubauen. Menschen brauchen das Gefühl, dass andere merken, wenn sie sich sorgen, wütend oder deprimiert sind. Haben sie den Eindruck, dass ihr Vorgesetzter wirklich weiß, was in ihnen vorgeht, können sie nach vorne schauen und gemeinsam anpacken, was ansteht.

- »Mir ist klar, dass diese Situation unglaublich frustrierend ist. Ihr habt alle so hart gearbeitet, und die Rückschläge, die wir jetzt erleben, sind schwer zu verkraften.«
- Auf eine emotionsgeladene Frage wie »Warum haben Sie es denn nicht so [Lösung X] gemacht, dann wären wir jetzt nicht in dieser Lage?« antworten Sie am besten: »Zunächst vielen Dank, dass Sie diese Frage stellen. Ich spüre, wie verärgert und frustriert Sie sind, und kann das absolut verstehen. Vielleicht wären wir mit [Lösung X] heute tatsächlich besser dran. Aber es ist, wie es ist. Wir können daher jetzt nur ...«

6. Strategisch informieren

Sagen Sie grundsätzlich die Wahrheit, berücksichtigen Sie aber immer, mit wem Sie sprechen, wenn Sie entscheiden, wie sehr Sie ins Detail gehen sollten. Ehrlich und authentisch sein bedeutet nicht, dass Sie laufend allen jeden Gedanken mitteilen müssen. Vertrauen ist keine Einbahnstraße. Bei Menschen, denen Sie vertrauen und auf die Sie sich verlassen – wie altgediente Teammitglieder –, können Sie konkreter werden oder Ihre Gedanken ungefiltert herauslassen, das fördert das Vertrauen. Teammitgliedern, zu denen Sie eine eher distanzierte Beziehung haben, sollten Sie ebenfalls die Wahrheit sagen – aber so, dass nicht zu viel Raum für Spekulationen und Nervosität bleibt.

- Auf einer Versammlung des gesamten Teams: »Es sieht folgendermaßen aus: Der Markt ist volatil, und wir rechnen mit einer schleppenden Erholung. Ich versuche, mir ein klareres Bild von unserer Finanzlage zu verschaffen, um einen tragfähigen Plan aufzustellen. Diesen lege ich vor, sobald er steht.«

- Fragt ein neueres Teammitglied: »Werden Leute entlassen?«, antworten Sie am besten: »Wir prüfen alle Optionen, die auf dem Tisch liegen. Zu diesem Zeitpunkt ist noch nichts entschieden.«
- Auf einer Versammlung leitender Teammitglieder: »Ich gehe im Moment alle Optionen durch – ob wir einen Einstellungsstopp verhängen, Kündigungen aussprechen oder Projekte einstellen. Derzeit tendiere ich dazu, Leute zu entlassen, weil [Grund X], bin aber noch nicht sicher, deshalb brauche ich von Ihnen noch mehr Kontext zu ...«

7. Bitten Sie Ihr Team um Hilfe

Abschließend sollten Sie klarstellen, dass Sie es nicht allein schaffen können. Sie sind auch nur ein Mensch. Sie brauchen Ihr Team als Problemlöser, um schwierige Entscheidungen umzusetzen, um sich gegenseitig zu unterstützen und sich auf die eigenen Aufgaben zu fokussieren. Sorgen Sie dafür, dass jeder weiß, was er tun kann und wie sehr es auf seinen Beitrag ankommt. Äußern Sie ruhig Bitten und bedanken Sie sich bei anderen. Sie können nur gemeinsam erfolgreich sein.

- »Wir schaffen das nur, wenn wir zusammenhalten. Ich brauche euch. Könntet ihr bitte ...«
- »Wir müssen uns auf das Wichtigste konzentrieren – und nur darauf. Ich möchte von jedem von euch wissen, welches Projekt eurer Ansicht nach die größten Erfolgschancen bietet.«

Sie wissen ja: Beim Aufbau von Vertrauen in schlechten Zeiten geht es nicht darum, die perfekte Rede zu halten oder Maßnahmen bis ins Kleinste zu orchestrieren. Es geht darum, authentisch zu sein, die Ärmel hochzukrempeln und mit dem Team an einem Strang zu ziehen. Vertrauen, das in der Krise wächst, bildet die Grundlage für ein fulminantes Comeback, das noch jahrelang Gesprächsthema sein wird.

WIE MAN OHNE RÜCKSICHT AUF VERLUSTE PRIORITÄTEN SETZT

Eine der schwierigsten Übungen für einen Manager in einer Abschwungphase ist es, sich damit abzufinden, dass nicht alles möglich ist. Man muss wohl oder übel den Rotstift ansetzen und bisherige Pläne beschneiden. Wenn Zeit, Personal, Geld und Energie begrenzt sind, kann man nur vorankommen, indem man lediglich die allerwichtigsten Projekte umsetzt.

Bei knappen Ressourcen wird Fokussierung zur Superkraft. Hier ein paar Methoden, wie Sie diese am effizientesten einsetzen.

Stellen Sie sich mental auf den Mangel ein

In guten Zeiten können es sich Teams leisten, zu experimentieren. Sie können langwierige Projekte in Angriff nehmen, auch mal Seitenwege einschlagen und große Träume verfolgen. Geht es abwärts, ist der Misserfolg vorprogrammiert, wenn Sie zu viel auf einmal versuchen. Wenn es eng wird, ist Klarheit gefragt.

Je weniger Ressourcen Ihnen zur Verfügung stehen, desto schärfer müssen Sie fokussieren. Ein einfaches Mantra, das Sie dabei beachten sollten: *Mach weniger, aber mach es besser.*

Ich war früher einmal für ein Start-up tätig, das in eine Finanzkrise geriet. In dem Unternehmen liefen zehn verschiedene Produktexperimente, die alle vielversprechend waren. Aber keines davon war wirklich weltbewegend. Als die Mittel ausgingen, stand das Führungsteam vor einer schweren Entscheidung: Es musste sich mit ganzer Kraft auf nur zwei große Projekte konzentrieren – nämlich die, mit denen sich mit größter Wahrscheinlichkeit Neukunden gewinnen lassen würden. Es war gar nicht so einfach, die übrigen Ideen zu verwerfen und die Teams neu aufzustellen, doch diese Entscheidung hatte zur Folge, dass sich die Nutzerzahlen verdreifachten und das Unternehmen letztlich gerettet werden konnte.

Setzen Sie ein Fokussierungsziel

Um radikal Prioritäten zu setzen, sollten Sie Ihrem Team zunächst eine einfache Frage stellen: *Welches wichtigste Einzelergebnis müssen wir in den nächsten drei, sechs oder zwölf Monaten unbedingt erreichen?*

Wenn Sie jemandem erklären, dass er 20 Prozent seines Besitzes abgeben muss, zieht das wochen- oder gar monatelange quälende Diskussionen nach sich. Stellen Sie stattdessen folgende Frage, fällt die Antwort weitaus leichter: »Wenn Sie nur einen unersetzlichen Vermögensgegenstand vor einem Feuer retten könnten, was wäre das?« Wenn wir gezwungen sind, uns für eine Sache zu entscheiden, wird klar, was uns wirklich wichtig ist.

Ein Tech-Unternehmen, für das ich beratend tätig war, blutete in einem besonders schwierigen Quartal finanziell förmlich aus. Ich stellte fest, dass viele Techniker sich damit verzettelten, kleine Features hinzuzufügen, die von ihren Start-up-Kunden verlangt wurden. Das erhöhte zwar die Kundenzufriedenheit, doch für das Überleben des Unternehmens spielten solche Änderungen keine wesentliche Rolle. Der CEO beschloss, sich wieder ganz auf die zentrale Frage zu konzentrieren: »Wie werden wir rentabel?« Das Unternehmen erkannte, dass es sich darauf verlegen musste, Abschlüsse mit großen Unternehmenskunden unter

Dach und Fach zu bringen – das war damals der effektivste Einzelhebel, um den Umsatz zu steigern.

Systematisch Prioritäten setzen

Im Abschwung reichen vage Ziele wie »sorgfältig auf das Wichtigste achten« nicht aus. Entscheidungen müssen sich an klaren, messbaren Definitionen orientieren. Wie sieht »Wirkung« oder »Erfolg« für Ihr Team aus? Sind das Umsatzsteigerungen, Kostensenkungen oder hinzugewonnene Kunden? Ein System zum Festlegen von Prioritäten kann dazu beitragen, das konkret zu definieren, und stellt sicher, dass Entscheidungen auf Logik fußen, nicht auf Emotionen

Nutzen-Aufwand-Matrix

Dieses einfache System hilft Ihnen, die tief hängenden Früchte zu erkennen – also die Aufgaben, die bei geringem Aufwand viel bringen. So ging ein mir bekanntes Marketingteam vor, um 20 laufende Projekte zu bewerten. Wirkung definierten sie als »erwarteten Beitrag zum Umsatz«, Aufwand als »erforderliches Budget und nötige Arbeitsstunden«. Aufgaben wurden in ein Raster eingetragen, und so kristallisierte sich die Webinar-Kampagne heraus (hohe Wirkung, geringer Aufwand, erwarteter ROI 150 000 Dollar), für die Ressourcen effizienter verwendet werden konnten als für das Rebranding-Projekt (hoher Aufwand, geringe Wirkung, unklarer ROI).

Das RICE-System

Im RICE-System werden Projekte anhand ihrer Reichweite, ihrer Wirkung, der Zuverlässigkeit und des Aufwands bewertet. Stellen Sie sich vor, eine Restaurantkette muss sich zwischen drei Initiativen zur Umsatzsteigerung entscheiden: der Einführung eines Treueprogramms, der Auflegung einer saisonalen Speisekarte oder der Ausweitung der Partnerschaften mit Lieferdiensten.

- **Reichweite:** Das Treueprogramm würde alle Stammkunden einbeziehen (hohe Reichweite), die saisonale Karte würde eine kleinere Nische anspruchsvollerer Kunden ansprechen (mäßige Reichweite), die Lieferpartnerschaften würden Zielgruppen in bestimmten Regionen betreffen (mäßige Reichweite).
- **Wirkung:** Das Treueprogramm könnte die Zahl der Mehrfachgäste um 15 Prozent erhöhen (hohe Wirkung), während die saisonale Karte den Umsatz vermutlich nur um 5 Prozent steigern würde (geringe Wirkung). Für die Lieferpartnerschaften wurden Umsatzsteigerungen von 10 Prozent prognostiziert (mäßige Wirkung).
- **Zuverlässigkeit:** Das Treueprogramm schnitt hier gut ab, weil Daten von Mitbewerbern den Erfolg ähnlicher Initiativen belegten. Die saisonale Karte war weniger zuverlässig, weil keine verlässlichen Informationen über die potenzielle Nachfrage vorlagen, und die Ausweitung der Lieferdienste versprach mäßige Ergebnisse, da ein Pilotprojekt durchwachsen ausgegangen war.
- **Aufwand:** Für das saisonale Speisenangebot müsste das Küchenpersonal geschult und der Einkauf umgestaltet werden (hoher Aufwand), das Treueprogramm erforderte die Implementierung von Software in moderatem Umfang, die Ausweitung des Lieferservice würde den geringsten Aufwand verursachen, da die Verträge schon fast fertig waren.

Als das Team die Zahlen durchspielte, kristallisierte sich das Treueprogramm als Spitzenreiter heraus. Damit war klar, wohin die Reise ging. Die Quantifizierung der Optionen erleichterte nicht nur die Entscheidung, sondern stellte auch sicher, dass alle hinter dieser Entscheidung standen.

Ziele und wichtige Ergebnisse

Arbeitet Ihr Unternehmen bei der Zielsetzung mit Zielen und wichtigen Ergebnissen (Objectives and Key Results, kurz OKRs), sollten Sie an diesem Punkt überprüfen, ob auch wirklich jede Aufgabe ein Schritt hin zum angestrebten Ziel und zu den wichtigsten Ergebnissen ist. Alles, was auch nur ansatzweise davon abweicht, sollte vorerst ausgesetzt werden. Bei einem Start-up aus dem Konsumgütersektor stand »Steigerung der Zahl monatlicher aktiver Nutzer (MAUs) um 25 Prozent« ganz oben auf der OKR-Liste. Als das Team seinen Fahrplan überprüfte, wurden verschiedene interne technische Upgrades ausgesetzt, um sich ganz auf das Empfehlungsprogramm zu konzentrieren – eine Entscheidung, die zu einem messbaren Plus beim Zielwert der aktiven Nutzer führte.

Legen Sie auch fest, was kein Ziel ist

Beim Setzen von Prioritäten geht es nicht nur darum, festzulegen, was Sie als Nächstes tun, sondern auch darum, zu ermitteln, was Sie *unterlassen* sollten. Eine Negativliste, der zu entnehmen ist, was kein Ziel ist oder was Sie nicht tun sollten, hilft dem Team, eindeutig festzulegen, welche Projekte vorerst aufgeschoben werden sollten.

Ich habe mal ein Team geleitet, das Probleme hatte, mit einem wachsenden Arbeitspensum Schritt zu halten. Nachdem wir unsere laufenden Projekte unter die Lupe genommen hatten, merkten wir, dass wir ziemlich viel Zeit und Mühe auf das Wachstum eines neuen Features verwendeten, das wir bereits ein Jahr zuvor eingeführt hatten. Es war zwar wertvoll, passte aber nicht zu unserer aktuellen These der verstärkten Konzentration auf zentrale Features. Wir beschlossen, die Arbeit an neuen Features auf die Negativliste zu setzen. Dadurch wurden Personalressourcen frei, die wir zielführenderen Projekten widmen konnten.

Aber nicht vergessen: Diese Negativliste gilt nicht für immer, sondern nur für eine gewisse Zeit – nur so lange, bis wir uns besser auf das Allerwichtigste ausgerichtet haben.

Durch den Einsatz solcher Systeme geben Sie Ihrem Team das nötige Werkzeug an die Hand, um radikal Prioritäten zu setzen, die nicht nur auf Bauchgefühl beruhen, sondern auf einem gemeinsamen Verständnis davon, wie Erfolg aussieht. Diese Klarheit führt nicht nur zu besseren Entscheidungen – sie baut auch Vertrauen auf und erzeugt Dynamik, selbst wenn es gerade hart auf hart kommt.

MACHEN SIE IHR TEAM REAKTIONSFÄHIG

Als Vorgesetzter müssen Sie beim Setzen von Prioritäten den Ton angeben. Ihr Team muss diese im Tagesgeschäft umsetzen. Wenn es gelingen soll, kompromisslos Prioritäten zu setzen, muss Ihr Team das Gefühl haben, dass es sich ganz auf die wichtigsten Dinge konzentrieren kann. Es ist etwas ganz anderes, ein Unternehmen in unsicheren Zeiten zu betreiben, denn dann steht mehr auf dem Spiel und der Zeithorizont ist entsprechend kürzer. Halten Sie Ihrem Team stets Folgendes vor Augen:

Es ist legitim, Nein zu sagen

Ihr Team muss wissen, dass es seine Zeit und Aufmerksamkeit nicht jeder Anfrage widmen muss – und dass Sie hinter einem Teammitglied stehen, wenn dieses Aufgaben ablehnt, die nicht den Prioritäten entsprechen.

Um Ihre Leute zu unterstützen, sollten Sie deutlich machen, dass es kein Affront gegen andere ist, wenn man Nein sagt, sondern vielmehr die Fähigkeit des Teams schützt, an den wichtigsten Fronten Fortschritte zu erzielen. Erlauben Sie Ihren Leuten ganz ausdrücklich, Arbeitsaufträge zu hinterfragen, und sagen Sie ihnen, wie sie dann reagieren können – etwa so:

- »Ist vermutlich eine tolle Idee, aber es entspricht nicht unseren derzeitigen Prioritäten. Vielleicht können wir später [Termin?] noch einmal darüber sprechen?«
- »Lassen Sie mich mit meinem Chef abklären, ob das zu unserem aktuellen Arbeitsschwerpunkt gehört, bevor ich zusage.«

Ermutigen Sie zur Eskalation bei Meinungsverschiedenheiten

Selbst wenn die Prioritäten feststehen, wird es zu konkurrierenden Ansprüchen kommen. Respektvolle Teams versuchen dann oft, selbst eine diplomatische Lösung zu finden. In guten Zeiten ist das eine großartige Einstellung, doch in der Krise können es sich viele Unternehmen nicht länger leisten, dass Entscheidungen erst mehrfach diskutiert werden, bevor ein Entschluss gefasst wird.

In einer Krise ist das beste verfügbare Instrument zur Lösung dieses Problems die *Eskalation*. Das kann ganz einfach aussehen – etwa, indem man das Hickhack beendet mit dem Satz: »Wie es scheint, sind wir hier unterschiedlicher Auffassung – geben wir die Frage an die Geschäftsführung, damit sie zeitnah entschieden werden kann.«

Ihren Teams nahezubringen, dass die Eskalation keine persönliche Niederlage ist, sondern der Sache dient, ist im Krisenfall von größter Bedeutung. Mein Freund, der Gründer Kevin, erklärte seinen Teams wiederholt: »Werden euch Aufgaben gestellt, die nicht unseren Prioritäten dienen, kommt damit zu mir. Ich kümmere mich um alles Weitere.«

Das Spiel kommentieren

Selbst bei klaren Prioritäten bleibt die Welt nicht stehen. Die Umstände ändern sich, es gehen neue Informationen ein, und was gestern noch erfolgsentscheidend schien, könnte schon morgen belanglos sein. In solchen Momenten fungieren Sie als Führungskraft als Live-Kommentator, um die ganze Mannschaft auf Linie zu halten, damit alle wissen, wofür sie kämpfen sollen.

Abdriften ist ganz normal, vor allem im schnelllebigen Umfeld einer Krise. Indem man regelmäßig bestätigt, was am Wichtigsten ist, schafft man Klarheit und hilft einem Team, nicht vom Kurs abzukommen.

Eine Managerin aus meinem Bekanntenkreis begann jede Teamsitzung mit dem Ritual, eine Liste der aktuellen Aufgaben des Teams an die Wand zu werfen und zu fragen: »Ist das immer noch alles zielführend? Wenn nicht, was hat sich verändert?« Auf diese Weise konnte ihr Team schnell Kursänderungen vornehmen, wenn neue Informationen vorlagen. Haben alle das gleiche Dashboard oder denselben OKR-Bericht vor sich, stärkt das das Gemeinschaftsgefühl für Fortschritt und Bewertung.

Verändern sich die Prioritäten – und dazu wird es unweigerlich kommen –, müssen Sie unbedingt die Gründe für solche Veränderungen kommunizieren. Ohne diese Transparenz können

Veränderungen willkürlich oder verwirrend wirken und das Vertrauen und die Konzentration untergraben.

Nehmen wir beispielsweise an, ein Projekt, an dem das Team seit Wochen arbeitet, rutscht von der Prioritätenliste, weil die Maßnahme eines Konkurrenten das Unternehmen zu einer Kehrtwendung zwingt. Statt lediglich die Änderung mitzuteilen, sollten Sie diese auch begründen: »Wir wissen jetzt mehr über [die Strategie der Konkurrenz], und um wettbewerbsfähig zu bleiben, müssen wir uns verstärkt auf [Ziel X] fokussieren. Das bedeutet, [Initiative Y] hat künftig keine Priorität mehr, denn ...«

Teams können dann erfolgreich arbeiten, wenn sie nicht nur wissen, was sie tun, sondern auch verstehen, wozu das gut ist und wie es sich in die fortlaufende Geschichte des Unternehmenserfolgs einfügt.

WIE MAN LEUTE ENTLÄSST

Fangen wir beim Offensichtlichen an: Jede Kündigung ist ein brutaler Einschnitt.

Daran gibt es nichts zu deuteln. Ob Sie solche Entscheidungen selbst treffen oder die schlechten Nachrichten nur überbringen: Leute zu entlassen, gehört zu den unangenehmsten Aufgaben eines Vorgesetzten. Doch auch wenn es notwendig ist, Beschäftigten zu kündigen, kommt es sehr darauf an, wie man mit den Menschen umgeht – nicht nur für diejenigen, die das Unternehmen verlassen müssen, sondern auch für diejenigen, die noch bleiben.

Gehen wir das Schritt für Schritt durch.

Erster Schritt: Verstehen Sie den Grund für die Entlassung

Zu Entlassungen kommt es, weil sich der Bedarf des Unternehmens verändert – aufgrund der Wirtschaftslage, strategischer Veränderungen oder weil zuvor auf das falsche Pferd gesetzt wurde. Eine Kündigung ist keine Strafe, und sie bedeutet nicht, dass das Unternehmen am Ende ist. Kein Unternehmen, auch wenn es noch so erfolgreich ist, kann die Zukunft voraussagen und es sich leisten, jede Position bis in alle Ewigkeit zu besetzen.

In aller Regel gibt es zwei übliche Entlassungsszenarien:

1. **Das Team wird um einen bestimmen Prozentsatz verringert:** Dazu kommt es gewöhnlich, wenn das Unternehmen Kosten sparen muss, weil es finanziell unter Druck steht – aufgrund rückläufiger Umsätze oder eines Liquiditätsengpasses.

2. **Das Team wird anders zusammengesetzt, um eine neue Strategie zu verfolgen:** In diesem Fall werden Leute entlassen, weil bestimmte Projekte oder Funktionen nicht mehr der künftigen Richtung des Unternehmens entsprechen.

Viele glauben zwar, Personalabbau bedeutet, dass sich das Unternehmen in einer Abwärtsspirale befindet, doch man kann das auch so sehen: Ein Unternehmen stellt sich personell neu auf, um beste Chancen auf künftigen Erfolg zu haben. Informieren Sie sich daher genau, *welche Gründe* für die Entlassungswelle vorliegen, die Sie betrifft. Wissen Sie darüber Bescheid, können Sie Ihre Entscheidungen daran orientieren und überzeugender kommunizieren.

Zweiter Schritt: Entscheiden Sie, wen es treffen soll

Dieser Schritt ist der schwierigste: Sie müssen entscheiden, wer bleiben darf und wer gehen muss.

- **Bei prozentualen Kürzungen:** Ermitteln Sie zunächst, um wie viel Sie den Personalbestand reduzieren müssen (zum Beispiel um 10 Prozent). Überlegen Sie sich dann, welche Funktionen für den langfristigen Unternehmenserfolg unabdingbar sind. Brauchen Sie künftig mehr technische Kompetenz in Ihrem Team? Können Sie auf Führungskräfte verzichten? Stimmt das Verhältnis zwischen älteren und jüngeren Teammitgliedern? Gibt es Gruppen, deren Beitrag unter Ihren Erwartungen liegt? So verschaffen Sie sich einen Eindruck davon, wo Sie den Rotstift ansetzen müssen, um Ihr Team zu verschlanken und gleichzeitig zu stärken.
- **Bei strategisch bedingten Kürzungen:** Ermitteln Sie zunächst, welche Projekte, Funktionen oder Teams künftig nicht mehr relevant sind. Vielleicht entscheiden Sie sich ja, in Zukunft eher kleine Einzelhändler zu beliefern statt große Unternehmen. Dann werden die Teams, die auf Vertrieb und Marketing für Großunternehmen fokussiert sind, nicht mehr gebraucht.

Denken Sie an die Zukunft, wenn Sie Ihre Auswahl treffen. Ihr Ziel ist es, die Leute zu halten, die zum langfristigen Unternehmenserfolg beitragen. Es geht nicht nur darum, wer heute gute Leistungen bringt, sondern darum, wer über die Kompetenzen, die Mentalität und die Flexibilität verfügt, sich auf künftige Entwicklungen einzustellen. Hier zwei Überlegungen, die Ihnen helfen, sich auf das zu fokussieren, worauf es wirklich ankommt.

- **Auf welche wichtigen Projekte und Kompetenzen würden Sie auf Unternehmensebene setzen?** Von Einzelpersonen abgesehen – welche Initiativen und Funktionen sind für die Unternehmensziele entscheidend? Wenn Sie sich am Bedarf des Unternehmens orientieren, können Sie diesen Prozess klarer und fairer angehen.
- **Welche Personen sind auf Mitarbeiterebene besonders erfolgskritisch für das Unternehmen?** Müssten Sie Ihr Team heute von Grund auf neu zusammenstellen, wen würden Sie als Erstes anrufen? Wer wäre Ihre zweite Wahl? Arbeiten Sie sich systematisch bis zum dritten, vierten, fünften, zehnten und weiteren Teammitglied durch, bis Sie die vorgegebene Mannschaftsstärke erreicht haben.

Dritter Schritt: Kurz und schmerzlos vorgehen

Wenn es denn den einen grundsätzlichen Rat für Führungskräfte gibt, der in Stein gemeißelt ist, dann ist es folgender: Ziehen Sie den Entlassungsprozess nicht in die Länge.

Sobald die Entscheidung steht, sollten Sie schnell handeln – möglichst innerhalb von Tagen. Ermitteln Sie, wie groß der Einschnitt werden muss, entscheiden Sie, wer gehen muss, und teilen Sie das allen Betroffenen so bald wie möglich mit. Ich habe schon erlebt, wie Unternehmen mit 50 000 Beschäftigten einen Personalabbau innerhalb von zwei bis drei Wochen durchgezogen haben, weil ihnen klar war, wie wichtig schnelles Handeln in solchen Fällen ist.

Wozu die Eile? Weil Unsicherheit Nervosität erzeugt. Je länger Sie warten, desto mehr Zeit haben Ihre Leute, zu spekulieren, sich belastet zu fühlen und innerlich zu kündigen. Außerdem sollten Sie Ihr Team nicht anlügen, wenn Sie gefragt werden, ob Entlassungen anstehen, und das bereits entschieden ist. Setzen Sie solche Entscheidungen daher um, sobald sie gefallen sind.

Leiten Sie ein Team von Führungskräften, werden Entlassungen gewöhnlich im Wege einer Kommunikationskaskade über die verschiedenen Hierarchiestufen durchgeführt:

- **Fangen Sie ganz oben an:** Zunächst sollte sich die Geschäftsführung auf eine übergreifende Strategie, Ziele und den richtigen Ansatz zum Personalabbau einigen. Ganz oben wird über Einschnitte in Bezug auf Funktionen, Teams oder prozentuale Kürzungen entschieden.
- **Informieren Sie im Anschluss die Entscheider auf der nächsten Stufe:** Stehen die Entscheidungen auf oberster Ebene, müssen Sie die Führungskräfte auf der nächstunteren Hierarchiestufe einweihen, die entsprechende Entscheidungen treffen müssen. Geben Sie Ihnen alle nötigen Informationen wie die Gründe für den Personalabbau und die in diesem Zusammenhang anzusprechenden Themen und fordern Sie sie auf, die nötigen Personalentscheidungen zu übernehmen.
- **Geben Sie Ihren Führungskräften die richtigen Instrumente an die Hand:** Statten Sie Ihre Manager mit einem Skript oder häufig gestellten Fragen aus, an denen sich diese bei ihren Gesprächen mit betroffenen Teammitgliedern orientieren können. Umreißen Sie klar, welche Rolle sie bei der Übermittlung der schlechten Nachrichten zu spielen haben, und greifen Sie ihnen in dieser Umbruchphase unter die Arme.

Vierter Schritt: Legen Sie fest, wie die Betroffenen unterstützt werden können

In Bezug auf Abfindungen und Sozialpläne sollten Sie bei Entlassungen fair bleiben, darüber aber nicht vergessen, den verbleibenden Mitarbeitern die besten Erfolgschancen zu sichern.

Eine gute Faustregel ist meiner Ansicht nach: *Zeigen Sie sich ein kleines bisschen großzügiger, als Sie müssten.*

Ein Beispiel: Geht es darum, zwei oder drei Monatsgehälter als Abfindung zu zahlen, und Ihr Unternehmen kann beides finanziell verkraften, zahlen Sie ruhig drei. Ihre Fürsorglichkeit und Ihr guter Wille werden über den unmittelbaren Moment hinaus Wirkung zeigen.

Haben Sie solche Entscheidungen getroffen, sollten Sie sie klar dokumentieren. Erstellen Sie einen zentralen Bezugsrahmen für Abfindungspakete, Fristen zur Weiterzahlung von Nebenleistungen und für sonstige gebotene Unterstützung. Auf diese Weise sorgen Sie für einheitliche Kommunikation und vermeiden Verwirrung in Einzelgesprächen. Darauf können Sie auch zurückgreifen, wenn später Fragen dazu auftauchen.

Indem Sie solche Dinge grundsätzlich verschriftlichen, verringern Sie das Fehlerrisiko und signalisieren, dass Sie mit Bedacht an diesen Prozess herangegangen sind und ihn ganz bewusst so gestaltet haben.

Fünfter Schritt: Kommunizieren Sie so unmissverständlich wie möglich

Wenn es um Entlassungen geht, ist klare, zeitnahe Kommunikation das A und O. Sie sollten auf keinen Fall zulassen, dass Ihr Team im Unklaren bleibt. Versetzen Sie sich in die Lage derer, die mit einer Kündigung rechnen müssen. Sie hören Gerüchte, haben aber noch nichts Konkretes erfahren. Sie wachen morgens mit dem Gedanken auf, dass sie an diesem Tag ihren Job verlieren könnten. Diese Ungewissheit untergräbt das Vertrauen und die Moral – selbst bei den Teammitgliedern, die am Ende gar nicht betroffen sind.

Deshalb ist es so wichtig, möglichst unzweideutig zu kommunizieren. Wenn Sie einen Personalabbau ankündigen, sollten Sie unverzüglich klarstellen, bis wann er erfolgt und wie er abläuft.

- Wann wird den Beschäftigten mitgeteilt, wer betroffen ist?
- Wie erfahren sie das?
- Was passiert im Anschluss?
- »Bis 8 Uhr morgen früh hat jeder Betroffene eine E-Mail erhalten.«
- »Am Dienstag, den 23., teilen wir es den Betroffenen persönlich mit.«

In einem kleinen Unternehmen ist ein persönliches Gespräch womöglich die bessere Wahl. In einem Start-up mit 20 Leuten könnten Sie beispielsweise ein Meeting für das gesamte Team anberaumen, um allen mitzuteilen, dass gekürzt werden muss, und anschließend persönliche Gespräche führen.

In größeren Organisationen ist es oft praktischer, alle gleichzeitig per E-Mail zu informieren. So ist gewährleistet, dass alle zum gleichen Zeitpunkt Bescheid wissen und die schwer erträgliche Wartezeit minimiert wird. So könnte ein Unternehmen mit 500 Mitarbeitenden die gesamte Belegschaft um 9 Uhr durch eine unternehmensweite E-Mail unterrichten, aus der der allgemeine Kontext und Ablauf hervorgeht. In der folgenden Stunde werden dann persönliche Mails an diejenigen versendet, deren Stellen betroffen sind, mit anschließenden Gesprächen, die noch am selben Tag angesetzt werden.

Wenn Sie Leute entlassen müssen, dann sagen Sie das den Betroffenen klipp und klar. Beschönigen Sie nichts und sparen Sie sich lange Vorreden. Schon im ersten Satz der E-Mail oder in den ersten 15 Sekunden eines Gesprächs sollte klar werden, dass die Betreffenden keinen Job mehr haben. Das kann sich so oder ähnlich anhören: »Unsere wirtschaftliche Lage zwingt uns dazu, Personal zu entlassen. Leider betrifft das auch Ihre Stelle.«

Ganz gleich wie Sie eine solche Nachricht übermitteln – ob persönlich oder per E-Mail –, es sollte sich in jedem Fall ein Einzelgespräch anschließen. Das gibt Ihnen Gelegenheit, die Betroffenen persönlicher zu unterstützen, Fragen zu beantworten und sich für ihren Beitrag zu bedanken.

Ein guter Gesprächsrahmen sieht folgendermaßen aus:

Sagen, was Sache ist

Verdeutlichen Sie zunächst, dass Sie wissen, was für ein schwieriger Moment das ist, und machen Sie den Betroffenen klar, dass die Kündigung nichts mit ihrem Potenzial zu tun hat (und in vielen Fällen auch nicht mit ihrer Leistung).

- »Mir ist klar, dass das für Sie jetzt unglaublich schwierig ist, und Sie sollen wissen, dass diese Entscheidung nichts über Ihre Arbeit oder Ihren Wert aussagt.«
- »Vielen Dank für Ihre bisherigen Beiträge. Sie haben viel für uns getan.«

Logistische Details nachliefern

Teilen Sie den Betroffenen die anschließenden wichtigen Schritte mit, damit sie wissen, was sie zu erwarten haben.

- »Ihr letzter Arbeitstag ist der [Datum], und Sie erhalten [Abfindungspaket/Nebenleistungen/Unterstützung].«
- »Weitere Anweisungen können Sie der folgenden E-Mail entnehmen [Rückgabe von Ausrüstung, Zugriff auf Personalentwicklungsressourcen, Krankenversicherung etc.].«

Zuhören und unterstützen

Geben Sie den Betroffenen Raum, zu äußern, wie sie sich fühlen – traurig, wütend, durcheinander. Manche Menschen brauchen länger, um solche Nachrichten zu verarbeiten, andere wollen ihren Gefühlen Luft machen oder haben noch Fragen. Wie sie auch reagieren, Sie sollten zuhören, sich aber nicht in die Defensive drängen lassen. Es reicht oft schon, ehrliches Verständnis zu zeigen.

- »Ich weiß, das ist jetzt alles ein bisschen viel. Ich bin gern bereit, alle Ihre Fragen zu beantworten – jetzt gleich oder später.«
- »Mir ist klar, dass das für Sie nicht so einfach ist. Lassen Sie mich bitte wissen, wenn ich etwas tun kann, um Ihnen diesen Übergang zu erleichtern.«

Entlassungen sind unangenehm, aber sie bieten auch eine Gelegenheit, Ihre Werte zu leben und anderen Respekt zu erweisen, die bisher zu Ihrem Team gehörten. Anteilnahme zu zeigen, kann für alle Beteiligten einen großen Unterschied machen – für diejenigen, die gehen, aber auch für alle anderen, die weiter an Ihrer Seite bleiben.

WIE SIE MIT SITUATIONEN UMGEHEN, DIE DIE MORAL UNTERGRABEN

Wenn es schwierig wird, machen sich viele Führungskräfte Gedanken darum, wie sie die Moral aufrechterhalten können. Lassen Sie uns zunächst klären, was unter *Moral* zu verstehen ist. Moral bedeutet nicht, dass sich jeder wohlfühlen muss oder dass

Probleme schöngeredet werden. Echte Moral entsteht aus dem Gefühl: *Mir wird Vertrauen entgegengebracht, und mein Beitrag ist wichtig.* Ihre Aufgabe als Vorgesetzter besteht darin, diese beiden Grundpfeiler der Moral zu schützen und zu stärken: Vertrauen und Sinn.

Befassen wir uns damit, wie Sie in schwierigen Situationen, wie sie häufiger vorkommen, schlechte Nachrichten übermitteln können.

1. Der Bonus fällt ganz aus oder wird gekürzt

Ein Bonus ist eine greifbare Anerkennung. Kommt er nicht oder wird herabgesetzt, sind die Teammitglieder naturgemäß enttäuscht und fühlen sich nicht ausreichend gewürdigt. Dafür müssen Sie Verständnis zeigen, aber gleichzeitig das Gesamtbild hervorheben.

Sie können Folgendes sagen:

- »Ich weiß, Sie sind jetzt enttäuscht. Ein Bonus ist eine Möglichkeit, unsere Anerkennung zu zeigen, und es tut mir sehr leid, dass wir Ihnen dieses Jahr nicht so viel zahlen können, wie wir gehofft hatten. Sie sollen aber wissen, dass wir uns diese Entscheidung nicht leicht gemacht und sie nur deshalb getroffen haben, weil sie unseres Erachtens notwendig war, um Stabilität für das nächste Jahr zu gewährleisten.«
- »Auch wenn der Bonus nicht kommt, sollen Sie wissen, wie sehr ich Ihre Arbeit schätze. Sagen Sie mir doch, wie ich Ihren Beitrag anderweitig anerkennen kann.«

Und Folgendes tun:

- Bieten Sie Ihren Leuten eine nicht monetäre Anerkennung – zum Beispiel durch öffentliches Lob, extra Urlaubstage oder Möglichkeiten zur beruflichen Weiterentwicklung.
- Stellen Sie die Finanzlage des Unternehmens transparent dar und erklären Sie, dass es durchaus wieder Bonuszahlungen geben könnte, wenn sich die Lage bessert.

2. Einstellungsstopp

Sie können Folgendes sagen:

- »Ich weiß, so ein Einstellungsstopp macht es für alle schwerer. Ich bin dankbar dafür, wie Sie das bewältigen. Es ist sicher keine ideale Situation, doch im Moment die einzige Möglichkeit, um diese Phase zu überstehen. Sprechen wir darüber, wie wir unsere Prioritäten anpassen können, damit das machbar ist.«

Und Folgendes tun:

- Überprüfen Sie das Arbeitspensum des Teams und setzen Sie kompromisslos Prioritäten. Kommunizieren Sie klar, was zurückgestellt oder ausgesetzt werden kann.
- Erkennen Sie Mehrarbeit an und fragen Sie regelmäßig nach, wie es Ihrem Team geht.

3. Gehaltskürzungen

Sie können Folgendes sagen:

- »Ich weiß, es ist unglaublich schwierig, mit weniger Geld auszukommen. Diese Entscheidung wurde getroffen, um tiefere Einschnitte wie Entlassungen zu vermeiden. Ich will offen sein und Ihnen die Gründe dafür erklären – und auch, was wir tun, um das Unternehmen zu stabilisieren.«
- »Ich schätze Ihre Arbeit, was aus dieser Kürzung natürlich nicht hervorgeht. Bitte lassen Sie mich wissen, wenn ich Sie in dieser Zeit anderweitig unterstützen kann.«

Und Folgendes tun:

- Stellen Sie Entscheidungsprozesse transparent dar und erklären Sie, was das Unternehmen tut, um wieder auf Erholungskurs zu kommen.
- Wenn möglich, sollten Sie umreißen, wie die Gehälter künftig wieder angehoben werden.

4. Mangelnde Aufstiegsmöglichkeiten

Werden Beförderungen ausgesetzt und keine neuen Funktionen geschaffen, kann das den Eindruck erwecken, dass die Entwicklung ins Stocken kommt. Dann sollten Sie deutlich machen, dass man sich auch ohne neuen Titel weiterentwickeln kann.

Sie können Folgendes sagen:

- »Ich weiß, Sie streben eine Führungsposition an, und mir ist klar, warum – es ist für Sie der nächste logische Schritt. Derzeit bietet sich dafür bei uns aber keine Möglichkeit, doch ich habe ein paar Ideen, was Sie inzwischen tun können, um Ihre Führungskompetenz auszubauen.«

Und Folgendes tun:

- Verschaffen Sie Ihren Leuten einen Mentor, übertragen Sie Ihnen Sonderprojekte oder funktionsübergreifende Aufgaben, um neue Kompetenzen zu erwerben.
- Seien Sie ehrlich in Bezug auf den Zeithorizont für potenzielle Aufstiegsmöglichkeiten.

5. Ständiger strategischer Wandel

Wenn sich die Prioritäten ständig verändern, fühlt sich das an wie ein Schleudertrauma. Das ist schlecht für das Engagement. Deshalb sind Kommunikation und Kontext so wichtig.

Sie können Folgendes sagen:

- »Ich weiß, Sie müssen den Eindruck haben, dass sich die Strategie ständig verändert. Wir reagieren damit auf eingehende Informationen, um optimale Entscheidungen zu treffen. Reden wir darüber, wie sich diese letzte Änderung ins Gesamtbild einfügt.«
- »Mir geht es vor allem anderen darum, für die Zukunft die beste Strategie für unser Team zu finden. Mir ist aber

durchaus klar, dass ich nicht alle Fragen beantworten kann. Mich würde interessieren, was Sie dazu zu sagen haben, wie wir am besten planen können.«
- »Bitte sagen Sie mir doch, wie das bei Ihnen ankommt. Was können wir tun, um solche Umstellungen nachvollziehbarer zu gestalten?«

Und Folgendes tun:

- Nehmen Sie sich die Zeit, zu erklären, *warum* sich Prioritäten ändern und inwiefern die jeweiligen Änderungen den Unternehmenszielen entsprechen.
- Fordern Sie Ihr Team auf, sich noch in der Entstehungsphase zu den Plänen zu äußern.
- Sorgen Sie nach Möglichkeit für Stabilität, selbst wenn es nur untergeordnete Abläufe im Team betrifft.

6. Zielwerte wurden nicht erreicht

Wenn Ziele verfehlt werden, schadet das der Moral – vor allem, wenn das Team hart dafür gearbeitet hat. Ihre Aufgabe ist es, dem Team zu helfen, mit der Enttäuschung fertigzuwerden und sich darauf zu fokussieren, was es für die Zukunft beeinflussen kann.

Sie können Folgendes sagen:

- »Wir haben unsere Ziele nicht erreicht, und ich weiß, wir sind alle enttäuscht. Schauen wir auf das, was wir daraus gelernt haben und was wir im nächsten Quartal anders machen können.«

- »Ich möchte den außergewöhnlichen Einsatz würdigen, den dieses Team gebracht hat. Wir haben zwar nicht das erhoffte Ergebnis erzielt, doch unsere Arbeit hat in folgender Hinsicht den Boden für das nächste Halbjahr bereitet: …«

Und Folgendes tun:

- Veranstalten Sie Retrospektiven, um aus Fehlern zu lernen, ohne Schuld zuzuweisen.
- Heben Sie gewonnene Erkenntnisse hervor und demonstrieren Sie, wie diese die künftige Planung beeinflussen.
- Die Moral eines Teams, der »Teamgeist«, beruht auf Vertrauen und Sinn auf der Ebene des einzelnen Teammitglieds. Wie Sie mit solchen Situationen umgehen, hat Einfluss darauf, wie stark Ihr Team in Zukunft ist. Mit Empathie, Transparenz und Fokussierung auf die Faktoren, die Ihr Team in der Hand hat, können Sie die Moral auch in turbulenten Zeiten hochhalten.

SCHWERE RÜCKSCHLÄGE ERMÖGLICHEN OFT GROSSE COMEBACKS

Im Dezember 2019 kamen aus China beunruhigende Meldungen über eine neue tödliche Krankheit. Anfang des Monats waren 20 Personen erkrankt, am Ende schon 250, was für exponentielles Wachstum sprach. Zwei Monate später ging die Welt aus Panik vor dem Virus, das inzwischen COVID-19 hieß, in den Lockdown.

Über Nacht wurde der Reiseverkehr eingestellt. Damit verlor das Unternehmen Airbnb – eine Plattform für Feriendomizile – 90 Prozent seines Umsatzes. Vor der Pandemie war das Unternehmen auf einen Wert von 30 Milliarden Dollar taxiert worden und plante einen Börsengang. CEO Brian Chesky stand vor einem Abgrund schwieriger Entscheidungen.[59] Die folgenden Monate waren brutal: Entlassungen und Tränen, ein kompletter Strategiewechsel, Ungewissheit, ob und wann die Menschen je wieder ihre Häuser verlassen und verreisen würden.

Fünf Jahre später schoss die Marktkapitalisierung von Airbnb auf 80 Milliarden Dollar.[60] Brian zufolge verhalfen die erzwungenen Einschnitte Airbnb zu einer Rückbesinnung auf seine Alleinstellungsmerkmale – nämlich, dass sich Menschen in der Fremde zu Hause fühlen konnten. Sie verlagerten ihren Fokus auf näher gelegene Unterkünfte und längerfristige Vermietungen an Arbeitnehmer im Homeoffice und arbeiteten während der Pandemie weiter auf den Börsengang hin. Sie passten ihre Organisationsstruktur an und beschleunigten Entscheidungsprozesse. Sie entdeckten neu, was Brian als »Gründermodus« bezeichnete – eine ursprünglichere, improvisiertere, aber sehr effektive Art der Zusammenarbeit.

So kann es auch für Sie und Ihr Team kommen. Eine Krise stellt Ihre Entschlossenheit auf die Probe, doch die besten Teams wachsen unter widrigen Bedingungen enger zusammen. Nicht ohne Grund sind Underdog-Geschichten so beliebt. In schlechten Zeiten haben Führungskräfte Gelegenheit, das nächste Kapitel Ihrer eigenen Heldenreise zu schreiben.

Zwölftes Kapitel

Führen aus der Ferne

SO NICHT …

… SONDERN LIEBER SO

Ich stelle mir manchmal vor, wie es wäre, beim Abendessen mit meinem Großvater zusammenzusitzen (den ich nie kennengelernt habe, der aber zu seiner Zeit ebenfalls eine leitende Position bekleidete). Wir würden uns Geschichten erzählen, die auf den ersten Blick ganz ähnlich klängen: über stundenlange Sitzungen mit Dutzenden von Teammitgliedern, über die Detektivarbeit, um heute Funken zu löschen, damit morgen kein Großbrand ausbricht, oder darüber, wie man den besten Kurs bestimmt, wenn ein Unwetter aufziehen könnte.

Natürlich gäbe es da auch verschiedene erhebliche Unterschiede. Er würde es ganz *wörtlich* meinen, wenn er von Kurs und Unwetter spräche, denn er war Kapitän auf einem großen Schiff. Meine Interaktionen mit meinem Team finden dagegen bequem vor dem Bildschirm von zu Hause aus statt – mit den Füßen in kuschligen Pantoffeln.

Reichlich 50 Jahre später und infolge maßgeblicher technischer Fortschritte zuzüglich einer globalen Pandemie, die die Dinge erheblich beschleunigte, arbeiten immer mehr Teams zumindest zeitweise über Endgeräte und Netzwerke zusammen, ohne dass sie sich körperlich am selben Ort aufhalten.

Ich war zuvor fünf Tage die Woche im Büro gewesen und musste mich darauf umstellen, als Start-up-Gründerin mit einem Team zu arbeiten, das zu Hause saß – zu einem großen Teil sogar auf der anderen Seite der Erde. Damit hatten sich plötzlich alle vertrauten Normen für meine Managerrolle verflüchtigt. Ich musste ganz neu anfangen.

Führung ohne physische Präsenz ist mehr als eine Serie von »Video-Meetings«. Weil diese Arbeitsform noch nicht so lange üblich ist, entwickeln sich erst allmählich Best Practices. Zwangsläufig muss experimentiert werden. Doch es ist so: Wenn Sie das Thema bewusst angehen, kann Sie das zu einer stärkeren Führungspersönlichkeit machen. Warum? Weil Sie durch mangelnde Präsenz gezwungen sind, gezielter in die zentralen Voraussetzungen für Vertrauen, Kommunikation und Verbindung untereinander zu investieren. Beherrschen Sie das, wird Ihnen das bis ans Ende Ihrer Karriere gute Dienste leisten, ganz gleich, ob Sie ein vollständig standortunabhängiges oder ein hybrides Team oder eine Präsenzgruppe leiten.

Setzen wir daher bei den Grundlagen an: Was ist bei der Arbeit im Homeoffice anders, und wie können Sie mit diesen Unterschieden so umgehen, dass Ihr Team davon profitiert?

HOMEOFFICE UND BÜROPRÄSENZ IN DER GEGENÜBERSTELLUNG

Das Internet ist voll von Meinungsbeiträgen darüber, ob Telearbeit wirklich funktioniert. Ich will da gar nicht Position beziehen.

Ich sage dazu nur, dass das Homeoffice im besten Fall mehr Freiheit bietet. Die Teammitglieder können ihre Zeit flexibler verplanen, lange Arbeitswege vermeiden, und sie berichten über eine bessere Work-Life-Balance. Für Teams eröffnet diese Art der Arbeit buchstäblich eine ganze Welt der Möglichkeiten. Unternehmen können sich das weltweite Angebot an Fachkräften erschließen und vielfältige Teams zusammenstellen, die neue Perspektiven und Kompetenzen einbringen.

Vorgesetzte stellen oft fest, dass ortsunabhängiges Arbeiten die Autonomie fördert. Richtig gemacht, ermöglicht es den Beschäftigten, so zu arbeiten, wie es ihnen jeweils entgegenkommt – ob sie Aufgaben schon in aller Frühe in Angriff nehmen oder lieber spätabends, von einem Café aus oder auf einem anderen Kontinent.

Mein eigener Zeitplan ist ein Beispiel für diese Flexibilität. Mein Wecker klingelt genau um 5:43 Uhr. Dann putze ich mir die Zähne, ziehe einen Pulli über und hole mir einen Kaffee. Mit dem Kaffeebecher in der Hand sitze ich um 6 Uhr vor dem Monitor und lächle meine Teammitglieder auf der anderen Seite des Globus an. Das erste Meeting kann losgehen. Gegen Mittag treibe ich ein bisschen Sport oder treffe mich zum Lunch mit Freunden. An manchen Tagen arbeite ich mit ein paar Kollegen von einem Café in der Innenstadt aus. Ist ein Kind krank und muss der Schule fernbleiben, kann ich zwischen meinen Terminen nach dem kleinen Patienten sehen. So viel Flexibilität ist ein großartiges Extra.

Für manche Unternehmen sind die Vorteile schwer zu übersehen. Die Bürokosten sinken, man kann Leute einstellen, die nicht in teuren Ballungsräumen leben, und die Beschäftigten sind zufriedener. Deshalb wird uns diese Arbeitsform wohl auch erhalten bleiben.

Doch die Telearbeit hat auch ihre Nachteile. Was sie so reizvoll macht – nämlich Flexibilität, Autonomie und globale Reichweite –, bringt auch neue Komplexitäten mit sich.

1. **Es ist schwerer, Vertrauen aufzubauen:** Wenn Menschen Zeit miteinander verbringen, entwickelt sich Vertrauen ganz von allein. Ohne gemeinsame Präsenzerfahrungen bekommen Sie nicht mal eben im Vorbeigehen mit, wer vollen Einsatz bringt oder wer Probleme hat. Sie sehen nicht, wenn jemand seinen Frust ablässt oder mit hängenden Schultern am Schreibtisch sitzt. Telearbeit verlangt

von Vorgesetzten, sich neue Methoden zu überlegen, wie man die Bedürfnisse des eigenen Teams erkennt und darauf reagiert, um Beziehungen zu stärken.

2. **Die Kommunikation leidet:** Im Büro werden Kommunikationslücken oft durch ein beiläufiges Schulterklopfen oder einen kurzen Austausch an der Snackbar gefüllt. Aus der Ferne fehlt oft der Kontext, der Tonfall einer Nachricht wird falsch interpretiert, oder der eine oder andere fühlt sich aus wichtigen Gesprächen ausgeschlossen.

3. **Die Menschen fühlen sich häufiger isoliert und abgekoppelt:** Das Homeoffice kann einsam machen. Ohne ein Umfeld, das Gemeinschaft und Struktur bietet, verlieren Teammitglieder das Gefühl der Verbundenheit mit ihren Kollegen. Das kann bis zur innerlichen Kündigung führen. Ohne aktives Gegensteuern gerät so mancher unbemerkt in den Hintergrund, oder sein Potenzial wird nicht ausgeschöpft.

In vieler Hinsicht entzieht die Telearbeit Vorgesetzten die Krücken, auf die sie sich im Büro unbewusst stützen. Sie können die Produktivität und die Verbundenheit nicht einfach durch Nähe und physische Präsenz steigern. So sehr ich die Flexibilität des ortsunabhängigen Arbeitens schätze – es gibt Tage, da belasten mich Probleme, und ich kann sie mit niemandem teilen. Es gibt Tage, da fällt es mir angesichts der vielen Ablenkungen zu Hause schwer, mich zu konzentrieren. Wo Licht ist, ist eben auch Schatten.

Und das zeichnet Führungskräfte aus, die ihre Teams auch aus der Ferne hervorragend im Griff haben: Sie überlassen nichts dem Zufall. Sie entwickeln Systeme für klare Kommunikation, Rituale, die Verbundenheit schaffen, und Gewohnheiten, die

Vertrauen aufbauen. Sie sind sich ihrer Funktion bewusst. Sie wissen, dass ortsunabhängiges Arbeiten mehr ist als eine logistische Veränderung – es verändert die Mentalität.

Wenn Sie diese Herausforderung annehmen, dann lernen Sie nicht nur, Ihr Team aus der Ferne zu leiten, sondern obendrein auch besser.

VERTRAUEN AUFBAUEN OHNE PHYSISCHE PRÄSENZ

Auf die Gefahr, mich zu wiederholen: Vertrauen ist der unsichtbare Klebstoff, der ein Team zusammenhält. Ohne Vertrauen nützt Ihnen die beste Planung nichts. Doch Vertrauen setzt voraus, dass man den ganzen Menschen wahrnimmt.

Als ich das erste Mal aus dem Homeoffice heraus ein Team aufbauen musste, ohne den neuen Teammitgliedern je persönlich begegnet zu sein, fühlte ich mich eingeschränkt, weil ich mit ihnen nur in 30-minütigen Zeitnischen auf dem Bildschirm interagieren konnte. In mein Verhalten schlich sich eine subtile Förmlichkeit ein, was mir erst in einem Gespräch mit meinem Mitgründer Chandra über einen jüngsten Neuzugang auffiel. »Er spielt wirklich hervorragend Badminton«, erwähnte Chandra beiläufig.

»Tatsächlich?«, fragte ich. Das hatte ich ja gar nicht gewusst! Genau genommen wusste ich von *keinem* Mitglied meines ortsunabhängigen Teams, was diese in ihrer Freizeit machten. So etwas hatte es nicht gegeben, als ich noch persönlich anwesend war!

In einem Remote-Umfeld sind die Signale schwerer zu erkennen, auf die wir uns beim Aufbau von Vertrauen stützen. Man bekommt weder die spontanen Brainstorming-Sessions mit noch das Abklatschen zur Feier einer gelungenen Produkteinführung.

Verhält sich jemand bei einem Videocall ruhig oder zurückhaltend, ist das viel schwerer zu interpretieren: *Passt ihm der Vorschlag nicht, um den es geht? Oder hat er nur genug davon, den ganzen Tag auf den Monitor zu starren?*

Wir sehen weniger, und das erzeugt ein Vakuum im Gehirn, das wir nur allzu bereitwillig mit allerhand Mutmaßungen füllen. Leider fallen diese normalerweise eher negativ aus. Einmal fiel unser Produkt bei einem Kunden komplett aus, und ich schrieb den Techniker an, der sich mit dem Problem am besten auskannte. »DRINGEND!«, tippte ich in Großbuchstaben. Nach 15 Minuten war noch keine Antwort da. *Was ist denn los?*, dachte ich und wurde nervös. *Wieso meldet der sich nicht? Ist ihm das etwa gleichgültig?*

Eine Stunde später rief er mich an. »Tut mir leid!«, sagte er. »Ich habe deine Nachricht gerade erst gelesen. Ich habe immer noch Fieber und habe geschlafen.« Er hatte mir zuvor über einen anderen Kanal mitgeteilt, dass er krank war und am betreffenden Tag nicht arbeiten konnte. Im Büro wäre seine Abwesenheit offensichtlich gewesen, doch die morgendliche Nachricht hatte ich überlesen.

Solche Missverständnisse passieren laufend. Mich haben schon Teammitglieder angesprochen, die Sorge hatten, ob ihre Kollegen sie nicht leiden konnten, weil sie im Chat immer so kurz angebunden antworteten *(Aber nein, das ist einfach ihre Art, Textnachrichten zu schreiben!)*, oder ob ihr Vorschlag schlecht ankam, weil keine Emojis zurückkamen *(Aber nein, dein Beitrag wurde eingestellt, als gerade keiner online war)*, oder ob sie bewusst vorgeführt werden sollten *(Aber nein, das war doch nur eine etwas direkte Frage)*. Ohne Vertrauen als Grundlage können sich solche kleinen Zweifel rasch zur Abkoppelung und zur innerlichen Kündigung auswachsen.

Aber wie baut man Vertrauen auf, wenn die natürlichen Voraussetzungen dafür fehlen? Das geht auf folgenden Wegen:

1. Führen Sie ein Check-in-Ritual ein

Fragen Sie dabei ausdrücklich nach, was die anderen denken oder fühlen. Das ist eine einfache, aber sehr wirkungsvolle Methode, die sich sowohl in Vieraugengespräche als auch in Team-Meetings integrieren, aber auch asynchron durchführen lässt, etwa per E-Mail oder in Chat-Nachrichten. Dann können die Betreffenden reagieren, wenn es gerade passt, was nicht unbedingt in Echtzeit sein muss.

Sprechen Sie nur mit ein oder zwei Personen, formulieren Sie die Check-in-Fragen möglichst offen, damit sich aussagekräftigere Gespräche entwickeln können. In einer Chat-Gruppe oder einem größeren Meeting sollten Sie mit Stichwörtern arbeiten, um leichter schnelle, ehrliche Antworten zu erhalten.

UNTER VIER ODER SECHS AUGEN

- »Wie läuft es bei euch so?«
- »Was beflügelt oder belastet euch diese Woche?«
- »Wie zuversichtlich seid ihr bezüglich unserer derzeitigen Pläne?«
- »Was ist euer Eindruck von euren laufenden Projekten?«
- »Wie steht ihr zu [Kollege X]?«

IN DER GRUPPE ODER IN EINEM THREAD:

- »Wie beurteilt ihr die Prioritäten unseres Teams für diese Woche auf einer Skala von 1 bis 5?«
- »An welchem Highlight der vergangenen Woche würdet ihr uns gern teilhaben lassen?«
- »Was macht euch diese Woche die größten Sorgen, und wie groß sind diese Sorgen (auf einer Skala von 1 bis 5)?«

- »Wie nützlich war die letzte Präsentation auf einer Skala von 1 bis 5?«
- »Welcher Song bringt am besten rüber, wie ihr euch gerade fühlt?«

2. Bleiben Sie Mensch

Verletzlichkeit schafft Vertrauen, doch sich verletzbar zu zeigen, fällt uns manchmal schwer – vor allem in einer Remote-Umgebung. Man denkt sich schnell »War das jetzt too much?«, wenn man die Präsenz der anderen nicht spüren kann. Widerstehen Sie der Versuchung, nur hochglanzpoliert zu kommunizieren. Wenn Sie als Führungskraft nach dem Motto handeln *Alles, was ich äußere, muss sorgfältig aufbereitet sein*, sagen Sie Ihren Leuten im Grunde, dass das für deren Kommunikation mit Ihnen ebenfalls gilt. Sie dürfen ruhig sagen, dass Sie keine Lösung haben (wenn Sie darlegen, wie Sie derzeit darüber denken) oder dass Sie gerade nicht auf der Höhe sind (weil es nun mal wirklich ermüdend ist, ein Online-Meeting nach dem anderen abzuhalten) oder dass Sie nicht so gut fanden, wie das letzte Meeting abgelaufen ist (weil die Stimmung schlecht war). Seien Sie Sie selbst.

Hier ein paar Beispiele:

- »Ich weiß noch nicht, was aus dieser Initiative wird, aber ich wüsste gern, ob ihr irgendwelche Bedenken habt?«
- »Ehrlich gesagt ist es mir diese Woche schwergefallen, mich zu fokussieren. Wie ist das bei euch?«
- »Ich befürchte, das letzte Meeting hat eher Verwirrung gestiftet. Findet ihr das auch?«
- [Meme einfügen]

Wenn Sie ehrlich sind, trauen sich die anderen auch, ehrlich zu sein.

3. Würdigen Sie auch kleine Erfolge

Die Arbeit im Homeoffice kann sich wie ein Marathon anfühlen, bei dem die Anfeuerung durch das Publikum fehlt. Deshalb ist es so wichtig, alle Erfolge – auch die kleinen – zu feiern. Erreicht jemand einen Meilenstein, gewinnt einen neuen Kunden oder löst ein haariges Problem, dann sagen Sie das laut und fordern Sie alle anderen im Team auf, das zur Norm zur erheben.

Das müssen gar keine großartigen Gesten sein. Eine kurze Textnachricht oder ein entsprechender Hinweis im Video-Meeting machen schon viel aus:

- »Vielen Dank, Taylor, dass du dich so schnell um das Problem gekümmert hast. Das hat bei dem Kunden wirklich Eindruck gemacht.«
- »Großartig, dass dieses Feature jetzt eingeführt werden kann! Das ist [Team X] zu verdanken. Das wird uns künftig bei unseren Stammkunden viel Zeit sparen.«
- »Dieses Meeting ist eigentlich zu früh am Morgen für mich, aber deine Demo war besser als jeder Koffeinstoß, Charlie.«
- »Wer findet, dass ein Kollege diese Woche einen guten Job gemacht hat, und möchte uns das gern mitteilen?«

Anerkennung soll anderen nicht nur ein gutes Gefühl geben, sondern auch die Botschaft übermitteln: Auch wenn wir uns nicht persönlich begegnen, werden maßgebliche Beiträge trotzdem *bemerkt* und gewürdigt.

4. Nutzen Sie Präsenzzeit, um die Verbundenheit zu stärken

Gibt es Gelegenheit zu persönlichen Begegnungen, ob an Bürotagen in einem hybriden Modell, bei Offsite-Veranstaltungen oder auch während einer zwanglosen Versammlung des Teams, sollten Sie diese optimal nutzen. Setzen Sie dann nicht nahtlos ein Meeting oder eine straffe Arbeitssitzung nach der anderen auf die Tagesordnung. Entscheiden Sie sich stattdessen in erster Linie für alles, was Verbundenheit schafft.

Wenn ich mein Remote-Team persönlich treffe, lege ich großen Wert auf das tägliche Frühstück in der Gruppe. Dafür teile ich das Team nach dem Zufallsprinzip in Sechser- oder Siebenergruppen auf. Dann stürmen wir in einem schicken Hotel das Frühstücksbuffet. Über Croissants und frischem Obst fließen die Gespräche dann auf abenteuerlichen Bahnen wie Serpentinen im Gebirge. Wir sprechen über unser Sportprogramm (was mich zu mehr Krafttraining animiert hat), über alles, was wir im Leben noch erreichen wollen (ins All fliegen, einen Rennstall gründen, hundert fremde Länder sehen) und über Insiderinfos über die Konkurrenz *(Hast du schon gehört? Die haben jemanden nach einer Woche gefeuert!)*.

Hier ein paar Anregungen für den Fall, dass sich die Chance auf ein Präsenztreffen bietet:

- **Buchen Sie ein Nebenzimmer für eine gemeinsame Mahlzeit:** Ein einfaches Essen in einem privaten, ruhigen Umfeld kann mehr Bindung schaffen als stundenlange strukturierte Aktivitäten. Wenn Menschen essen, öffnen sie sich.
- **Organisieren Sie arbeitsfremde Gruppenaktivitäten:** Das muss gar nichts besonders Spektakuläres sein – ein Spaziergang in schöner Umgebung, ein gemeinsamer Abend oder ein Scharadespiel kann schon viel bewirken.
- **Planen Sie Pausen ein:** Lassen Sie in Ihrer Zeitplanung Luft für spontane Begegnungen. Geben Sie Ihren Leuten Gelegenheit, sich zu unterhalten oder sich einen Kaffee zu holen. Das verbindet.

Ich kenne einen Gründer, der ein komplett ortsunabhängiges Team leitet und jährlich ein Offsite-Meeting veranstaltet, auf dem nur drei Regeln gelten: gut essen, Zeit in der Natur verbringen und über inspirierende Themen sprechen. Dabei können die Teammitglieder Vertrauen auftanken und Teamgeist entstehen lassen, der noch nachwirkt, wenn wieder jeder zu Hause vor seinem Monitor sitzt.

KOMMUNIZIEREN SIE KLAR UND EINHEITLICH

Wenn Vertrauensbildung die Grundlage für Telearbeit ist, dann ist eine klare Kommunikation das Gerüst, das diese aufrechterhält. Ohne klare Kommunikation greifen in einem Remote-Team schnell Verwirrung, Orientierungsprobleme und Frust um sich.

Im Büro ist ein salopper Umgang verzeihlich. Da trifft man sich im Flur und kann Missverständnisse im Vorbeigehen ausräumen. Mittags kann man in der Kantine Fragen stellen, um auf dem Laufenden zu bleiben. Im Homeoffice geht das nicht. Wer sich nicht ausdrücklich und gezielt mitteilt, der wird bald feststellen, dass Lücken entstehen. Dann arbeiten die Leute am falschen Projekt oder dieselben Aufgaben werden doppelt erledigt und das ganze Team fragt sich: *Was soll das eigentlich alles?*

Eine Vorgesetzte im Homeoffice kann gar nicht *zu viel* kommunizieren. Äußern Sie sich klar, mehrfach und auf verschiedene Weise. Und das geht so:

Implizieren Sie nicht, sagen Sie ausdrücklich, was Sie meinen

In einem Remote-Szenario sollten Sie davon ausgehen, dass die anderen nur wissen, was Sie ausdrücklich gesagt haben. Und selbst wenn Sie etwas schon einmal gesagt haben, sollten Sie es ruhig öfter wiederholen. Die größten Fehler beim ortsunabhängigen Arbeiten passieren, weil die Menschen die Realität unterschiedlich wahrnehmen.

Hier ein Beispiel: Priya aus meinem Team erklärte mir einmal, sie habe den Eindruck, ihr Kollege Mac sei nicht engagiert. »Er reagiert nur auf Nachfrage«, meinte sie. »An sich sollte er sich innerhalb von Stunden aus eigenem Antrieb zurückmelden.«

Ein paar Tage später schrieb mich Mac an. Er suchte meinen Rat, wie er mit Priya umgehen solle. »Ich habe das Gefühl, sie schaut mir ständig auf die Finger. Ich würde ihr gern mal sagen: Bleib locker, ich bin doch schon an den Informationen dran, die du für einen Kostenvoranschlag brauchst.«

Als ich nachhakte, erfuhr ich, dass Mac seine Arbeit durchaus ernst nahm. Er hatte nur andere Kommunikationsnormen. Er ging davon aus, dass kleinere Aufgaben keine laufenden Updates erfordern. Er meldete sich dazu erst, wenn alles erledigt war. Priya dagegen rechnete mit einer prompten Rückmeldung.

Wir lösten das Problem, indem wir eine einfache Norm einführten: Wenn Mac eine Aufgabe in Angriff nahm, setzte er Priya kurz ins Bild: »Bin dran. Wird bis morgen erledigt.« Diese kleine Veränderung verhinderte unnötigen Frust und verbesserte die Zusammenarbeit.

In einem Teleumfeld kann man nicht mehr durch Osmose lernen – also, indem man zusieht, wie es andere machen. Dann muss man die unsichtbaren Regeln für Teamwork sichtbar machen.

Vielleicht erstellen Sie für Ihr Team ja einen Leitfaden zu Fragen wie folgenden:

- Was sind die üblichen Zeiten für Meetings? Wann sollte man davon ausgehen können, dass andere online sind?
- Wie schnell kann man eine Antwort auf eine Chat-Nachricht erwarten? Was gilt als »zu langsam«?

- Wie sollte jemand mitteilen, wenn er während des Arbeitstags über mehrere Stunden nicht erreichbar ist?
- Wie kann man in einem Remote-Szenario Feedback erteilen oder einholen?
- Welche Themen können asynchron besprochen werden, für welche sollte ein Meeting anberaumt werden?
- Angenommen, jemand hat eine neue Idee. Wie informiert er das Team darüber?

Legen Sie einen klaren Kommunikationsturnus fest

Wie können sich Leute auf dem Laufenden halten, wenn sie an verschiedenen Standorten arbeiten und nicht mehr so oft Gelegenheit haben, Neuigkeiten vom Nebenmann zu erfahren? Die Lösung ist ein durchdachtes Konzept für einen Kommunikationsturnus, der dazu beiträgt, dass jeder weiß, wo er sich informieren, wann er mit einem Update rechnen, Fragen stellen oder Fortschritte mitteilen kann.

Viele dieser Erkenntnisse hat unser Team auf unserem Weg zum ortsunabhängigen Arbeiten auf die harte Tour gewonnen. Ich war immer wieder überrascht, wie viele Missverständnisse es gab, die erst nach vielen Sitzungen ausgeräumt werden konnten. Verglichen mit meinen Erfahrungen aus der Präsenzarbeit kam es mir vor, als ginge es nur im Schneckentempo voran.

Einen großen Schritt weiter kamen wir, als Satyajeet, ein Techniker aus unserem Team, erkannte, dass die Kommunikation unser Hauptproblem war. Er drängte auf einfache, aber strukturierte Updates, die veränderten, wie wir arbeiteten. Das Technikteam setzte den Projekt-Tracker anfangs täglich ein, sodass dieser zur einzig vertrauenswürdigen Quelle für Fortschritt und Rechenschaftspflicht wurde. Satyajeet führte Planungsdokumente für größere Architektur-Entscheidungen vor deren

Umsetzung ein, was uns Verwirrung und Neubearbeitung ersparte. Er entwarf eine Wochenberichtsstruktur, die dazu beitrug, dass jeder Einzelne immer orientiert war, was Projekte, Kunden und Prioritäten anging.

Das fühlte sich anfangs wie Mehrarbeit an. Doch nach sechs Monaten hatte sich der Turnus eingeschliffen und das Chaos ließ nach. Das Team befand einstimmig: Jetzt hatten alle mehr Klarheit darüber, was wann und warum zu erledigen war. Wir reagierten schneller und sicherer.

Daraus lernten wir vor allem: Wenn man ein Team aus der Ferne leitet, ersetzen Worte die Präsenz. Kommunizieren Sie daher lieber zu viel als zu wenig. Äußern Sie sich klar und einheitlich. Und vergessen Sie nicht: Ohne physische Nähe müssen Sie umso mehr auf Klarheit achten, damit Ihr Team zusammenwachsen kann.

Hier ein paar praxistaugliche Vorschläge für einen Kommunikationsturnus, wenn Ihr Team ortsunabhängig arbeitet:

1. Ein tägliches oder wöchentliches Stand-up: Ein kurzer, strukturierter Check-in (asynchron oder live), um sich auf Prioritäten und Blocker auszurichten.

Format: Jedes Teammitglied teilt Folgendes mit:

- *Woran es gestern (oder in der letzten Woche) gearbeitet hat*
- *Was es heute (oder diese Woche) vorhat*
- *Was blockiert oder wo Hilfe gebraucht wird*

Best Practices:

- *Kurz halten – ein Status-Meeting sollte sich nie länger hinziehen.*
- *Bei asynchroner Ausführung sollte ein Zeitpunkt festgelegt werden, an dem jeder ein Update gibt und zur Verfügung steht, um im Austausch Blockaden zu beseitigen.*

2. Regelmäßige Belegschafts- oder Teamversammlungen: Ein fester Termin, bei dem Vorgesetzte aktuelle Informationen geben, Prioritäten bestätigen und den Zusammenhalt fördern.

Format: Wöchentliche oder vierzehntätige Live-Meetings (oder asynchrone Video-Updates)

Best Practices:
- *Zeichnen Sie die Meetings für alle auf, die nicht teilnehmen können.*
- *Schließen Sie eine Fragerunde an oder lassen Sie Ihre Leute im Vorfeld über Fragen abstimmen, die erörtert werden sollen.*
- *Bei asynchroner Ausführung sollten Sie neben einer Videoaufzeichnung auch eine schriftliche Übersicht bereitstellen.*

3. Projektspezifische Threads für die Kommunikation: Spezielle Räume für die Erörterung von Projekten, damit aktuelle Informationen im allgemeinen Chat nicht untergehen.

Format: Spezifische Projekt-Chat-Kanäle oder -Dokumente

Best Practices:
- *Legen Sie unmissverständlich fest, wer für welche Updates verantwortlich ist.*
- *Legen Sie fest, wann mit Check-ins zu rechnen ist (zum Beispiel in Form wöchentlicher Fortschrittsberichte).*
- *Achten Sie darauf, dass die Gespräche sachdienlich bleiben – verlegen Sie Chats zu anderen Themen auf andere Kanäle.*

4. Entscheidungsprotokolle und Wissensdatenbanken: Ein zentralisierter Ort zur Dokumentation wichtiger Entscheidungen, damit niemand zweimal dieselbe Frage stellen muss.

Format: Kooperationsdokumente

Best Practices:
- *Fassen Sie zusammen, was entschieden wurde, aus welchem Grund und wer an der Entscheidung beteiligt war.*
- *Verlinken Sie Protokolle entsprechender Gespräche oder Meetings.*
- *Sorgen Sie für einfache Such- und Referenzmöglichkeiten.*

5. Bürozeiten oder offene Fragerunden: Ein bestimmtes Zeitfenster, in dem Teammitglieder Fragen stellen, Feedback einholen oder Bedenken äußern können.

Format: Wöchentliche oder 14-tägige Drop-in-Sitzungen über Video oder Chat-Programme.

Best Practices:
- *Fördern Sie eine Kultur, in der es grundsätzlich keine dummen Fragen gibt.*
- *Richten Sie ein Live-Dokument ein, damit Themen schon vorab eingereicht werden können.*
- *Bei geringer Beteiligung sollten Sie eine asynchrone Durchführung in Betracht ziehen.*

Optimal ist ein Kommunikationsturnus dann, wenn Ihre Leute nicht mit Meetings überschwemmt werden – das schafft Klarheit und Berechenbarkeit und lässt die nötige Tiefenkonzentration bei der Arbeit zu. Hier ein paar nützliche Regeln:

1. **Versuchen Sie es zunächst grundsätzlich asynchron.** Live-Meetings sollten die Ausnahme sein, nicht die Regel.

2. **Äußern Sie explizit Ihre Erwartungen.** Stellen Sie klar, welchen Turnus Sie für welchen Zweck verwenden.

3. **Überprüfen und verbessern Sie den Prozess regelmäßig.** Ist ein Turnus unnötig oder wenig effektiv, ändern Sie ihn.

In dem Sie einen klaren Kommunikationsturnus konzipieren, geben Sie ortsunabhängig arbeitenden Teams die Möglichkeit, sich zu informieren, am Ball zu bleiben und sich zu orientieren, ohne ständig nachzuhaken.

WIE SIE ONLINE VERBUNDENHEIT UND KULTUR PFLEGEN

Vieles aus der ersten Zeit, in der unser Unternehmen auf Remote-Modus umstellte, habe ich schon wieder vergessen. Die ersten Monate verschwimmen in meiner Erinnerung – wie eine unscharfe Montage aus Bildschirmzeit, Überprüfung von Konzepten, Fehlerbehebung in Programmen und dem Austesten von Prototypen. Es war das ganz gewöhnliche hektische Leben eines Start-ups, das auf ein marktkonformes Produkt hinarbeitet.

Sehr lebhaft erinnere ich mich aber noch an unsere Spieleabende.

Damals spielten wir *Werewolf* und stellten dabei fest, dass unser ruhigster, prinzipientreuester Techniker der dreisteste, schamloseste Lügner überhaupt war. Ein anderes Mal spielten wir eine Online-Version von *Telephone Pictionary*. Ein Stichwort lautete *Eine Giraffe spielt auf einem Surfboard Gitarre*. Nach einer Reihe ernst gemeinter, aber auf komische Weise missglückter Illustrationen verwandelte sich die ursprüngliche Ausführung in *Tanzende Bananen, die im Weltraum gegen Roboter kämpfen*. Wir lachten Tränen. Wir amüsieren uns heute noch über die jeweiligen Täuschungs- und Illustrationskünste der anderen.

Diese Abende waren aber nicht nur unterhaltsam – sie wurden Teil der Geschichte unseres Teams. Jede große Zivilisation hat ihre eigenen Mythen – gemeinsame Legenden, die sie prägen. Teams bilden da keine Ausnahme. Eine Kultur entsteht aus Geschichten.

Wenn Vertrauen die Grundlage für ortsunabhängiges Arbeiten und Kommunikation das Gerüst dafür ist, dann ist Verbundenheit der Pulsschlag. Ohne sie driftet das Team in Gleichgültigkeit und Distanz ab. Möglicherweise arbeiten die Menschen dann zwar offiziell zusammen, bilden aber keine echte Gemeinschaft.

Im Büro entsteht Verbundenheit häufig zufällig. Die Menschen holen sich einen Kaffee, erzählen sich Insider-Witze oder bringen sich nach einem Meeting auf den neuesten Stand. Ohne Präsenz kann das alles nur stattfinden, wenn Sie dafür sorgen.

Einem Teammitglied, das keine Verbundenheit spürt, geht nicht nur der Spaß verloren. Es setzt der Prozess der innerlichen Kündigung ein. Arbeit wird transaktional. Kameras werden ausgeschaltet. Feedback bleibt ungesagt. Mit der Zeit verschwindet das Zugehörigkeitsgefühl und damit die Motivation, sein Bestes zu geben.

Fühlt man sich seinem Team verbunden, ist das ganz anders. Dann bringt man Einsatz, weil einem das wichtig ist.

Seinerzeit schienen diese Spieleabende eher nebensächlich, doch daraus entstand unsere erste gemeinsame Tradition. In dieser ersten unsicheren Zeit unseres Unternehmens vermittelten Sie uns ein Gefühl der Identität. Wir dachten: *Oh, das macht unser Team also aus.*

Als Vorgesetzte im Homeoffice haben Sie die Möglichkeit, genau das für Ihr Team festzulegen. *Was macht Ihr Team aus?* Worauf legen Sie Wert? Welche Geschichten erzählen Sie immer wieder? Und welche Rituale pflegen Sie?

Darauf gibt es keine richtige oder falsche Antwort – es kommt ganz darauf an, was Ihrer einzigartigen Gruppe entspricht. Seit ich mein Team aus dem Homeoffice leite, interessiere ich mich sehr für Online-Rituale. Zu meinen Favoriten zählen:

- **Medien-Check-in:** Stellen Sie ein Bild, ein Video oder ein Musikstück ein, das vermittelt, wie Sie sich gerade fühlen.
- **Synchronisierte »Flow Sessions«:** Konzentriertes Arbeiten, während alle dieselbe Musik hören.
- **Stimmungsfolie:** Jedes Teammitglied gestaltet eine Folie, aus der hervorgeht, was es in der betreffenden Woche inspirierend fand.
- **Input vor einem Meeting:** Ein Whiteboard, auf dem alle vor Beginn eines Meetings Klebezettel hinterlassen können.
- **Wer hat's erfunden?:** Anonym Highlights aus dem Arbeitsalltag einstellen und die anderen erraten lassen, von wem sie stammen.
- **Um die Wette tippen:** Zeigen, wer der Chat-Meister ist.
- **Team-Memes:** Heimlich auf Meetings Screenshots von Teammitgliedern machen und in Memes verwandeln.
- **Chat-Kanäle für besondere Interessen:** Zur Erörterung von Themen wie #SüßeHundefotos oder #SchöneWanderungen.
- **Asynchrone Umfragen:** Sie können alle möglichen Fragen stellen, von »Welches Feature würdet ihr gern abschaffen?« bis zu »Wenn ihr unbedingt müsstet, zu welchem Konkurrenten würdet ihr dann wechseln?«
- **Online-Spiele für mehrere Spieler:** Was immer Ihnen in Präsenz Spaß gemacht hat – höchstwahrscheinlich gibt es davon eine Online-Version.

- **Team-Tanz:** Jeder tanzt mit oder lädt ein Video von sich beim Tanzen hoch.

Experimentieren Sie unbedingt! Es macht Spaß, herauszufinden, welche Remote-Rituale für Sie am besten funktionieren.

Als ich mein Team schon ein paar Monate lang aus dem Homeoffice geleitet hatte, machte ich einen seltenen Spaziergang mit meinem Kollegen Ani. Wir lamentierten beide darüber, wie schwierig es war, schriftlich mitgeteilte Ideen richtig zu interpretieren und im passenden Moment das Wort zu ergreifen, wenn ein halbes Dutzend Kollegen aus kleinen Quadraten auf dem Bildschirm auf uns einredeten.

»Unsere Kommunikationskompetenz ist online einfach so viel schlechter als in Präsenz«, meinte Ani.

Ich pflichtete ihm bei. Doch dann sagte er etwas, was mir im Gedächtnis geblieben ist: »Jedes erfolgreiche Unternehmen wächst letztlich nur so lange, bis die Kommunikation schwierig wird. Vielleicht bedeutet ortsunabhängiges Arbeiten einfach, dass wir diese Kompetenz schneller erweitern müssen.«

Das ist der unerwartete Vorteil des Homeoffice – es zwingt durch alle Störgeräusche hindurch zu Klarheit. Selbst wenn sich Tools und Umgebungen weiterentwickeln – was ein wirklich guter Manager mitbringen muss, bleibt dasselbe: Zielorientierung. Die richtigen Leute, die die nötigen Kompetenzen erhalten, um Bestleistungen zu bringen. Und effiziente Prozesse, die den Bedürfnissen Ihres Teams gerecht werden.

Fokussieren Sie sich darauf, dann kann Ihr Team gut arbeiten – ganz gleich, wo auf dieser Welt die einzelnen Mitglieder sitzen.

Epilog

1 Prozent der Strecke ist geschafft

MYTHOS …

… UND WIRKLICHKEIT

In der Rückschau erinnert mich mein bisheriger Werdegang als Personalverantwortliche an den Versuch eines Kleinkinds, eine gerade Linie zu zeichnen – voller Krakel, Schnörkel und Schlenker. So oft zucke ich im Rückblick innerlich zusammen, wenn ich daran denke, wie ich vorgegangen bin und wie ich mich dabei gefühlt habe: unerfahren, erwartungsvoll, verwirrt und voller Ambitionen.

Da gab es lange Nächte mit Chats über unglaublich triviale Fragen, bei denen mein Blutdruck bei jedem Wort auf dem Bildschirm Kapriolen machte und der Schlagabtausch immer knapper und härter wurde. Da waren die 1 : 1-Gespräche, bei denen keiner dem anderen zuhörte und eine Mauer im Stil von *Game of Thrones* zwischen mir und meinem Gegenüber stand. Da waren Meetings, auf denen ich insgeheim schmollte, weil ich sicher war, dass ich recht hatte – und alle anderen nicht. Ich habe erlebt, wie Menschen vor mir in Tränen ausbrachen, während ich wie ein Roboter mit einer Fehlfunktion vor mich hin stammelte. Es gab Monate, in denen ich meinen Vorgesetzten nicht in die Augen schauen konnte, ohne selbst in Tränen auszubrechen.

Es gab so viele Situationen, in denen ich mich als nicht erfahren, nicht weitsichtig, nicht empathisch, nicht entschlussfreudig oder nicht geduldig genug empfand. Infolgedessen scheiterten Projekte. Es schwelten Missverständnisse. Und Menschen, die mir wichtig waren, fühlten sich von mir im Stich gelassen.

Doch ich hatte Glück. Ich erlernte das Handwerk einer Führungskraft in einem so dynamischen Umfeld, wie es auf der Welt kein zweites gibt – und von verschiedenen der Besten unserer Zeit. Meine Vorgesetzten glaubten an mich. Meine Kolleginnen und Kollegen zeigten mir, wie ich besser werden konnte. Und meine Teams inspirierten mich.

Während ich diese Zeilen schreibe, hängt hinter mir eines meiner kostbarsten Besitztümer – ein gerahmtes Poster, das mir mein ehemaliges Team geschenkt hat. Von Menschen unterzeichnet, die mich nachhaltig geprägt haben, steht darauf in fetten schwarzen Buchstaben auf gelbem Hintergrund: *1 Prozent der Strecke ist geschafft.*

Wenn ich in zehn Jahren zurückblicke, werde ich feststellen, dass der Weg, auf dem ich mich heute befinde, immer noch nicht gerade verläuft. Es gibt noch zu viel zu lernen, und ich bin längst nicht die Chefin, die ich gerne wäre. Doch mit der Zeit, der Bereitschaft und einer wachstumsorientierten Mentalität kann ich laufend dazulernen.

Vor Kurzem hatte ich ein 1:1-Gespräch mit einem neuen Teammitglied. Wir sprachen darüber, wie sie ihre ersten Wochen erlebt hatte – über die Herausforderungen einer neuen Umgebung, die Unterschiede zu ihrem bisherigen Arbeitsplatz, die Chancen, etwas Sinnvolles zu tun. Da bekam ich eines der schönsten Komplimente überhaupt: »Du hast ein tolles Team aufgebaut. Ich freue mich, dazuzugehören.«

Es macht großen Spaß zuzusehen, wie eine Gruppe von Menschen aufeinander abgestimmt zusammenarbeitet. Gelingt das, geht es gar nicht mehr um Sie oder mich – also um Einzelne. Stattdessen spürt man die Kraft Dutzender, Hunderter oder gar Tausender von Herzen und Köpfen, die sich auf ein gemeinsames Ziel richtet, geleitet von gemeinsamen Werten. Wenn Sie und ich unsere Arbeit richtig machen, wird unser

Team davon profitieren. Wir bauen etwas auf, das uns überdauern wird – und das durch alle, die Teil davon werden, stärker wird.

Viel Glück auf Ihrem weiteren Weg. Begleiten Sie Ihr Team, und stellen Sie gemeinsam etwas Großartiges auf die Beine.

Dank

Jedes große Vorhaben ist ein Gemeinschaftsprojekt – dieses Buch ist da keine Ausnahme. Ohne Stephanie Frerich und Leah Trouwborst und die Saat, die sie mit ihrem ersten Telefongespräch ausgebracht haben, würde es dieses Buch nicht geben. Danke für euren Zuspruch von Tag eins an – und dafür, dass mir klar wurde, worüber ich schreiben sollte und warum ich es jetzt tun sollte (nicht erst in 20 Jahren). Mit euren Stimmen habt ihr meiner Stimme mehr Klang verliehen, und eure rückhaltlose Unterstützung gab mir Rückenwind.

Vielen Dank an Lisa DiMona, weil sie mir geholfen hat, mich als Erstlingsautorin zurechtzufinden. Schon Jahre bevor wir uns kennenlernten, war Writers House für mich immer die Agentur meiner Träume – und eine bessere Vertretung meiner Interessen hätte ich mir nicht wünschen können.

Dan McGinn – deine redaktionellen Fähigkeiten, deine fundierte Rechercheerfahrung und deine Ratschläge zum Schreiben waren für mich sehr wertvoll. Ich habe festgestellt, dass ich mich durch unsere Zusammenarbeit, aber auch als Führungskraft weiterentwickelt und aus deinen Erkenntnissen gelernt habe. Danke, dass du immer da warst – auch kurz vor knapp.

Pablo Stanley – deine schrulligen Karikaturen bewundere ich schon seit Urzeiten. Es freut mich sehr, dass wir bei diesem Projekt zusammenarbeiten konnten. Dir verdanke ich, dass ich jetzt immer eine Giraffe vor Augen habe, wenn ich an typische »Vorgesetzte« denke. Und Kimberly Glyder bin ich unendlich dankbar für dieses fantastische Cover, das sie mit unvergleichlicher Eleganz (und trotz der vielen Sachzwänge) erstellt hat.

Meinen engsten Freundinnen und ersten Leserinnen: Lauren Luk, danke, dass du mir meinen Tech-Jargon ausgetrieben und mit mir in den Pausen Powwow-Tänze aufgeführt hast. Anjali Khurana, danke für deine reichhaltigen Anmerkungen (die stets mit den ebenso reichhaltigen Ergebnissen deiner Backkünste serviert wurden). Bei jeder Bezugnahme auf die Popkultur hatte ich dich im Kopf. Marie Lu, ich bin mir ziemlich sicher, ich wäre weder Autorin noch Designerin, wenn es unsere Freundschaft und unsere Kindheitsabenteuer nicht gegeben hätte. Vielen Dank für deine wertvollen Ratschläge zu Titeln, zum Geschäft und zur Streichung von Sätzen, die für mich immer noch komisch klingen.

Feedback ist ein Geschenk, und ich bin all jenen unglaublich dankbar, die es mir zu den Erstfassungen dieses Buches zukommen ließen: Charlie Sutton, an deine weisen stilistischen Anmerkungen und deine Begeisterung für Pinnwände werde ich noch lange denken. Matt Kelly, deine Meta-Meeting-Notizen und die kleinen Erinnerungen an alles, was ich nicht vergessen sollte, fand ich toll. Jason Leimgruber, dein messerscharfer Verstand und deine Liebe zum Detail sind unfassbar. Die Herausforderung, deinem Feedback gerecht zu werden, nehme ich gerne an. Anita Patwardhan Butler, du hast mir geholfen, ein paar enorm wichtige Konzepte klarer darzustellen. Moneta Ho Kushner, dir ist es zu verdanken, dass das Buch scharfsichtiger und präziser wurde. Mary-Lynne Williams, wir teilen die Abneigung gegen unklare Linienführung – danke daher für deine Vorschläge zur klareren Darstellung. Tutti Taygerly, ich bin froh, dass du mir begreiflich gemacht hast, dass es das Wort »expectational« nicht geben sollte. Chelsea Klukas, danke für deine bohrenden Fragen. Kaisha Hom, deine Nachrichten retteten mir die Nacht, die ich mit müden Augen beim Redigieren zubrachte. Will Ruben und Callie Schweitzer, eure Vorschläge in letzter Minute waren einsame Spitze.

Allen früheren und jetzigen Facebookern: Ein Unternehmen ist die Summe seiner Mitarbeiterinnen und Mitarbeiter, und in den vergangenen zwölf Jahren war es das größte Privileg für mich, mit euch zusammenzuarbeiten. Besonders dankbar bin ich für die Menschen, die mir die Chance gaben, zu werden, was ich heute bin: Wayne Chang – deine Geschichten über die verschworene Truppe von der University Ave., die so viel lieferte, so große Träume hatte und dabei das Leben zu genießen verstand, waren unwiderstehlich. Danke, dass du ein guter Personalbeschaffer und ein noch besserer Freund bist. Rebekah Cox, danke für den Vertrauensvorschuss an eine unerprobte, junge Designerin und dafür, dass du mir so viel soliden Boden unter den Füßen bereitet hast, dass ich stehen lernen konnte. Kate Aronowitz, du hast mir so vieles beigebracht, vor allem aber, dass Design ebenso wie Personalverantwortung stets mit den Menschen steht und fällt. Chris Cox, danke für so viel Menschlichkeit in allem, was du tust – und dafür, dass du mir immer wieder geholfen hast, zu erkennen, dass man die Latte stets noch höher hängen kann. Will Cathcart, du hast so eine großartige Gabe, Menschen zusammen – und Dinge auf den Punkt zu bringen – und das auch noch mit Humor und Bescheidenheit.

Besonders herzlich bedanken möchte ich mich bei meinen Freundinnen und Freunden und Kolleginnen und Kollegen, mit denen ich über die Jahre am engsten zusammengearbeitet und von denen ich so viel gelernt habe: Tom Alison, Kang-Xin Jin, Fidji Simo, Adam Mosseri, Ronan Bradley, Annette Reavis, Deborah Liu, Jennifer Dulski, John Hegeman, Rushabh Doshi und David Ginsberg – eure Superkräfte erfüllen mich immer wieder mit Ehrfurcht, und ich bin stolz, zu eurer Mannschaft zu gehören. Stacy McCarthy, danke, dass du mir geholfen hast, meine Mitte zu finden. Robyn Morris, Drew Hamlin, Margaret Stewart, Luke Woods, Jessica Watson, Austin Bales, John Evans, Joey Flynn, Francis Luu, Geoff Teehan, Amanda Linden, Jon Lax, David Gillis, Alex Cornell, Caitlin Winner, Nathan Borror, Laura Javier, Nan Gao, Aaron Sittig, Brandon Walkin, Mike Matas, Sharon Matas, Christopher Clare, Dantley Davis – euch ist es zu verdanken, dass ich heute eine bessere Designerin und Chefin bin. Andrew Bosworth, Alex Schultz, Mark Rabkin, Naomi Gleit, Caryn Marooney, Javier Olivan, Ami Vora, Kevin Systrom, Mike Krieger und Mike Schroepfer – danke für die Gespräche, Anmerkungen und Lektionen, die mir gezeigt haben, was echte Führungsqualität ist. Sheryl Sandberg, vielen Dank dafür, dass du mir vorgeführt hast, wie man als Führungskraft Stärke, echte Fürsorge und kompromisslose Authentizität an den Tag legt. Mark Zuckerberg, danke dafür, dass ich gelernt habe, größere Träume zu hegen, jede Annahme infrage zu stellen und meinen Blick viel weiter in die Zukunft zu richten. Chandra Narayanan, ich danke dir dafür, dass du mir vorlebst, wie echte Tiefe und Authentizität aussehen. Ich habe Glück, dass ich Sundial mit dir an meiner Seite aufbauen darf.

Meinen Teams mit allen früheren und jetzigen Mitgliedern: Von euch habe ich am meisten gelernt. Ihr erfüllt die Vision mit Leben und setzt Standards bei der Qualität. Jeden Tag aufs Neue inspirieren mich die Abertausend kleinen Details, über denen ihr brütet, um den Nutzern ein großartiges Erlebnis zu ermöglichen, das die Menschen einander näherbringt.

Abschließend gilt mein Dank meiner Familie: Mike, danke, dass du mein Lieblingsmensch bist und mit unseren Kindern am Wochenende Dutzende neuer Spielplätze (und irische Feste!) erkundet hast, wenn ich Zeit brauchte, um an diesem Manuskript zu arbeiten. Dad, danke, dass du mir die Liebe zu Büchern vererbt hast und auf alles stolz bist, was ich je geschrieben habe – selbst auf die schrecklichen Aufsätze in der dritten Klasse. Mom, ich mag Menschen, weil du Menschen magst. Danke, dass du in die Familiengeschichten, die du mir jeden Samstag nach dem Mittagessen erzählt hast, die wichtigsten Lektionen in Empathie hineingepackt hast. Und zuletzt noch ein riesiges Dankeschön an meine Kids, die sich damit abgefunden haben, dass sie ihrer Mami ganz schön viel Computerzeit zugestehen mussten. Ich liebe euch über alles und hoffe, dass ihr dieses Buch irgendwann einmal nützlich finden werdet.

Anmerkungen

EINLEITUNG: FÜHRUNGSQUALITÄT IST NICHT ANGEBOREN

1 Lewis Carroll, *Alice im Wunderland*, DoDo-Verlag, Rastede 2003, S. 49.

ERSTES KAPITEL: WAS IST PERSONALFÜHRUNG?

2 Andrew S. Grove, *High Output Management: Von der Fähigkeit, Unternehmen erfolgreich zu führen*, Vahlen, München 2020.
3 Diane Coutu, »Why Teams Don't Work«, *Harvard Business Review*, Mai 2009, https://hbr.org/2009/05/why-teams-dont-work.
4 J. Richard Hackman, *Leading Teams: Setting the Stage for Great Performances*, Harvard Business School, Boston, 2002, S. ix.
5 A. H. Maslow, »A Theory of Human Motivation«, *Psychological Review 50*, Nr. 4, 1943, S. 370–96.
6 John Rampton, »23 of the Most Amazingly Successful Introverts in History«, Inc., 20. Juli 2015, https://www.inc.com/john-rampton/23-amazingly-successful-introverts-throughout-history.html.
7 Simon Sinek, *Gute Chefs essen zuletzt: Warum manche Teams funktionieren – und andere nicht*, Redline, München 2017, S. 107.

DRITTES KAPITEL: WIE MAN EIN KLEINES TEAM LEITET

8 Andrew S. Grove, *High Output Management: Von der Fähigkeit, Unternehmen erfolgreich zu führen*, Vahlen, München 2020.
9 Anton Tschechow, *Die bekanntesten Werke von Anton Tschechow*, Musaicum Books, 2017.
10 Mark Rabkin, »The Art of the Awkward 1 : 1«, Medium, 1. November 2016, aufgerufen am 9. März 2018, https://medium.com/@mrabkin/the-art-of-the-awkward-1-1-f4e1dcbd1c5c.
11 Brené Brown, *Verletzlichkeit macht stark: Wie wir unsere Schutzmechanismen aufgeben und innerlich reich werden*, Kailash, München 2013.

12 Marcus Buckingham, »What Great Managers Do«, *Harvard Business Review*, März 2005, https://hbr.org/2005/03/what-great-managers-do.
13 Robert I. Sutton, *Der Arschloch-Faktor: Vom geschickten Umgang mit Aufschneidern, Intriganten und Despoten in Unternehmen*, Heyne, München 2008.
14 Jack Welch, *Was zählt: Die Autobiografie des besten Managers der Welt*, Ullstein, Berlin 2003, S. 176.

VIERTES KAPITEL: **DIE KUNST DES FEEDBACKS**

15 Harvard Business Review, *HBR Guide to Delivering Effective Feedback*, Harvard Business Review Press, Boston 2016, S. 11.
16 Kim Scott, *Radical Candor: Be a Kick-Ass Boss without Losing Your Humanity*, St. Martin's Press, New York 2017, S. xi.

FÜNFTES KAPITEL: **SELBSTMANAGEMENT**

17 Linda A. Hill, »Becoming the Boss«, Harvard Business Review, Januar 2007, https://hbr.org/2007/01/becoming-the-boss.
18 Justin Kruger und David Dunning, »Unskilled and Unaware of It: How Difficulties in Recognizing One's Own Incompetence Lead to Inflated Self-Assessments«, *Journal of Personality and Social Psychology*, American Psychological Association 77 (6): S, 1121–34.
19 Carol Dweck, *Selbstbild: Wie unser Denken Erfolge oder Niederlagen bewirkt*, Piper Taschenbuch, München 2017.
20 Alan Richardson, »Mental Practice: A Review and Discussion Part I«, *Research Quarterly*, American Association for Health, Physical Education and Recreation 38, Nr. 1, 1967.
21 Guang H. Yue und Kelly J. Cole, »Strength Increases from the Motor Program: Comparison of Training with Maximal Voluntary and Imagined Muscle«, *Journal of Neurophysiology* 67, Nr. 5, 1992, S. 1114–23.
22 Jack Nicklaus und Ken Bowden, *So spiele ich Golf*, Jahr-Verlag, Hamburg 1974.
23 Reese Witherspoon, »Reese Witherspoon Shares Her Lean In Story«, Lean In, aufgerufen am 12. März 2018, https://leanin.org/stories/reese-witherspoon.
24 Linda Farris Kurtz, »Mutual Aid for Affective Disorders: The Manic Depressive and Depressive Association«, *American Journal of Orthopsychiatry* 58, Nr. 1, 1988, S. 152–55.
25 Robert A. Emmons, *Das kleine Buch der Dankbarkeit: Bewusst das Leben wertschätzen für mehr Zufriedenheit und Glück*, Heyne Verlag, München 2018.
26 Reg Talbot, Cary Cooper und Steve Barrow, »Creativity and Stress«, *Creativity and Innovation Management* 1, Nr. 4, 1992, S. 183–93.
27 Karen Weintraub, »How Creativity Can Help Reduce Stress«, *Boston Globe*, 24. April 2014, https://www.bostonglobe.com/lifestyle/health-wellness/2015/04/24/how-creativity-can-help-reduce-stress/iEJta3lapaaFxZY6wfv5UK/story.html.
28 Giada Di Stefano, Francesca Gino, Gary P. Pisano und Bradley R. Staats, »Making Experience Count: The Role of Reflection in Individual Learning«, Harvard Business School NOM Unit Working Paper No. 14-093; Harvard Business School Technology & Operations Mgt. Unit Working Paper No. 14-093; HEC Paris Research Paper No. SPE-2016-1181, 14. Juni 2016.

SECHSTES KAPITEL: **DAS PERFEKTE MEETING**

29 Oriana Bandiera, Luigi Guiso, Andrea Prat und Raffaella Sadun, »What Do CEOs Do?«, Harvard Business School Working Paper, Nr. 11–081, 25. Februar 2011, https://hbswk.hbs.edu/item/what-do-ceos-do.

30 Michael Mankins, »This Weekly Meeting Took Up 300,000 Hours a Year«, *Harvard Business Review*, 29. April 2014, https://hbr.org/2014/04/how-a-weekly-meeting-took-up-300000-hours-a-year.

31 Leo Tolstoi, *Anna Karenina*, Anaconda Verlag, München 2019, S. 7.

32 Jeff Bezos, »2016 Letter to Shareholders«, About Amazon (Blog), Amazon.com, 17. April 2017, https://www.amazon.com/p/feature/z6o9g6sysxur57t.

33 Tomas Chamorro-Premuzic, »Why Group Brainstorming Is a Waste of Time«, *Harvard Business Review*, 25. März 2015, https://hbr.org/2015/03/why-group-brainstorming-is-a-waste-of-time.

34 Leslie A. Perlow, Constance Noonan Hadley und Eunice Eun, »Stop the Meeting Madness«, *Harvard Business Review*, Juli/August 2017, https://hbr.org/2017/07/stop-the-meeting-madness.

35 Nale Lehmann-Willenbrock, Steven G. Rogelberg, Joseph A. Allen und John E. Kello, »The Critical Importance of Meetings to Leader and Organizational Success: Evidence-Based Insights and Implications for Key Stakeholders«, *Organizational Dynamics* 47, Nr. 1, 2017, S. 32–36.

SIEBTES KAPITEL: **DIE RICHTIGEN LEUTE EINSTELLEN**

36 Patty McCord, »How to Hire«, *Harvard Business Review*, Januar/Februar 2018, https://hbr.org/2018/01/how-to-hire.

37 Adam Bryant, »In Head-Hunting, Big Data May Not Be Such a Big Deal«, *New York Times*, 19. Juni 2013.

38 Claudia Goldin und Cecilia Rouse, »Orchestrating Impartiality: The Impact of ›Blind‹ Auditions on Female Musicians«, *American Economic Review* 90, Nr. 4, 2000, S. 715–41.

39 Adam Bryant, »In Head-Hunting, Big Data May Not Be Such a Big Deal«, *New York Times*, 19. Juni 2013.

40 Kevin Ryan, »Gilt Groupe's CEO on Building a Team of A Players«, *Harvard Business Review*, Januar 2012, https://hbr.org/2012/01/gilt-groupes-ceo-on-building-a-team-of-a-players.

41 Vivian Hunt, Dennis Layton und Sara Prince, »Diversity Matters«, McKinsey & Company, 2. Februar 2015, https://assets.mckinsey.com/~/media/857F440109AA4D13A54D9C496D86ED58.ashx.

42 Credit Suisse Research Institute, *Gender Diversity and Corporate Performance*, 2012.

43 Katherine W. Phillips, Katie A. Liljenquist und Margaret A. Neale, »Is the Pain Worth the Gain? The Advantages and Liabilities of Agreeing with Socially Distinct Newcomers«, *Personality and Social Psychology Bulletin* 35, Nr. 3, 2009, S. 336–50.

44 »›Give Away Your Legos‹ and Other Commandments for Scaling Startups«, *First Round Review*, http://firstround.com/review/give-away-your-legos-and-other-commandments-for-scaling-startups.

ACHTES KAPITEL: **WIE MAN ARBEIT ERLEDIGT**

45 Paul Dickson, *Words from the White House: Words and Phrases Coined or Popularized by America's Presidents*, Walker & Company, New York, 2013, S. 43.
46 William M. Blair, »President Draws Planning Moral: Recalls Army Days to Show Value of Preparedness in Time of Crisis«, *New York Times*, 15. November 1957, https://www.nytimes.com/1957/11/15/archives/president-draws-planning-moral-recalls-army-days-to-show-value-of.html.
47 Richard Koch, *Das 80/20-Prinzip: Mehr Erfolg mit weniger Aufwand*, Campus, Frankfurt 2015, S. 192.
48 »America's Most Admired Companies: Steve Jobs Speaks Out«, *Fortune*, 7. März 2008, http://archive.fortune.com/galleries/2008/fortune/0803/gallery.jobsqna.fortune/6.html.
49 Cyril Northcote Parkinson, »Parkinson's Law«, *Economist*, November 19, 1955, https://www.economist.com/news/1955/11/19/parkinsons-law.
50 Daniel Kahneman und Amos Tversky, »Intuitive Prediction: Biases and Corrective Procedures«, *TIMS Studies in Management Science* 12, 1979, S. 313–27.
51 Mark Horstman und Michael Auzenne, »Horstman's Law of Project Management«, Manager Tools, aufgerufen am 18. März 2018, https://www.manager-tools.com/2009/01/horstman's-law-project-management-part-1-hall-fame-guidance.
52 Jeff Bezos, »2016 Letter to Shareholders«, About Amazon (Blog), Amazon.com, 17. April 2017, https://www.amazon.com/p/feature/z6o9g6sysxur57t.
53 Matt Bonesteel, »The Best Things Yogi Berra Ever Said«, *Washington Post*, 24. September 2015, https://www.washingtonpost.com/news/early-lead/wp/2015/09/23/the-best-things-yogi-berra-ever-said.
54 Patrick Hull, »Be Visionary. Think Big.«, *Forbes*, 19. Dezember 2012, aufgerufen am 18. März 2018, https://www.forbes.com/sites/patrickhull/2012/12/19/be-visionary-think-big/#ee5d8723c175.
55 »What Are Toyota's Mission and Vision Statements?«, FAQs: Frequently Asked Questions for All Things Toyota, Toyota, aufgerufen am 18. März 2018, http://toyota.custhelp.com/app/answers/detail/a_id/7654/~/what-are-toyotas-mission-and-vision-statements%3F.
56 Heraclitus, *Fragments*, trans. Brooks Haxton, Penguin Classics, New York 2003.

NEUNTES KAPITEL: **WIE SIE EIN WACHSENDES TEAM LEITEN**

57 Yuval Noah Harari, Interview von Arun Rath, *All Things Considered*, 7. Februar 2015, https://www.npr.org/2015/02/07/383276672/from-hunter-gatherers-to-space-explorers-a-70-000-year-story.
58 Andrew S. Grove, *High Output Management: Von der Fähigkeit, Unternehmen erfolgreich zu führen*, Vahlen, München 2020.

ELFTES KAPITEL: **PERSONALFÜHRUNG IN DER KRISE**

59 Jordan Harbinger, *Jordan Harbinger Show*, Episode 566, »Brian Chesky: Lessons Airbnb Learned to Survive the Pandemic«, 27. September 2021, 1:25:09, https://www.jordanharbinger.com/brian-chesky -lessons-airbnb-learned-to-survive-thepandemic.
60 Statista Research Department, »Market Capitalization of Airbnb from 2020 to 2024«, *Statista*, 26. Februar 2025, https://www.statista.com/statistics/339845/company-value-and-equity-funding-of-airbnb.

Register

L

M

U

V

W

Z